Kohlhammer

Der Autor

Markus Theunert (Jahrgang 1973) hat an den Universitäten Basel und Bern Allgemeine Psychologie, Klinische Psychologie und Soziologie studiert. Im Jahr 2000 hat er die Schweizer Männerzeitung (heute: ERNST) gegründet. Von 2005 bis 2015 war er Gründungspräsident von männer.ch, dem Dachverband progressiver Männer- und Väterorganisationen, dessen Gesamtleiter er bis heute ist. Markus Theunert lebt in der Stadt Zürich und am Rand des nördlichen Schwarzwalds. Mit seiner Frau teilt er sich die Verantwortung für Erwerbsarbeit, Haushalt und die Sorgearbeit für die gemeinsame Tochter (Jahrgang 2013).

Informationen und Kontakt:
www.maenner.ch/jungs-wir-schaffen-das

Markus Theunert

Jungs, wir schaffen das

Ein Kompass für Männer von heute

Verlag W. Kohlhammer

Für Shannon, Lou und meine ganze Familie

Dieses Werk einschließlich aller seiner Teile ist urheberrechtlich geschützt. Jede Verwendung außerhalb der engen Grenzen des Urheberrechts ist ohne Zustimmung des Verlags unzulässig und strafbar. Das gilt insbesondere für Vervielfältigungen, Übersetzungen und für die Einspeicherung und Verarbeitung in elektronischen Systemen.
Pharmakologische Daten verändern sich ständig. Verlag und Autoren tragen dafür Sorge, dass alle gemachten Angaben dem derzeitigen Wissensstand entsprechen. Eine Haftung hierfür kann jedoch nicht übernommen werden. Es empfiehlt sich, die Angaben anhand des Beipackzettels und der entsprechenden Fachinformationen zu überprüfen. Aufgrund der Auswahl häufig angewendeter Arzneimittel besteht kein Anspruch auf Vollständigkeit.

Die Wiedergabe von Warenbezeichnungen, Handelsnamen und sonstigen Kennzeichen berechtigt nicht zu der Annahme, dass diese frei benutzt werden dürfen. Vielmehr kann es sich auch dann um eingetragene Warenzeichen oder sonstige geschützte Kennzeichen handeln, wenn sie nicht eigens als solche gekennzeichnet sind.
Es konnten nicht alle Rechtsinhaber von Abbildungen ermittelt werden. Sollte dem Verlag gegenüber der Nachweis der Rechtsinhaberschaft geführt werden, wird das branchenübliche Honorar nachträglich gezahlt.
Dieses Werk enthält Hinweise/Links zu externen Websites Dritter, auf deren Inhalt der Verlag keinen Einfluss hat und die der Haftung der jeweiligen Seitenanbieter oder -betreiber unterliegen. Zum Zeitpunkt der Verlinkung wurden die externen Websites auf mögliche Rechtsverstöße überprüft und dabei keine Rechtsverletzung festgestellt. Ohne konkrete Hinweise auf eine solche Rechtsverletzung ist eine permanente inhaltliche Kontrolle der verlinkten Seiten nicht zumutbar. Sollten jedoch Rechtsverletzungen bekannt werden, werden die betroffenen externen Links soweit möglich unverzüglich entfernt.

Autorenfoto: Annick Ramp

1. Auflage 2023

Alle Rechte vorbehalten
© W. Kohlhammer GmbH, Stuttgart
Gesamtherstellung: W. Kohlhammer GmbH, Heßbrühlstr. 69, 70565 Stuttgart
produktsicherheit@kohlhammer.de

Print:
ISBN 978-3-17-042786-0

E-Book-Formate:
pdf: ISBN 978-3-17-042787-7
epub: ISBN 978-3-17-042788-4

Inhalt

Zum Einsteigen		9
Intro: Deine Wahl		11
1	Sich beistehen	32
2	Grenzen setzen	87
3	Zulassen	143
4	Masterclass	204
Outro: Für unsere Zukunft		222
Dank		229
Glossar		231
Service		239
Literatur		241

Inhalt

Zum Einsteigen 9

Dank 229
Glossar 231
Service 239
Literatur 241

Intro
Deine Wahl 11

Outro
Für unsere Zukunft 222

Kapitel 1

Sich beistehen 32

1.1 Haltung: Vermittle 51
1.2 Körper: Pflege dich 57
1.3 Psyche: Begleite dich 65
1.4 Menschen: Kümmere dich 74
1.5 Dinge: Wäge ab 81

In einem Satz:
Lerne, (für dich) zu sorgen.

Inhalt

Kapitel 3

Zulassen 143

3.1 Haltung: Folge deinem Hunger 159
(nicht dem Appetit)
3.2 Körper: Sei in dir daheim 168
3.3 Psyche: Nimm an, was (hoch-)kommt 179
3.4 Menschen: Verbinde und verbünde dich 187
3.5 Dinge: Lebe nachhaltig 197

In einem Satz:
Lerne, (mit dir) zu wachsen.

Kapitel 4

Masterclass 204

4.1 Resonanz 209
4.2 Vertrauen 215

Kapitel 2

Grenzen setzen 87

2.1 Haltung: Komm runter 102
2.2 Körper: Spür deine Grenzen 108
2.3 Psyche: Bejahe deine Begrenzungen 117
2.4 Menschen: Konfrontiere 125
2.5 Dinge: Konsumiere mit Maß 136

In einem Satz:
Lerne, (dich) zu konfrontieren.

7

Zum Einsteigen

Noah ist verwirrt. Mit Krieg, Gewalt und Sexismus hat er sich viel beschäftigt, aber nichts am Hut. Trotzdem fühlt er sich schlecht als Mann. Irgendwie schuldig, ohne was dafür zu können. In Männerrunden fühlt er sich nur akzeptiert, wenn er Dinge tut, die ihm widerstreben.

Oskar steht das Wasser bis zum Hals. Die Aufträge stagnieren, die Ex will mehr Geld, die Tochter keinen Kontakt. Von seiner neuen Lebensgefährtin fühlt er sich behandelt wie eine Geldbörse auf Beinen. Gestern war er trotzdem mit ihr auf dem Standesamt. »Mir fehlen einfach die Eier«, sagt er resigniert.

Heinz hat Muskeln, Charme und einen Arzt. Der sagt, er sei wieder gesund. Aber das nützt ihm nichts, weil er seit einer Operation keine Erektion mehr bekommt. Jetzt fühlt sich Heinz so richtig schlimm, schlecht, leer. Er hat keine Ahnung, wie er dieses traurige Zerrbild seiner selbst akzeptieren lernen soll.

Marvin ist am glücklichsten, wenn er an alten Motorrädern rumschrauben kann. Dann vergisst er, wie einsam und fremd er sich immer gefühlt hat, er, das zu schlau geratene Arbeiterkind. Seine Freundin hat ihn gebeten, Unterstützung zu suchen. Sie kommt nicht klar mit seinem Verstummen, das ihn immer überfällt, wenn sie ihm (zu) nahe kommt.

Werner hingegen braucht nichts zum Glücklichsein. Das ist sein Naturell. Seine Mutter nennt er »meine Sonne«. In den Gesprächskreis für Männer kommt er nicht wegen eines Problems. Denn Werner hat keine Probleme. Sondern eine eigene Firma. Und, naja, manchmal, Sehnsucht nach einem richtigen Freund.

Dieses Buch ist für Noah, Oskar, Heinz, Marvin, Werner – und alle anderen Männer, die in ihrem Leben an einem Punkt stehen, an dem ein bisschen Orientierung und Perspektive hilfreich wäre. (Und natürlich auch für alle, die ihre Söhne, Partner, Väter, Freunde, Brüder, Chefs – und sich selbst – besser verstehen wollen).

Zum Einsteigen

Viele von ihnen kennen wir aus der Männer- und Beratungsarbeit. Viele andere leiden still – oder wüten laut. Trauer und Angst machen sich in mir breit, wenn ich mir den Druck, die Isolation und den tauben Schmerz all jener ausmale, die sich niemals Unterstützung suchen würden. Schließlich brauchen echte Kerle keine Hilfe. Die helfen sich selbst. Selbst wenn's nicht hilfreich ist.

Auch ihnen gibt dieses Buch einen Kompass an die Hand, der Wege aus der Orientierungslosigkeit weist. Es richtet sich an die große Gruppe der »ganz normalen« Männer: weiße Haut, westeuropäische Wurzeln, christliche Werte, heterosexuelles Begehren, unauffälliges Äußeres, robuste Performance – und eigentlich gern Mann. Dummerweise ist das ziemlich schwierig geworden, das gern Mannsein. Dieses Buch zeigt, wie es fair und nachhaltig gelingen kann.

Um das darzustellen, verwebe ich drei Erzählstränge:

- Auf einer ersten Ebene liefere ich Grundlagen und Orientierungswissen aus Geschlechterforschung und Männerarbeit.
- Auf einer zweiten Ebene spreche ich die Leser direkt an und stelle Fragen, gebe Hinweise oder rege zu Übungen an.
- Auf einer dritten Ebene bringe ich eigene Erfahrungen ein.

Ich habe mich dabei bemüht, auf jeden »Schnickschnack« zu verzichten. So komplex wie nötig und so einfach wie möglich: Das war mein Leitmotiv.

Zürich, Oktober 2022

PS: Kursive Begriffe mit *Stern* sind jeweils im Glossar am Ende des Buches erläutert.

Intro: Deine Wahl

Männer[1] sind Menschen, und jeder Mensch ist einzigartig. Also erübrigt sich ein Buch über Männer, da es ihrer Einzigartigkeit niemals gerecht werden kann?
So einfach ist die Sache nicht. Denn zumindest eins teilen alle Männer. Das Y-Chromosom? Den Bartwuchs? Den Penis?
Eher nicht. Denn die Natur ist erfinderisch in ihrem Variantenreichtum. Immer klarer zeigt sich: Auch biologisch ist Geschlecht vielschichtiger als dass die simple Aufteilung in »Männer« und »Frauen« sachgerecht wäre.

Was alle Menschen eint, die in patriarchal geprägten Gesellschaften zu Männern geworden sind[2], ist eher ein gesellschaftlicher Zwang. Dieser wirkt ziemlich subtil. Es gibt weder ein Gesetz noch ein Gericht, das ihn einfordert. Er ist noch nicht mal festgeschrieben. Und doch hat keiner die Freiheit, sich ihm ganz zu ent-

---

1 Weil *weiße* heterosexuelle cis Männer die Zielgruppe dieses Buches sind, verzichte ich bewusst auf das Gendersternchen (s. a. Theorieblock in ▶ Kap. 2). Das ist an vielen Stellen angemessen und präzis, insofern die binäre heteronormative Geschlechterordnung eine soziale Tatsache ist (zu deren Überwindung das Buch einen Beitrag leisten will). An anderen Stellen ist es unbefriedigend und unterkomplex, insofern dadurch die real existierende Vielfalt von Frauen* und Männern* resp. Unterschiede und Hierarchien innerhalb der Geschlechtergruppen nicht sichtbar werden. – Sofern die Attribute *weiß* und Schwarz Menschen beschreiben, sind sie grafisch hervorgehoben, um ihre gesellschaftliche Bedingtheit sichtbar zu machen (vgl. www.amnesty.de/2017/3/1/glossar-fuer-diskriminierungssensible-sprache, Zugriff 29.01.2023).
2 Für das ganze Buch gilt: Keine Aussage über Männer resp. Männlichkeit beinhaltet die Behauptung, das sei für Frauen resp. in Bezug auf Weiblichkeitsanforderungen anders. Manchmal wird dies der Fall sein, manchmal nicht. Um den Fokus nicht zu verlieren, nehme ich mir die Freiheit, diese Frage einfach unbeantwortet zu lassen.

ziehen. Die Rede ist vom Zwang, das eigene Mannsein zu geltenden Männlichkeitsanforderungen in Bezug zu setzen. Nehmen wir zur Illustration einen Klassiker: »Männer weinen nicht«. Er formuliert die Männlichkeitsanforderung, wonach Männer keine Gefühle der Schwäche zulassen – oder diese zumindest nicht zeigen – sollen. Gilt diese Anforderung noch immer? Darüber lässt sich streiten. Moderne Eltern hauen ihren Kindern doch nicht mehr solch altbackene Imperative um die Ohren, ließe sich einwenden. Tränen seien unerlässlich für Trauerverarbeitung und Stressabbau, könnte man wissenschaftlich argumentieren. Heute wird doch keine solche Verbotspädagogik mehr praktiziert, würden sich Erzieher:innen wehren. Das stimmt alles. Und doch bleibt die Kernhypothese gültig, die lautet: Männer müssen sich gegenüber Männlichkeitsanforderungen positionieren.

Ja klar, Jungen können weinen, wenn sie auf dem Pausenplatz geschubst wurden oder ihre Lieblingsmurmel verloren haben. Weder die Polizei noch die Pausenplatzaufsicht würden eingreifen. Und doch versuchen die meisten Jungen in dieser Situation, die Tränen runterzuschlucken. Denn sie wissen genau: Wenn ich an der Männlichkeitsanforderung »nicht weinen« scheitere, laufe ich Gefahr, nicht mehr zur Gruppe der »richtigen Jungen« zu zählen. Diese Gefahr verschärft sich mit jedem Schritt zum Erwachsenwerden.

Der Zwang, ein »»männliches Selbstverhältnis« herstellen zu müssen – so die wissenschaftliche Formulierung in der Geschlechtertheorie (vgl. *Gender Studies)* – besteht also nicht darin, exakt diese oder jene Verhaltensweise an den Tag zu legen. Er besteht in der Unfreiheit, diese oder jene Verhaltensweise zu verweigern, ohne Konsequenzen befürchten zu müssen. Natürlich leben wir nicht mehr im 20. Jahrhundert. Natürlich sind geschminkte Jungs, verletzliche Männer und engagierte Väter heute viel sichtbarer als noch vor wenigen Jahren. Aber eben nicht als echte Normalität, sondern nur als akzeptable Abweichung von nach wie vor geltenden Männlichkeitsnormen, die sich bloß etwas lockerer gemacht haben.

Alle haben Angst

Gehen Sie mit der Basistheorie soweit mit? Gehst du soweit mit?[3] Das wäre super. Die Kernaussage lautet: Was »männlich« ist, verändert sich. Die Biologie liefert Anhaltspunkte, aber weder Eindeutigkeiten noch letzte Wahrheiten. Um als »richtiger Mann« zu gelten, muss ein Mann seine *Männlichkeit* fortlaufend herstellen. Ob er das will oder nicht und ob er es weiß oder nicht, überprüft deshalb jeder Mann fortlaufend, ob die Distanz zwischen Selbstausdruck und Männlichkeitsanforderung noch im grünen Bereich liegt. Das klingt nicht nur anstrengend, sondern ist es auch. Und verlangsamt das Leben. Denn wenn ich immer erst einen Männlichkeitscheck machen muss, hinke ich meinem ersten Impuls stets einen Schritt hinterher (▶ Kap. 2.4). Das fühlt sich so an wie es klingt: leicht behindert. Manche sind mutiger, andere vorsichtiger. Aber alle haben das gleiche Problem: Es gibt kein »einfach so sein, wie ich bin«. Diese Idee des Ganz-sich-selbst-Seins ist Sehnsucht und Illusion zugleich. Und damit beginnen die Probleme, bei deren Bewältigung dich dieses Buch unterstützen will.

Probleme? Ha, Männer haben doch keine Probleme?! Männer meistern Herausforderungen!

Den kleinen Seitenhieb erlaube ich mir als weiteres Beispiel für eine Männlichkeitsanforderung, die wirkmächtig bleibt, auch wenn sie so bescheuert klingt, dass man sie eigentlich gar nicht richtig ernst nehmen kann. Und es ist gleichzeitig ein Versuch, dir einen Moment Verschnaufpause zu verschaffen. Denn jetzt folgt eine ziemliche Anmaßung.

Ich behaupte, zu wissen, wie du dich fühlst. Du verstehst mich schon richtig. Logisch habe ich keine Ahnung, wie es dir gerade geht, was dich umtreibt, stresst und freut. Ich kenne dich ja nicht. Aber ich behaupte, ich kenne die Grundspannung, mit der du

---

[3] Ich hoffe, das Du geht ok. Mir ist die direkte Ansprache in der persönlichen Arbeit wichtig, damit möglichst wenig Fassade und Hierarchie den unmittelbaren Kontakt verstellen.

durchs Leben gehst. Im ersten großen Kapitel dieses Buches wird das dann in aller Ruhe ausgeführt. An dieser Stelle reicht die Kurzfassung: Als männliches Grundbefinden verstehe ich das existenzielle Ausgespanntsein zwischen Größenfantasie und Versagensangst. Diese leise dumpfe Angst, entblößt oder entlarvt zu werden, »falsch« zu sein. Ja, genau die Angst, die am liebsten dann anklopft, wenn du dich schutzlos fühlst... im Dunkeln beispielsweise, oder wenn du verletzlich bist. Beschämung ist das Schmiermittel des Patriarchats...
Ich habe vier gute Nachrichten:

1. Es gibt ein Mittel dagegen.
2. Du bist nicht allein. Alle Männer teilen diese Ängste. Denn sie sind eine direkte Folge des Zwangs, sich ständig überlegen zu müssen, wie viel »männlich« jetzt gerade sein muss.
3. Als Faustregel gilt: Je mehr ein Mann so tut als sei er frei von Versagensängsten, umso tiefer wurzeln sie.
4. Wenn du es schaffst, diese Abgründe der Angst hinter der aufgeplusterten Männlichkeitsfassade zu sehen, schrumpft der »dicke Max« auf Lebensgröße zusammen – und mit ihm deine Angst vor dem Versagen im Männlichkeitswettbewerb.

Ein verführerisches Angebot

Es ist schon eigenartig: Für 80 % der Männer in Deutschland ist nicht mehr die Frage, *ob* es Gleichstellungspolitik braucht, sondern nur noch, *wie* diese gestaltet sein soll (BMFSF 2017). Eine große Mehrheit sieht auch ganz persönlich einen Gewinn darin: wirtschaftlich (86 %), partnerschaftlich (82 %), gesellschaftlich (79 %). 82 % (11 % mehr als noch 2007) wollen auch nach Familiengründung Erwerbs- und Familienarbeit teilen (ebd.). Das sind traumhafte Zustimmungsraten. Und dennoch stockt's gewaltig bei der Verwirklichung tatsächlicher Gleichstellung.

Die Lage ist eben auch sehr widersprüchlich: Die gleiche Studie des Bundesministeriums für Familie, Senioren, Frauen und Jugend beschreibt 40 % aller Männer (und 17 % aller Frauen) in Deutschland als zumindest teilweise empfänglich für *antifeministisch-männerrechtlerisches Gedankengut*. Der harte Kern dieser Männer »sieht ›Männlichkeit‹ in Gefahr und ist der Ansicht, das gesellschaftliche Gefüge werde durch den Feminismus und selbstbewusste, gleichberechtigte Frauen zerstört. Sie rufen zum heiligen Krieg auf, mit unbändigem Hass und, wenn es sein muss, auch mit Waffengewalt«.

Das schreibt nicht das Ministerium, sondern Günter Wallraff in seinem Vorwort zum Buch *Die letzten Männer des Westens* (Ginsburg 2019). Autor Tobias Ginsburg hat dafür *undercover* in radikal antifeministischen Milieus recherchiert, zu denen er mit nachvollziehbarer Begründung auch vermeintlich unverdächtige Gruppierungen wie die FDP-nahen »Liberalen Männer e. V.« zählt. Er zeichnet das unheimliche Bild eines Rhizoms, eines »ideologischen Pilzgeflechts« von Frauenhass und Männlichkeitswahn, Demokratieverachtung und Vielfaltsfeindlichkeit, »das unterirdisch durch die Gegend wuchert, ohne Anfang, ohne Ende, verästelt in alle Richtungen des Erdreichs, verknotet mit allerhand anderen Giftgewächsen. Und ab und an stößt es durch die Erdkruste« (Ginsburg 2021, S. 295).

Es ist für mich schwierig zu sagen, wo die realistische Bedrohungseinschätzung aufhört und wo die Paranoia beginnt. Sieht man jedoch, wie heftig selbst führende Köpfe der »bürgerlichen Mitte« im deutschen Sprachraum die vermeintliche »Gender-Ideologie« bekämpfen (s. a. Theorieblock in ▶ Kap. 2) und mit wie viel Geld und Eifer die internationalen Netzwerke der Ewiggestrigen ihren Kampf gegen *Gayropa* vorantreiben, reihe auch ich mich unter den Mahnern ein: Wir dürfen weder das Dominanzstreben und Gewaltpotenzial gekränkter Männer unterschätzen noch ihre kühl berechnete Instrumentalisierung durch die faschistisch-fundamentalistische Internationale. Verunsicherte Männer sind für sie die perfekte Zielgruppe, weil sie bedürftig sind, dies aber vor sich selbst niemals zugeben dürften. So lässt sich Gleichstellung als »Ideologie der Schwäche« (Aussage eines *maskulistischen* Bloggers, zit. nach Kemper 2012, S. 106) abwerten, die das Individuum »entkernen« wolle (ebd.). Das ist zwar eine perfide Umdrehung der Tatsachen. Aber trotzdem attraktiv. Denn »gegen diese angebliche Ich-Auflösung setzen maskulistische Ideologien eine kohärente und fixierte Identität, die sich nicht in einer komplizierten und gleichberechtigten Ko-Existenz mit anderen verirrt, sondern die sich über andere erhebt« (Schutzbach 2018, S. 319). Ein solch eindeutiges Identitätsangebot ist verführerisch, wenn Männlichkeiten zusehends problematisiert und in Frage gestellt werden.

Ein vollmundiges Versprechen

Zum Zeitpunkt, in dem ich dieses Buch schreibe, sehe ich meinem 50. Geburtstag entgegen. Die Hälfte dieses Lebens setze ich mich nun bereits fachlich mit Männern und Männlichkeitsfragen auseinander. Stets bewege ich mich dabei im widersprüchlichen Spannungsfeld zwischen oberflächlicher Zustimmung und untergründiger Sabotage. Von den Erkundungen in diesem Spannungsfeld, von den Erfahrungen und Erkenntnissen auf diesem Weg soll dieses Buch Zeugnis ablegen.

Es ist radikal auf Nützlichkeit ausgelegt. Ich möchte meine Erfahrungen und Erkenntnisse allen Jungen und Männern zur Verfügung stellen, die anders, leichter, lieber Mann sein wollen. Dabei wende ich mich vor allem an jene Männer, die mir selbst am ähnlichsten sind: Jene, die eben *nicht* schwul, Schwarz, trans, arm, beeinträchtigt, muslimisch etc. sind – und genau deshalb das Privileg genießen, sich nicht zwangsläufig mit Identitäts-, Geschlechter- und Gerechtigkeitsfragen auseinandersetzen zu müssen.

Wenn du dich auf den Weg wagst, für den dir dieses Buch einen Kompass zur Verfügung stellt, wirst du länger, gesünder und zufriedener leben – und erst noch tieferen, besseren Sex haben. Das klingt vollmundig und macht dich hoffentlich erst mal misstrauisch. Du wirst bei der weiteren Lektüre herausfinden, ob du die Ansage als vertrauenswürdig erachtest. An dieser Stelle belasse ich es bei einem Verweis auf Unmengen empirischer Untersuchungen

(z. B. Wong et al. 2016; Pirkis et al. 2017; Springer & Mouzon 2011; Yousaf et al. 2015; s. a. APA 2018), die zeigen: Männlichkeitsnormen zu genügen, ist ein Gesundheitsrisiko. Wer sich selbst kennt, mag und umsorgt, wer Beziehungen nährt, Freundschaften pflegt, sich in ein soziales Gefüge einlässt und Unterstützung annimmt, lebt lieber und – zumindest im statistischen Schnitt – auch länger. Männer profitieren davon ganz besonders, weil all diese Qualitäten im eindimensionalen Männlichkeits-Masterplan nicht vorgesehen sind. Leider stimmt deshalb aber auch das Umgekehrte: Traditionelle Männlichkeitsanforderungen sind dermaßen »dysfunktional« (Tholen 2015), dass du früher, einsamer und unglücklicher sterben wirst, wenn du dein Leben in den Dienst ihrer Erfüllung stellst. Die einflussreiche *American Psychological Association* hat deswegen sogar spezifische Richtlinien für die Arbeit mit Jungen, Männern und Vätern herausgegeben (APA 2018).

Auch du stehst vor einer Weggabelung

Lass mich Klartext reden: Unsere Welt steht an einem Scheidepunkt. Eine ökologische und eine politische Krise bedrohen unsere Zukunft. Mit der ökologischen Krise spreche ich die Umwälzungen an, die der Klimawandel mit sich bringt: nicht nur die Naturkatastrophen selbst (Unwetter, Hochwasser, Erdrutsche, Waldbrände etc.), sondern auch ihre sozialen Folgen (Armut, Hunger, Kampf um Ressourcen, Flucht, Vertreibung, Krieg[4] etc.). Mit der politischen Krise spreche ich das Revival des Autoritären an: nicht nur die autoritären Herrscher selbst (Putin, Jinping, Erdogan, Orban etc.), sondern auch ihre sozialen Folgen (Krieg, Zerstörung, Ausgrenzung, Polarisierung, Radikalisierung, Hass, Wertezerfall etc.). Angst vor der Zukunft ist angemessen. Dieses Buch ist auch eine

---

4 Das Buch wurde zwischen Januar und Oktober 2022 geschrieben, also noch vor dem russischen Angriff auf die Ukraine vom 24. Februar 2022 begonnen. Da ich diesen Krieg (zumindest auch) als Folge eines Männlichkeitswahns verstehe, hat er den Schreibprozess natürlich beeinflusst.

Anleitung, wie es dir gelingt, deine Ängste weder zu verdrängen noch sich von ihnen zerfressen oder lähmen zu lassen.

Die ökologische und politische Bedrohung sind eng miteinander verzahnt. Ihre gemeinsame Wurzel ist das Patriarchat, das in den westlichen Demokratien untrennbar mit der kapitalistischen Wachstums- und Beherrschungsideologie verbunden ist. Mit *Patriarchat* meine ich nicht plump die *Herrschaft der Männer*, sondern ein System, das zwar von männlichen Regeln geprägt, aber von Männern und Frauen gemeinsam getragen wird. (Und nicht von dunklen Mächten oder geheimen Strippenziehern! Wenn ich »dem Patriarchat« oder »dem System« Motive unterstelle, darf das keinesfalls als verschwörungstheoretisches Geraune missverstanden werden.) Die patriarchale und die kapitalistische Systemlogik vermählen sich, indem erstens beide Ausbeutung (seiner selbst, anderer wie auch der natürlichen Ressourcen) als etwas ganz Normales, ja Natürliches, darstellen und zweitens alles dafür tun, damit diese Normalitätsunterstellung grundsätzlich und für alle Ewigkeit alternativlos erscheint (mehr dazu: Theunert 2013, Kap. 6).

Angesichts der Dringlichkeit dieser Dynamiken fürchte ich, nicht zu dramatisieren, wenn ich eine Weggabelung skizziere, vor der wir alle stehen: Beschreiten wir weiterhin den vorgespurten Weg ins Gierige, Autoritäre, Einschüchternde, Ausbeuterische, Gewalttätige, Lähmende? Oder trauen wir uns, einen neuen Weg zu suchen, den Weg nach vorn ins Solidarische, Sorgfältige, Sorgsame?

Auch du musst dich entscheiden. Enthaltungen zählen nicht. Es gibt nur eine Wahl zwischen diesen beiden Möglichkeiten. Deine Wahl.

Eine faire Chance

Deine Wahl. Ich meine das weder zynisch noch manipulativ. Es ist deine Wahl. Du bist frei und nicht allein – egal, wie du dich entscheidest. Traditionelle Männlichkeit bietet für den hohen Preis ja zweifellos auch einiges: Status, Definitions- und Verfügungsmacht,

Geld und andere Privilegien, von denen noch die Rede sein wird. Ich treffe eine andere Wahl und insofern ist auch klar, über welche Entscheidung von dir ich mich mehr freuen würde. Das Bestreben dieses Buchs ist, dir das Beschreiten des mutigen Wegs so leicht wie möglich zu machen. Herausforderungsreich bleibt er. Aber immerhin wird er überschaubar. Begehbar. Du kannst, wenn du willst. Das ist mein Angebot.

Das Können hat zwei Seiten: Du kannst mit diesem Buch deinen eigenen, ganz persönlichen Prozess gestalten. Und du kannst dich sprechfähig machen in den aktuellen geschlechterpolitischen Debatten. Das Buch zeigt dir Möglichkeiten auf, um dich als Mann angemessen – verantwortlich, ernsthaft, aktiv – zu positionieren. Es verkündet nicht die Wahrheit, sondern schlägt dir fachlich fundierte Perspektiven als Orientierungspunkte vor. Fachlich heißt in diesem Fall: im Einklang mit den Erkenntnissen der praktischen *Männerarbeit und der kritischen Männlichkeitsforschung. Anders gesagt: Das Buch gibt dir, was du brauchst, um im Gleichstellungsprozess Boden unter die Füße zu bekommen. Sogar die Schuhe gibt's kostenlos dazu. Bloß gehen musst du selbst. Und den Weg finden, der zu dir passt.

Eine inhaltliche Bestimmung, was Mannsein ist, suchst du umsonst. Ich weiß doch auch nicht, wie der Mann der Zukunft aussieht. Ich will und muss es auch gar nicht wissen, hege vielmehr größtes Misstrauen gegenüber allen, die behaupten, ihn zu kennen. Dieses Buch sagt nicht, wie der neue Mann aussieht. Sondern wie Mannsein heute geht. Wie du deinen Weg als Mann findest. Das ist ein feiner, aber wichtiger Unterschied.

Es ist ein schonungsloses Buch. Unverblümt und ungeschminkt. Aber stets liebevoll. Denn Mannsein ist ja wirklich eine anspruchsvolle Aufgabe. Für mich auf jeden Fall. Und für die meisten Männer, die ich kenne. Als Männer stehen wir heute in einer komplexen und widersprüchlichen Position: Unter dem Schlagwort *toxische Männlichkeit wird das Zerstörerische gesellschaftlicher Männlichkeitsvorstellungen verhandelt. Männliches Fehlverhalten wird immer schneller und öffentlicher angeprangert. Traditionell männliche Qualitäten – Risiken eingehen, den Ton angeben, der Beste sein wollen – gelten zunehmend als problematisch. Den emotional verkümmerten Ellenbogenmann wollen wir nicht mehr, sagt die Gesellschaft. Kümmern müsst ihr euch und lernen, was Empathie, Anstand und Respekt bedeuten. Dieses Ansinnen teile ich. Aber wenn wir das Gegenteil dessen tun sollen, was uns bislang immer gesagt wurde, brauchen wir auch Raum zum Umlernen und Ausprobieren.

Anerkannte, gewollte und geförderte Räume, um solch ein anderes Mannsein zu entwickeln und zu erproben, gibt es in der gesellschaftlichen Wirklichkeit aber kaum. Denn die alte Männlichkeitsideologie mit ihren zentralen Bausteinen Stärke, Status, Leistungsorientierung, Weiblichkeitsabwehr, Risikoverhalten und Gewalt (Thompson & Pleck 1995; Levant & Richmond 2008) herrscht unterschwellig weiter. Noch immer muss man(n) in jeder Lebenssituation durchsetzungsstark, selbstbewusst und souverän sein. Noch immer wird von Männern eingefordert, starke Beschützer und solide Ernährer zu sein. Noch immer gilt der muskulöse Männerkörper als Schönheitsideal.

Gleichzeitig – das ist das Perfide – ist der Mann, der all diesen Anforderungen gerecht zu werden trachtet, ein potenzieller Problemfall. Sein aktuell verfügbarer Ausweg ist, die alten Anforderungen weiterhin zu erfüllen – und die neuen Anforderungen (einfühlsam, reflektiert, ausdrucksfähig, sorgfältig etc.) irgendwie parallel und zusätzlich gleich noch mit. Dass diese beiden Anforderungsprofile in sich widersprüchlich oder gar unvereinbar sind: geschenkt. Wenn betroffene Männer diese Widersprüchlichkeit benennen und einen anderen gesellschaftlichen Umgang damit einfordern, gelten sie schnell als anmaßend, wehleidig, unreflektiert, jammernd – und »unmännlich«. Reflexartig ereilt sie der Verdacht mangelnder Verantwortungsübernahme für das patriarchale Erbe und all die grausame Gewalt, die Männer in den letzten Jahrhunderten, Frauen, Kindern und sich selbst angetan haben.

Das ist verständlich. Das ist zu akzeptieren. Und: Das ergibt eine klebrige Melange, der sich man(n) ungern nähert. Auch das ist verständlich. Eine diffuse Erbschuld nagt und verstellt den Blick auf tatsächliche Verantwortlichkeiten. Ein Fantasiebild zeitgemäßer Männlichkeit verlangt Unmögliches und erstickt die Kraft und Lust, einfach mal den ersten kleinen Schritt zu wagen. Ein Misstrauen gegenüber dem Männlichen schlechthin durchdringt nicht nur die gesellschaftliche Meinung, sondern auch das Selbstbild der meisten Männer. Das geschlechterpolitisch (trotz aller Einseitigkeit) hilfreiche Konstrukt *toxischer Männlichkeit* pervertiert zum Bild des *toxischen Mannes*. Plötzlich ist nicht mehr die Kultur vergiftend, die uns in krank machende Männlichkeitskorsette zwingt, sondern der Mann selbst ist vergiftet – und vergiftend. Logisch wende ich mich nicht meinem Inneren zu, wenn ich dort Elend, Schmerz und Verderben erwarte. Damit verbaue ich mir aber die Erfahrung, in meinem tiefsten Inneren nicht dem lauernden Bösen zu begegnen, sondern einem unversehrten Kern, der sich nach Verbindung sehnt und auf Versöhnung drängt.

Kein Depowerment ohne Empowerment

Dieses Buch unternimmt den Versuch, einen Ausweg aus dieser verkeilten Lage zu finden. Es will Denk- und Diskursräume öffnen, damit Männer ihre *Emanzipation selbst an die Hand nehmen. Die feministische Analyse ist sein Fundament: Geschlecht und Geschlechterordnung sind gemacht, gewollt und deshalb auch gestaltbar. Auf dieser Basis nimmt es Männer in die Verantwortung und fordert sehr direkt: Leistet euren Beitrag!

Es ist gleichzeitig ein anwaltschaftliches Buch für Männer. Es fordert, dass ihr Beitrag leistbar ist, zumutbar, fair. Es verwehrt sich gegen jede Unterstellung einer männlichen Erbschuld. Denn niemand kann für etwas verantwortlich gemacht werden, das zu beeinflussen nicht in seiner Macht stand. Für das, was unsere Väter und Vorväter verbockt oder versäumt haben, können wir Männer von heute nichts. Dieses Buch nimmt sich deshalb die Freiheit, die tatsächliche aktuelle Verantwortung von Männern vom Ballast historischer Schuld zu lösen. Übrig bleibt eine weitere – wenn auch ganz spezifische – soziale Gruppe, die im, am und unter dem Patriarchat leidet.[5] Die Befreiung von der erdrückenden Schwere einer gefühlten Erbschuld befreit Kräfte, die wir brauchen, um gerechte Geschlechterverhältnisse durchzusetzen. *Mit* den Männern, die wir haben, nicht *gegen* sie. Pointiert gesagt: Um die Welt zu retten, müssen wir die Männlichkeitsanforderungen knacken, denen Männer glauben genügen zu müssen. Indem wir ihnen weniger Vorwürfe für die bisherige Teilhabe am Patriarchat machen und uns stärker mit ihrer Sehnsucht nach Überwindung des Patriarchats verbünden, werden die real existierenden Männer zu Verbündeten. Erst wenn wir an den tiefen Wunsch nach einem Männerleben jenseits krankmachender Männlichkeitskorsette glauben, entwickelt sich genügend gesellschaftliche Kraft, um die traditionelle Männlichkeitsideologie zu überwinden. Von dort aus verändern und erweitern sich die Selbstbilder und Kompetenzen von Männern von allein. Meine tiefe Überzeugung ist: Damit Männer sich gegen das Patriarchat auflehnen, brauchen sie Kraft und Mut. *Depowerment* geht nicht ohne *Empowerment*! (Sonst ist es Gewalt).

Dieser Versuch, Männer freizuspielen, damit sie eigenmotivierte Akteure des Wandels werden können, ist heikel. Missverständnisse lauern. Beispielsweise der Verdacht, dass damit strukturelle Benachteiligungen von Frauen und zweifellos nach wie vor bestehende Privilegien von Männern unsichtbar gemacht werden sollen. Oder die Unterstellung einer hohlen Veränderungsrhetorik, die

---

5 Anmerkung für Fachkolleg:innen: Auf einer theoretischen Ebene verstehe ich dieses Buch als Versuch, de Blasis (2013) Transpartikularismus-Konzept und Kasteins (2019a, b) (Selbst-)Deprivilegierungs-Ansatz für eine transformative Praxis nutzbar zu machen. In der Bezugnahme auf den fachlichen Orientierungsrahmen (Theunert & Luterbach 2021) rekurriere ich weiter auf Mike Messners Politics of Progressive Masculinities (Messner 1997) und das daraus abgeleitete Konzept dreifacher Anwaltschaftlichkeit (Theunert 2016), das sich als Kompass für die progressive männerpolitische Arbeit bewährt hat.

letztlich bloß wieder männlicher Identitätsversicherung dient. Ich bin optimistisch, dass die weiteren Ausführungen diesen Verdacht entkräften können.

Das Wagnis rechtfertigt sich aus der Dringlichkeit. So zutreffend und berechtigt feministische Kritik ist, so kontraproduktiv wirkt sie, wenn ihre Vereinnahmung Mannsein per se zum Verdachtsfall macht. Das aber geschieht, wenn die kapitalistische Konsumgesellschaft Gleichstellung auf die Ermächtigung von Frauen reduziert, sich gleich (fremd- und selbst-)ausbeuterisch verhalten zu dürfen, wie das bislang Männern vorbehalten war. Nur indem wir uns konsequent trauen, Männer gleichermaßen als Profiteure *und* als Opfer des Patriarchats zu sehen, bauen wir ihnen eine Brücke. Erst jetzt erarbeiten wir uns eine echte Chance, sie als Mitstreiter zur Gestaltung gerechter Geschlechterverhältnisse zu gewinnen.

In der aktuellen geschlechterpolitischen Umbruchssituation braucht es Fragen, Perspektiven und Orientierungspunkte, die Männer in die Verantwortung nehmen, ohne sie in die Ecke zu treiben. Denn es gibt nicht nur eine Verantwortung der Männer für ihre Teilhabe am Patriarchat. Es gibt auch eine Verantwortung der Gesellschaft dafür, Männlichkeitsanforderungen zu formulieren, durchzusetzen und Männer in Männlichkeitskorsette zu zwingen.

Überspitzt gesagt verhalten wir uns als Gesellschaft doch so wie der fiese *Bully*, der seinen Mitschüler zum Klauen anstiftet, um ihn gleich darauf zu verpetzen. Wir trichtern unseren Jungs den ganzen Männlichkeitskanon ein, um sie gleich darauf für ihr rüpelhaftes Verhalten zu schelten. Dabei wenden wir eine ethisch unzulässige Sanktionslogik nach dem Muster »Leider müssen wir dich bestrafen, weil du dich so verhältst, wie wir es dir gelehrt haben« an. Das ist einfach unfair. Wenn wir Männer nicht auch als Getriebene in einem perfiden System zu sehen bereit sind, ist ihr Widerstand gegenüber jeder geschlechterpolitischen Veränderung nicht nur verständlich, sondern unvermeidlich.

Eine Begründungsvorlage für gekränkte Männer will dieses Buch gleichwohl nicht sein, kein klagender Appell nach mehr Verständnis für männliche Befindlichkeiten (vgl. Haberl 2022) – auch

Intro: Deine Wahl

wenn es mich natürlich freuen würde, wenn das Buch ermöglicht, Männer und Männlichkeiten besser zu verstehen. Klar, vielen Männern wird es zu viel mit Feminismus, Veränderung, Kritik, Ansprüchen und verlorenen Selbstverständlichkeiten. Und ja, das kann Radikalisierungsdynamiken anheizen. Deshalb die Frauen zur Mäßigung anzuhalten, damit es Männern wieder wohl ist, stellt in dieser Situation aber keinen ernst zu nehmenden Ausweg dar.

Mein Vorsatz ist, diesbezüglich konsequenter zu sein: Dieses Buch nimmt Männer in die Verantwortung und gibt ihnen die Instrumente und das Prozesswissen an die Hand, damit sie ihre Arbeit leisten können. Das haben sie verdient. Mit Ansprüchen auf Mehr bin ich vorsichtig. Ja, es wäre schön, wenn die Gesellschaft (schon) bereiter wäre, männliche Emanzipation zu unterstützen, auch männlichem Leiden empathisch zu begegnen, sich von männlichem (Ver-)Zweifeln berühren zu lassen. Manchmal hadere ich sogar wegen dieses Mangels. Gar kindlich aber scheint mir das trotzige Einfordern von all dem, wenn die Gesellschaft nun mal wirklich unmissverständlich klarmacht: Wir sind nicht bereit, das historisch privilegierte Geschlecht des Verlusts seiner Privilegien wegen zu bedauern, seinen Schmerz zu würdigen oder ihm bei der »Wundversorgung« zu helfen.

Ok, verstanden. Hier kommt Plan B.

Eine privilegierte Perspektive

Dieses Buch ist nicht als Provokation gedacht. Denn eigentlich versuche ich nur, den Stand der fachlichen Diskussion auf möglichst verständliche Weise wiederzugeben. Natürlich wird nicht jede:r damit einverstanden sein. Wenn meine Aussagen als Provokation ankommen, wäre dies jedoch vor allem ein Hinweis, wie wenig der fachliche Diskurs das öffentliche Bewusstsein erreicht hat.

Geschlechterfragen gehen uns alle an. Denn wir alle haben im Wechselspiel von Anlage, Kultur und Biografie in irgendeiner Form ein Geschlecht entwickelt. Auch lassen sich fachliche Beobachtung und persönliche Betroffenheit nicht sauber trennen.

Ich entscheide mich deshalb bewusst dafür, auch ein persönliches Buch zu schreiben. Das heißt: als Autor und Mann spürbar zu werden. Gleichzeitig versuche ich, nicht aufdringlich zu sein mit eigenen Erfahrungen. Einen ersten Versuch, dieses Buch zu schreiben, habe ich im Sommer vor einem Jahr nach kurzer Zeit abgebrochen, weil mir unwohl wurde mit meiner Sprechposition. Zu viel Expertentum. Zu viel Dozieren. Zu viel Anmaßung. Insofern ich Fachmann bin und meine Fachlichkeit auch nicht kleiner machen will, als sie ist, wird sich das nicht ganz vermeiden lassen. Aber ich mag nicht den Weisen geben, der alles durchschaut hat. Lieber verstehe ich mich als Trichter und Filter, der aus unterschiedlichsten Quellen etwas neu und zugänglich bündelt.

Mein persönlicher Steckbrief offenbart eine privilegierte Sprechposition:

Race: white
Sex: male
Age: 49
Sexual Orientation: hetero
Gender Identity: *cis
Class: upper middle class

Was weder die nackten Daten noch mein Name oder mein Aussehen verraten: meinen Migrationshintergrund. Schon früh lernte ich, mich angepasst zu verhalten, damit niemandem auffallen möge, dass mein Vater Ausländer war (auch wenn seine deutsche Staatsangehörigkeit uns in der Schweiz natürlich weit weniger marginalisierte als eine sichtbar fremdländische dies getan hätte). Während meiner ersten Lebensjahre musste er zwei Jobs gleichzeitig wahrnehmen, um die Familie durchzubringen. Geld war immer knapp. Obwohl ich privilegiert aussehe (und natürlich auch vielfältig privilegiert bin), teile ich doch zumindest einige Ängste mit den weniger Privilegierten: beispielsweise die Angst, nicht ganz dazu zu gehören, oder die Angst, etwas falsch zu machen.»Was sollen denn die Leute denken?!«, scheint mir im Rückblick die zentrale Begrenzungsbotschaft meiner frühen Kindheit. Mit dem akademischen und gesellschaftlichen »Aufstieg« kam später die Angst vor dem Auffliegen und Entlarvtwerden dazu. Insofern ich mir der Zugehörigkeit zur gesellschaftlichen Mehrheit nicht wirklich sicher war, bin ich wohl auch sensibilisiert(er) für Diskriminierungsfragen und ihre Subtilitäten. Kritische Selbstbefragung bleibt trotzdem angezeigt.

Was ich auch transparent machen möchte: Ich bin Psychologe. Das heißt, ich habe an der Universität Psychologie (und im Nebenfach Soziologie) studiert und später eine gruppentherapeutische Weiterbildung abgeschlossen. Ich bin jedoch nicht der Praktiker, der tagein tagaus mit Männern arbeitet – und aus diesem Erfahrungsschatz den Anspruch herleiten könnte, er wisse, wie Männer ticken. Dieser 1:1-Kontakt in der Beratungsarbeit ist mir zwar genau deshalb wichtig, weil er die Theorie erdet und durchblutet. Er macht aber nur einen Teil meiner Tätigkeit aus. Als Leiter des Dachverbands progressiver Schweizer Männer- und Väterorganisationen[6] habe ich die Aufgabe, Männeremanzipation zu fördern und Männerarbeit zum selbstverständlichen Teil der psychosozialen Grundversorgung zu machen. Dafür ist es unerlässlich, mit Praktiker:innen, Forscher:innen, Aktivist:innen, aber auch mit Behörden, Politiker:innen und Unternehmensvertreter:innen im Austausch zu sein, die Entwicklungen in der Fachliteratur nachzuvollziehen, an Tagungen präsent zu sein etc. Diese Begegnungen und Erfahrungen erlauben alle auf ihre Art bereichernde Perspektiven auf Männer und Männlichkeiten. Dies gilt ganz besonders für die vielen institutionellen und persönlichen Widerstände, denen ich dabei begegne. Ausgesprochen lebendige Impulse für dieses Buch beziehe ich weiter aus meiner Funktion als Leiter eines Lehrgangs, in dem wir Fachmänner für die geschlechterreflektierte Arbeit mit Jungen, Männern und Vätern ausbilden. Hier arbeiten wir mit dem gleichen Grundgerüst, das den drei großen Kapiteln dieses Buchs zugrunde liegt. Basis dafür ist wiederum ein fachlicher Orientie-

---

6 www.maenner.ch

rungsrahmen, den ich gemeinsam mit Matthias Luterbach vom Zentrum Gender Studies der Universität Basel erarbeitet habe (Theunert & Luterbach 2021). Was ich damit sagen möchte: Was in diesem Buch steht, hat Hand und Fuß, ist aber nicht alles von mir und nicht alles neu. Mein Anspruch ist nicht, originell zu sein, sondern einen brauchbaren Kompass für unwegsames Gelände zu liefern. Nicht Meister oder Modell will ich sein, sondern mich als Bezugspunkt und Begleiter anbieten. Auf jeden Fall muss es eine Rolle sein, in der ich selbst der Suchende bleiben darf, der ich bin. Denn es fließen hier ja offensichtlich nicht nur 25 Jahre fachliche Beschäftigung mit Männlichkeitsfragen zusammen, sondern 50 Jahre Lebensvollzug im Widerstreit mit all dem »Männlichkeitsgedöns«. Dieses Buch dokumentiert auch einfach mein persönliches »Dranabarbeiten«.

Es gibt sowieso kein Zurück

Eins habe ich akzeptieren lernen müssen: Es bleibt nur die Suchbewegung, weil es kein Zurück in ein ambivalenzfreies Mannsein gibt. Es gibt erst recht kein Zurück zu »natürlicher« Männlichkeit. Denn beides gab es nie. Ich habe keine Ahnung, was »wahre Männlichkeit« ist und halte den Versuch, eine solche zu bestimmen, für grundsätzlich unlauter. Denn worauf soll sich dieses »Wahre« schon beziehen? Es kann nur den Versuch unternehmen, über die Natur oder die Historie einen »wahren« Kern von Männlichkeit herbeizukonstruieren, an dem wir uns festklammern könnten. Besser belegt und wesentlich plausibler ist jedoch das Gegenteil: Es gibt keinen Kern, der über alle Epochen und Kulturen hinweg »das Männliche« als soziale Praxis definiert. Stets war im Wandel, was Männlichkeit ausmacht (mehr dazu: Theunert & Luterbach 2021, Kap. 2). Das soll nicht heißen, Biologie sei bedeutungslos. Ich teile die Auffassung (Winter 2016), es gebe einen »irreduziblen Sexualrest«, also eine leibliche Realität mit einem »sexogenetischen Kern« (Sigusch 2013, S. 191) wie auch mit dem »Körpergeschlecht unlösbar verbundene« Erfahrungen, die »sich in Körper und Seele niederschlagen« (ebd., S. 543). Aber damit findet erst ein Bruchteil aller Geschlechterstereotypen Ansätze einer Erklärung.

Falls du unsicher bist, ob du dich mit dieser Rückstufung der Natur anfreunden sollst, dich aber auch nicht in die Literatur vertiefen magst, die das belegt, habe ich dir ein einfaches, aber messerscharfes Argument (vgl. Connell 2013, S. 22): Wenn Männlichkeit natürlich wäre, dann würde sie sich ohne jedes Zutun durchsetzen, eben weil sie naturgegeben ist. Im Umkehrschluss heißt das aber auch: Wann immer gesellschaftliche Kräfte Anstrengungen einfordern, um eine vermeintlich naturgegebene Ordnung aufrecht zu erhalten, kannst du sicher sein, dass sie nicht naturgegeben ist. Denn wenn sie naturgegeben wäre, bräuchte es die Kraftanstrengung nicht. Gottvertrauen würde reichen. Schließlich muss auch niemand dafür kämpfen, weiterhin der Schwerkraft oder dem Alterungsprozess ausgesetzt zu sein ...

Ich will mit dieser Haltung nicht den Wunsch auf historische Rückbesinnung abwerten. Je widersprüchlicher und unsicherer unser Männerbild geworden ist, umso größer wird auch der Wunsch nach Orientierung und Halt. Das ist menschlich und verständlich. Ich will aber jene kritisieren, welche dieser Verlockung unkritisch nachgeben statt sich darum bemühen, die Unsicherheit auszuhalten und einen schöpferischen Umgang damit zu finden. Ja klar wäre es toll, wenn es so etwas wie eine urtümliche Essenz des Männlichen gäbe, derer wir uns wieder bemächtigen könnten. So viele Fragen wären auf einen Schlag gelöst – aber auch so viele Gestaltungsfreiheiten auf einen Schlag vernichtet. Alle Erfahrung zeigt: Es ist ein trügerisches Gefühl, etwas Ur-Männliches schlummere in unserem Tiefsten. Das vermeintlich Ur-Männliche fühlt sich bloß »natürlich«, beständig und gegeben an, weil wir uns schon verdammt lang verdammt hart daran gewöhnt haben.

Spoiler-Alarm

Dieses Buch liefert dir nicht alle Antworten. Aber es hilft dir, die richtigen Fragen zu stellen. Aus Erfahrung weiß ich: Vorwürfe ideologischer Voreingenommenheit werden trotzdem kommen. Sie gipfeln meist in der Unterstellung, Männer »umerziehen« oder alte Normen durch neue ersetzen zu wollen. Das ist nicht mein Punkt. Die Haltung in diesem Buch ist radikal entwicklungsoffen: Mach, was du willst! Diese Aufforderung spreche ich von Herzen aus. Setz um, wofür dein Feuer brennt! Geh, wohin dein Herz dich führt! Die Aufforderung hat jedoch eine normative Seite, das stimmt: Mach auch wirklich das, was du willst – und nicht nur das, was du angeblich musst! Damit du diesen Vorsatz einlösen kannst, gibt es eine zentrale Voraussetzung: Du musst gut mit dir in Verbindung sein. Das ist es aber schon an »Müssen« von meiner Seite.

Dieses Buch ist eine Schatztruhe, in die ich all jene Erkenntnisse aus meinem bisherigen Berufs- und Lebensweg hineingelegt habe, die ich genauso auch einem Freund oder einem Klienten schenke. Bestenfalls wirkt es als kleine Hausapotheke für die psychologische Grund- und Wundversorgung.

Dieses Buch behauptet, den Weg zu einem zeitgemäßen, nachhaltigen Mannsein zu kennen. Wohin das führt? Keine Ahnung. Das Versprechen beschränkt sich darauf, dir einen zuverlässigen Kompass für deine eigene Entdeckungsreise an die Hand zu geben. Die Anwendung des Kompasses erläutere ich in Kapitel 4. Dessen Titel lautet: *Masterclass*. Denn auch wenn ich mich wirklich um größtmögliche Klarheit und Einfachheit bemühe: Ein komplexes Unterfangen bleibt's.

Ein herkömmlicher Kompass besteht aus einer magnetischen Nadel, die sich in Richtung des Erdmagnetfelds ausrichtet, das wiederum ziemlich genau in Nord-Süd-Richtung verläuft. Dadurch kann der Kompass anzeigen, wo Norden ist.

Unser Kompass orientiert sich an drei »Magnetfeldern«. Jedem von ihnen ist eines der ersten drei Kapitel gewidmet. Unsere »Magnetfelder« haben keine geografische Bestimmung, sondern beschreiben drei grundsätzliche Lebenskompetenzen und -haltungen. Die Kernaussage lautet: Mannsein gelingt in der gleichwertigen Verbindung dieser drei Lebenskompetenzen und -haltungen. Ihre Kompassfunktion erfüllen sie also, indem sie dir fortlaufend

Intro: Deine Wahl

eine Bestimmung erlauben, ob alle drei Qualitäten in deinem Leben Raum und Berücksichtigung finden. Vielleicht ist es am einfachsten, wenn du dir das Dreieck als Holzdreieck vorstellst, in dessen Mitte ein Gummiball eingelassen ist. Deine Aufgabe ist es, balancierend so auf dem Holzdreieck zu stehen, dass es auf keine Seite dauerhaft kippt.

Damit der Kompass nutzbar wird, müssen diese drei »Magnetfelder« zuerst aktiviert werden. Diesem Zweck dienen die nächsten drei Kapitel. Jedes widmet sich einer grundsätzlichen Kompetenz und Haltung:

- Kapitel 1 führt in die Fertigkeit des sich Beistehens ein. Leitfrage: Was brauchst du (gerade)?
- Kapitel 2 wendet sich der Fertigkeit des Grenzensetzens zu. Leitfrage: Was musst du (lernen)?[7]
- Kapitel 3 erläutert die Fertigkeit des Zulassens. Leitfrage: Was willst du (wirklich)?

Im grafischen Inhaltsverzeichnis auf den Seiten 6–7 hast du das so entstehende Dreieck bereits in der Übersicht gesehen. Es öffnet einen Erkundungsraum – und verbaut den Weg in unterkomplexes Entweder-oder-Denken. Ich schlage dir vor, bereits jetzt auf einem großen Blatt Papier dieses Dreieck einzuzeichnen, damit du dir im weiteren Verlauf notieren kannst, was für dich die besonderen Qualitäten der jeweiligen Ecke ausmachen.

Je mehr du dich auf dieses Buch einlassen kannst, umso mehr profitierst du davon. Zahlreiche Übungen versuchen, die Vermittlung der Inhalte und die Übertragung in deinen ganz eigenen Lebenszusammenhang zu erleichtern. Das heißt aber auch: Es eignet sich weniger dazu, in einem Zug verschlungen zu werden. Es geht ja nicht nur um ein verstandesmäßiges Durchdringen.[8] Wenn du

---

7 Das ist erfahrungsgemäß die Frage, die am meisten Widerstände auslöst.
8 Um sich möglichst schnell einen möglichst fundierten Einblick in die Zusammenhänge zu erarbeiten, empfiehlt sich die Lektüre der drei »Theorie kompakt«-Teile zu Beginn der Kapitel 1, 2 und 3.

dich wirklich auf diese Reise einlässt, wirst du auch emotional und leiblich berührt. Nimm dir die Zeit, die du brauchst für die Lektüre und die Verarbeitung. Leg Pausen ein, wenn es zu viel wird und such gegebenenfalls Unterstützung. Vielleicht magst du das Buch auch zusammen mit einem Freund oder in einer Männergruppe schrittweise erarbeiten und vertiefen.

Denn eins ist dieses Buch auch: ein Appell an alle Männer, Emanzipation als gemeinsame Aufgabe anzupacken. Sobald wir verstehen, wie sehr alle Männer im Zwang zur Männlichkeit verbunden sind, verlassen wir den Pfad der Vereinzelung. Vielleicht braucht es die Phase der Auseinandersetzung im stillen Kämmerlein. Letztlich sprengen wir Männlichkeitskorsette aber erst dort, wo sie entstanden sind und immer noch verteidigt werden: im Außen – am Arbeitsplatz, in Beziehungen, im TV, im öffentlichen Raum. Nicht Kumpanei und Verbrüderung sind dafür vonnöten, sondern Solidarität und eine neue Art von »Brüderlichkeit«. Wir müssen dafür lernen, den Mitmann nicht als Konkurrenz und Bedrohung, sondern als Leidensgenossen und Weggefährten zu sehen.

Der Titel ist Programm: Jungs, wir schaffen das! Ja, die Männergeneration, die jetzt im Saft ist, hat die historische Chance, aus dem Patriarchat herauszuwachsen. Ihre »Heldenreise« wird aber nicht von wilden Eroberungsfeldzügen, blutigen Schlachten und großartigen Taten berichten können. Mut verlangt sie, weil du Stille, Nähe, Liebe und das »Kleine« aushalten (lernen) musst.

Bist du bereit?

1 Sich beistehen[9]

Kernbotschaft: *Du kannst nur selbstbestimmt leben, wenn du gut für dich sorgst. Du kannst aber nur für dich sorgen, wenn du mit dir verbunden bist und weißt, was du brauchst und was dir fehlt. Um dir selbst Gefährte zu sein, musst du deshalb verstehen, wie du zu dem Menschen und dem Mann wurdest, der du bist.*

Themen: *Sozialisation, Selbstsorge, Gesundheit, Körperlichkeit, Emotionen, Sexualität, Freundschaft, Sorgen, Generativität, Konsum*

No bullshit. Das ist mein Versprechen. Seine Kehrseite: Wir kommen um etwas Theorie nicht herum, wenn das wissenschaftlichfachliche Fundament meiner Empfehlungen für dich nachvollziehbar und überprüfbar werden soll. Aber ich halt mich kurz.

Inhaltlich geht es mir darum, dass du ein vertieftes Verständnis dafür entwickelst, was *Männlichkeit* meint und wie massiv Männlichkeitsnormen dein Leben beeinflussen. »Männlichkeit (ist) ein eminent relationaler Begriff«, schreibt der französische Soziologe Pierre Bourdieu, »der vor und für die anderen Männer und gegen die Weiblichkeit konstruiert ist, aus einer Art Angst vor dem Weiblichen, und zwar in erster Linie in einem selbst.« (Bourdieu 2005, S. 96). Das ist schon fast die ganze Geschichte. Doch der Reihe nach.

---

9 Dieses Kapitel bezieht sich inhaltlich auf Modul 1 des Lehrgangs «Geschlechterreflektiert mit Jungen, Männern und Vätern arbeiten». Die Referenten in dieser ersten Blockwoche sind Klaus Schwerma, Reinhard Winter, Björn Süfke, Remo Ryser und Björn Vedder. Interessierte finden Literaturangaben im Literaturverzeichnis.

1 Sich beistehen

Theorie kompakt zum Einstieg

Wie wird aus dem Baby ein Junge? Und wie wir aus dem Jungen ein Mann? Dieser Frage widmen sich Sozialisations- und Geschlechterforschung. Ihre Befundlage ist komplex. Auf ein paar Erkenntnisse können wir uns aber sorglos stützen.

Ein Baby hat noch keine Ahnung von Geschlecht. Genau genommen weiß es nicht einmal, dass es ein eigenständiges Wesen ist. Es fühlt sich erst mal als Teil des Weltganzen. Ein paar Wochen später hat es gecheckt: Ich bin ein eigenes Wesen. Mit zwei bis drei Jahren weiß ein Kind, dass es Mädchen und Jungs gibt – und zu welcher Gruppe es gehört. Schnell differenziert sich in den folgenden Jahren das »Wissen« darüber aus, was Mädchen und Jungen unterscheidet.

Seine Eltern – aber auch die Verwandten, die gynäkologische Fachperson, die Hebamme etc. – sind bereits bei der Geburt (oder schon vorher) bestimmter. Weil Geschlecht ein dermaßen grundsätzliches Unterscheidungsmerkmal in unserer Kultur ist, sind sie gar nicht in der Lage, ihrem Spross *kein* Geschlecht zu geben. Für sie ist klar: Es ist entweder ein Baby-Mädchen oder ein Baby-Junge. Und das hat Folgen. Untersuchungen zeigen beispielsweise, dass Mütter mit neugeborenen Töchtern intensiver kommunizieren als mit neugeborenen Söhnen. Bei den Vätern ist es umgekehrt (Johnson et al. 2014). Es ließen sich unzählige andere Belege anfügen, die veranschaulichen: Wir sind gar nicht in der Lage, »geschlechtsneutral« zu handeln. Auch wenn wir dem Baby-Jungen keinen hellblauen Strampelanzug anziehen oder ihn mit einem Spielzeugtraktor beglücken: Eltern und Gesellschaft werden geschlechtsspezifische Botschaften und Erwartungen vermitteln, selbst wenn sie es nach bestem Wissen und Gewissen vermeiden. Mehr noch: Weil wir unsere Mitwelt geradezu zwanghaft in Männer und Frauen einteilen, riskieren wir mit dem Versuch, uns »geschlechtsneutral« zu verhalten, die unbewussten Geschlechterzuordnungen erst recht hervorzubringen und zu verstetigen.

1 Sich beistehen

Von den problematischen Folgen dieses Zwangs, Menschen als Jungen/Männer oder Mädchen/Frauen zu »lesen«, handelt dieses Buch. Noch dramatischer können die Folgen des gesellschaftlichen Vereindeutigungszwangs sein, wenn die geschlechtliche Bestimmung des Kindes nicht eindeutig ist. Das gibt es öfter, als man denkt. »Intersexuelle Babies gibt es fast so häufig wie rothaarige«, schreibt die zuständige UN-Behörde und geht davon aus, dass das körperliche Geschlecht bei bis zu 1,7 % der Neugeborenen nicht eindeutig bestimmbar ist.[10] Zudem: Längst nicht jede biologische Variation fällt Fachleuten oder den Betroffenen auf. So wissen beispielsweise nur 23 % aller Männer mit dem Klinefelter-Syndrom (XXY- statt XY-Chromosom) um ihre Besonderheit (Zhao et al. 2022).

Wenn wir näher betrachten, was es alles braucht, damit eine Geschlechtszuordnung als »eindeutig« gilt, erstaunt der biologische Variantenreichtum nicht: »Eindeutig« ist, wenn das körperliche Geschlecht (anatomische, chromosomale, gonadale und hormonelle Geschlechtsmerkmale), das psychische Geschlecht (die Geschlechtsidentität, das Selbsterleben) und das soziale Geschlecht (Übereinstimmung des Selbstausdrucks mit den gesellschaftlich definierten geschlechtlichen Anforderungen) zusammenpassen. Auf allen drei Ebenen gibt es eine enorme Vielfalt: Die körperlichen Geschlechtsmerkmale können uneindeutig sein (Intersexualität). Das eigene Geschlechtserleben kann von den körperlichen Geschlechtsmerkmalen abweichen oder die gesellschaftlichen Erwartungen passen nicht zu Identität und Körper. Glücklicherweise gibt es heute – zumindest bei uns – einen immer klareren gesellschaftlichen Konsens, dass diese Vielfalt sein darf und für alle Chancen bietet, sich so zu entwickeln, wie es eben zu genau diesem Menschen passt.

---

10 www.unfe.org/intersex-awarenes

Exkurs: Ein kleines Gender-ABC

Es ist gar nicht so einfach, in Geschlechterfragen begrifflich den Überblick zu behalten. Wichtig ist, drei Dimensionen oder Fragen sorgfältig auseinander zu halten.

Dimension 1: Wie viel Biologie und wie viel Kultur stecken im Geschlecht?
Die englische Sprache unterscheidet das biologische Geschlecht (*Sex*) und das soziale Geschlecht (*Gender*). Diese Differenzierung ist für die Auseinandersetzung mit Geschlechterfragen unerlässlich, damit kulturelle Geschlechternormen nicht vorschnell als naturgegeben und unveränderbar gedacht werden (was sie nicht sind, wie die Geschlechterforschung aufzeigt).

Das soziale Geschlecht (*Gender*) wird durch kulturell-gesellschaftlich definierte Anforderungen bestimmt, vermittelt und von Kindern im Lauf des Sozialisationsprozesses verinnerlicht. Kinder lernen, sich so zu verhalten, wie es für die Zugehörigkeit zu ihrem Geschlecht als angemessen gilt. Das umfasst nicht nur äußerliche Merkmale (wie Kleidung, Haarschnitt etc.), sondern geht tiefer: Wir alle lernen, unseren körperlichen Ausdruck (Körperhaltung, Körperspannung, Gang etc.) und unser Verhalten (z.B. die Lautstärke, mit der wir sprechen, oder die Art, wie wir lachen etc.) in Übereinstimmung mit geschlechtlichen Erwartungen zu bringen. Da wir dies von Anfang an – weitgehend unbewusst – üben, fühlt sich der Selbstausdruck als Mann oder als Frau nach etwas Ureigenem an. Kultur- und Epochenvergleiche zeigen jedoch eindrücklich, wie variabel und letztlich auch beliebig es ist, was als »männlich« oder »weiblich« gilt.

Dimension 2: Welchem Geschlecht fühle ich mich zugehörig?
Der sichtbare Geschlechtskörper und die subjektive Geschlechtsidentität (s. auch Theorieblock in ▶ Kap. 3) stimmen bei der Mehrheit der Menschen überein. Menschen mit männlichen Geschlechtsmerkmalen *und* männlicher Geschlechtsidentität wer-

den *cis* Männer (oder Cis-Männer) genannt. Der Begriff *cis* stammt aus dem Lateinischen und meint »diesseits«: Körper und Identität stimmen überein. Der Zusatz *cis* macht sichtbar, dass das vermeintlich Selbstverständliche nicht selbstverständlich ist, auch wenn es die statistische Norm darstellt.

Menschen mit weiblichen Geschlechtsmerkmalen und männlicher Geschlechtsidentität werden *trans* Männer genannt: Körper und Identität stimmen nicht überein. Der Körper ist weiblich, das Erleben männlich – das aber eindeutig.

Viele – insbesondere junge – Menschen möchten oder können sich demgegenüber nicht eindeutig zuordnen (lassen), also entweder Mann *oder* Frau sein. Sie drücken ihre Geschlechtsidentität deshalb auch nicht eindeutig entlang der kulturellen Geschlechter-Codes ab und bezeichnen sich als *non-binär* oder *genderfluid*.

Demgegenüber verweist der Begriff Intersexualität nicht auf eine Differenz zwischen Körper und Identität, sondern auf einen nicht eindeutigen Geschlechtskörper (unabhängig von der Geschlechtsidentität). Die Uneindeutigkeit kann bei den primären Geschlechtsorganen (Penis, Vagina), sekundären Geschlechtsorganen (Behaarung, Stimme), Chromosomen (XY, XX), Gonaden (Hoden, Eierstöcke) und/oder Hormonen (Testosteron, Östrogen) sicht- und/oder fassbar werden.

Dimension 3: Welches Geschlecht begehre ich sexuell?
Nicht zu verwechseln mit der Geschlechtsidentität (Wie fühle ich mich?) ist die sexuelle Orientierung (Wen begehre ich?). Heterosexuelle Männer begehren Frauen, homosexuelle Männer begehren Männer. Bisexuelle begehren Männer und Frauen. Pansexuelle knüpfen Begehren nicht an das Geschlecht des begehrten Menschen. Asexuelle verspüren generell kein oder wenig Begehren, das sie sexuell ausleben möchten.

Der Begriff *queer* wird unterschiedlich verwendet, ist jedoch oft ein Sammelbegriff für alle, die nicht der statistischen Norm

entsprechen. Eingebürgert hat sich auch die englischsprachige Kurzformel LGBTQI+ (*Lesbian, Gay, Bisexual, Trans, Queer, Intersexual*) sowie das sogenannte Gender-Sternchen als Symbol für und Zeichen des Respekts vor Gender-Vielfalt. Der Regenbogen ist das visuelle Symbol für die LGBTQI+-Community.
Erweiterte Darstellung nach BMFSFJ (2020, Kap. 2)

*Sozialisation findet auf allen drei Ebenen statt. Sie beeinflussen und verstärken sich auch gegenseitig. Ein höherer Testosteron-Level bei Jungen (körperliche Ebene) begünstigt beispielsweise die Freude an riskanten Aktionen, am Toben, Rangeln und Raufen. Wenn sich Jungen so verhalten, erfüllen sie gleichzeitig die Erwartung des gesellschaftlichen Umfelds (soziale Ebene), dessen Erfahrungswissen fest davon ausgeht, dass Jungen nun mal wildere und körperbetontere Spiele bevorzugen. Wenn Gleichaltrige, Eltern oder Erzieher:innen auf solch jungentypisches Verhalten reagieren, stärkt dies wiederum ihr Selbstbild als Junge (psychische Ebene). Wichtig: Dies geschieht unabhängig davon, ob es sich um Lob (»Du bist aber schon ein kräftiger Junge.«) oder Kritik (»Seid doch nicht so grob miteinander!«) handelt, da beides eine Bestätigung von »Jungenhaftigkeit« beinhaltet. Auch wenn sich Mädchen über den rüden Umgang oder verrückt-riskante Aktionen von Jungen ärgern, bestätigen sie Jungen in ihrem Jungesein – und verstärken so ihr Verhalten. Schwieriger zu sagen ist, ob dies wirklich ungewollt erfolgt. Immerhin eröffnen die Jungs damit den Mädchen auch einen Raum, dank dem sie sich kontrastierend selbst versichern können, den gesellschaftlichen Erwartungen an »richtige Mädchen« zu entsprechen. Auch hier spielt es keine Rolle, ob das kontrastierende Verhalten Empörung, Sorge oder Bewunderung ist. Die Abgrenzung ist entscheidend. Entsprechend zwiespältig ist es für Jungen, wenn sich Mädchen »jungenhaft« verhalten. Diese Chance zur Selbstbestätigung würden ihnen die Jungen nehmen, wenn sie sich brav und angepasst verhielten.

1 Sich beistehen

Das mag alles nach akademischer Spielerei klingen, hat aber ganz handfeste Folgen. Ich fasse die wichtigsten Punkte zusammen und zeige auf, was das mit dir zu tun hat:

Geschlecht unterscheidet

Erstens: Geschlecht ist in unserer Kultur ein zentrales Unterscheidungsmerkmal. So wie wir alle lesen, schreiben und rechnen lernen, erwerben wir eine selbstverständliche Kompetenz, unsere Mitmenschen in zwei Geschlechtsgruppen aufzuteilen. Im Bruchteil einer Sekunde saugen wir die Informationen auf, die uns eine Einschätzung erlauben, ob wir es mit einem Jungen/Mann oder einem Mädchen/einer Frau zu tun haben. Wir können diesen Automatismus nicht bewusst unterdrücken.

Das hat Folgen: Sobald ein Kleinkind begreift, dass sich seine Mitwelt in Jungen/Männer und Mädchen/Frauen strukturiert, möchte es sich selbst einer der beiden Gruppen zuordnen. Ein Junge will zur Gruppe der Jungen dazugehören. Und er ist bereit, dafür das zu tun, was von einem Jungen erwartet wird – und das zu unterlassen, was (vermeintlich) nicht zu einem Jungen passt. Dieser Wunsch nach Zugehörigkeit zeichnet ihn als soziales Wesen aus, stärkt seine Geschlechtsidentität – und macht ihn hochgradig manipulationsanfällig.

Spätestens im zarten Alter von zwei oder drei Jahren verlieren wir so die Unschuld der Geschlechtslosigkeit – und beginnen, unsere Handlungsimpulse auf ihre »Jungenverträglichkeit« zu überprüfen. Leider ist das uferlos und nie genug. Denn es stellt sich nicht nur die Frage, ob ein Handlungsimpuls oder eine Verhaltensweise »jungenhaft« oder »männlich« (ja/nein) ist. Es stellt sich sogleich auch die Frage, in welchem Umfang er oder sie dies ist (mehr/weniger). Die Männlichkeitsskala ist nach unten begrenzt durch das vernichtende Verdikt, »kein Mann« zu sein – und nach oben offen. Mehr ist besser. Mehr geht immer. Ausruhen ist nicht. Denn Jungen und Männer neigen zur Hierarchiebildung. Entscheidendes Kriterium für die Stellung in der Gruppe ist der eigene

1 Sich beistehen

Score in diesem komplexen und keineswegs »objektiven« Männlichkeits-Ranking. Was Raewyn Conell in ihrem bahnbrechenden Buch *Der gemachte Mann* (1999) geschlechtersoziologisch herausgearbeitet hat, lässt sich auch – wenngleich grob vereinfacht – aufs Mikrosoziale herunterbrechen: Nicht alle Männer taugen zum Alphamann. Oder in Connells Worten: Nicht alle Männer erfüllen die Anforderungen **hegemonialer Männlichkeit*. Ihnen bleibt zur Auswahl: Komplizenschaft, Unterordnung oder Ausgrenzung (für die schnelle Vertiefung: Stuve & Debus 2012, S. 51–55). Für den Durchschnittsmann – also für heterosexuelle *weiße* cis Mittelschichtmänner ohne sonstige Auffälligkeiten – ist erstgenannte Option besonders attraktiv: Als »Komplizen« stützen sie das Alphamänner-System, auch oder gerade, weil sie selbst dessen Anforderungen nur teilweise erfüllen. Als Entschädigung kassieren sie ihren Teil der »patriarchalen Dividende« (Connell 1999, S. 133).

Anregung: Erinnere dich an eine Situation in deiner Kindheit, in der du von Erwachsenen oder Gleichaltrigen zurechtgewiesen wurdest, dass sich Verhalten X oder Emotion Y für einen Jungen nicht ziemt. Wie ging es dir dabei? Was hast du gefühlt?

Meine eigene Erinnerung führt mich zu einem Spaziergang mit meinem Vater zurück. Ich war vielleicht vier Jahre alt und ich genoss das Unterwegssein von unserer Wohnung im beschaulichen Stadtquartier Richtung Zentrum. Eingangs der Steinenvorstadt in Basel kamen wir gleich nach der Unterführung an einem Waffengeschäft vorbei. In seiner Auslage glänzten unzählige Messer und Pistolen. Im Hintergrund war ein Stock roter Geranien platziert. Mein Vater forderte mich auf, stehen zu bleiben. »Schön, oder?«, fragte er mich. Ich sagte: »Ja, das sind schöne Blumen«. Mein Vater hat nichts erwidert. Aber seine Enttäuschung spüre ich bis heute. Das dumpfe Gefühl totalen Versagens. Der taube Schmerz, ihm Anlass für seine wortlose Verachtung gegeben zu haben. Die Ohnmacht: Ich hatte offenbar eine verdammt wichtige Prüfung

39

nicht bestanden. Und diese Verlassenheit: Aber ich wusste das doch nicht! Ich wollte dich doch nicht enttäuschen! Warum hast du mir nichts gesagt!?

Auf den Punkt gebracht: Unsere Gesellschaft fordert die Unterschiedlichkeit zwischen Mann und Frau ein. Wir müssen uns entscheiden. Und die meisten von uns wollen sich auch entscheiden. Denn wir wollen dazu gehören. Dass unser Zugehörigsein-Wollen Erlebnisraum und Handlungsmöglichkeiten beschneidet, merken wir – wenn überhaupt – erst sehr viel später.

Geschlecht fordert

Zweitens: Die Zuordnung von Menschen in die Kategorie »Mann« oder »Frau« ist nicht rein beschreibend. Unsere Gesellschaft verbindet eine Vielzahl von Erwartungen, was erfüllen muss, wer als »männlich« oder »weiblich« akzeptiert werden will. Dabei handelt es sich nicht einfach um ein Set an Eigenschaften oder Leistungen, die man erbringen könnte, damit man danach Ruhe hätte. Geschlecht wird viel eher als Praxis und Existenzweise verstanden (Maihofer 1995) – also etwas, das sich laufend vollzieht, erneuert, bestätigt. Deshalb kann »Männlichkeit« auch nicht wie ein löchrig gewordener Mantel abgelegt werden. Wir können höchstens aus ihr herauswachsen. Denn Männlichkeitsanforderungen durchdringen uns. Mehr noch: Unser Ich lässt sich gar nicht von den verinnerlichten Männlichkeitsanforderungen trennen. Das ist durchaus ein bisschen *spooky...*

*Doing Gender (ursprünglich: West & Zimmerman 1987), so der Fachausdruck, ist ein Prozess, der nie endet. »In allen Gesellschaften bildet die anfängliche Zuordnung zu einer Geschlechtsklasse den ersten Schritt in einem fortwährenden Sortierungsvorgang, der die Angehörigen beider [Geschlechts-]Klassen einer unterschiedlichen Sozialisation unterwirft. Von Anfang an werden die der männlichen und die der weiblichen Klasse zugeordneten Personen unter-

schiedlich behandelt, sie machen verschiedene Erfahrungen, dürfen andere Erwartungen stellen und müssen andere erfüllen«, schrieb Erving Goffman bereits 1977 (zit. nach Goffman 2001, S. 109). Unterschiedlichkeit wird damit auch inhaltlich gefüllt. Aus dem beschreibenden Mannsein wird faktisch ein Druck zum So-und-nicht-anders-Mannsein. Die genaue Art und Weise der inhaltlichen Bestimmung verändert sich fortlaufend. Der Dortmunder Soziologieprofessor Michael Meuser schreibt: »Vollerwerbstätigkeit im Rahmen des sogenannten Normalarbeitsverhältnisses und eine Karriereorientierung machen den Kern industriegesellschaftlicher bürgerlicher Männlichkeitskonstruktionen aus [...]. Sie bilden die Normalitätsfolie männlicher Lebenslagen, und sie sind die Basis männlicher Suprematie« (Meuser 2007, S. 34f.).

Tatsächlich sind Leistungsfähigkeit und Erwerbsorientierung seit der industriellen Revolution – also seit gut 200 Jahren – der Ankerpunkt gesellschaftlicher Männlichkeitsanforderungen. Das war aber nicht immer so und muss nicht für immer so bleiben. Gut beobachtbar ist beispielsweise, wie sich Männlichkeitsanforderungen zurzeit gerade um die Facette engagierter Vaterschaft erweitern. Dass Väter im Alltag ihrer Kinder präsent sind und eine enge emotionale Beziehung zu ihren Kindern aufbauen, ist bereits Teil eines neuen Leitbilds geworden. Sowohl die heutigen Väter als auch ihre Partnerinnen »lehnen die Figur des abwesenden Ernährers ab« (Baumgarten & Borter 2016, S. 30). Aber: Auch in der Übernahme der vermeintlich »weiblichen« Sorgetätigkeit mühen sich Männer, dies auf »männliche« Art zu tun. Nicht zufällig preist beispielsweise der Schweizer Journalist Sven Broder sein Buch *Papa steht seinen Mann* mit dem Versprechen an, die »Kunst, Vater zu sein und Mannsbild zu bleiben« zu vermitteln (Broder 2011; dazu kritisch: Winter 2018).

Doing Gender ist überall. Beispielsweise auch in Computerspielen. 84 % der Jungen im Alter zwischen 12 und 19 Jahren (und 59 % der Mädchen) spielen täglich oder mehrmals in der Woche (JIM 2021, S. 57). Eine US-amerikanische Forschungsgruppe hat 27 564 Charaktere in 684 Spielen analysiert (Geena Davis Institute 2021). Was se-

1 Sich beistehen

hen die Jungs da? 80 % alle Figuren sind weiße Männer (davon die Hälfte mit Knarre). Nur 0.03 % der Charaktere sind queere und 0.1 % behinderte Menschen. Die wenigen Frauen sind mit zehnmal höherer Wahrscheinlichkeit aufreizend gekleidet und mit fünfmal höherer Wahrscheinlichkeit ganz oder teilweise nackt (ebd. S. 3). Umgekehrt legen sieben von zehn männlichen Helden riskantes, aggressives, gewalttätiges Verhalten an den Tag. Nur in 7 % der Fälle wird Gewalt angewendet, um andere zu schützen. Interessant: Die weißen Männer in den Games sind doppelt so »männlich« (erfasst auf einer Männlichkeitsskala mit sieben Dimensionen) im Vergleich zu den nicht-weißen Männern in den Games.

Das Beispiel ist willkürlich. Aber wenn selbst in Zeichentrickfilmen neun von zehn sprechenden Tieren Männer (Prommer & Linke 2017) sind, ist es eben sehr charakteristisch. Entscheidend ist an dieser Stelle der Mechanismus, nicht die genaue inhaltliche Bestimmung. Dieser Mechanismus des *Doing Gender* besteht darin, aus dem unendlichen Ozean menschlicher Erlebnismöglichkeiten, Vorlieben, Eigenschaften, Neigungen und Verhaltensweisen eine Auswahl vorzunehmen. Diese Auswahl gilt nun plötzlich nicht mehr als menschlich und somit für alle zugänglich. Sondern als exklusiv männlich *oder* weiblich. Der oder die Einzelne gerät dadurch in ein Dilemma, wenn die eigenen Impulse nicht Teil der für das eigene Geschlecht vorgesehenen Erlebens- und Verhaltensauswahl sind. Es ist unschwer zu erkennen, wie dieser Mechanismus dazu führt, bestimmte Facetten der eigenen Persönlichkeit zu minimieren oder ganz auszublenden, um andere aufzubauschen oder künstlich heranzuzüchten.

Das ist jedes Mal mit einer Anstrengung verbunden, die auch als subtile Form der Gewalt an sich selbst verstanden werden kann. Es sind Akte des Sich-gefügig-Machens, Akte der Beschneidung. In diesem Bild wird klar, weshalb ich zuweilen gern den Begriff der Bonsai-Männlichkeit verwende. Bonsai-Bäume werden klein gehalten, indem ihre Triebe in der Wachstumsphase systematisch zurückgeschnitten werden. Die Metapher stößt an ihre Grenzen, insofern nicht alle, sondern nur bestimmte Aspekte des Männlichen – einfach gesagt: alles, was mit Stärke, Dominanz und Leistung unvereinbar ist – zurückgeschnitten werden müssen, wenn man(n) weiterhin zur Gruppe der »richtigen Männer« zählen möchte. Trotzdem finde ich das Bild passend, weil es die Selbstbeschneidung und den damit verbundenen Schmerz (den ein »richtiger Mann« natürlich nicht wahrnehmen darf!) so anschaulich macht.

Nun lässt sich einwenden, es sei doch Teil unserer individuellen Freiheit, sich entgegen der gesellschaftlichen Erwartung zu verhalten. Das stimmt zumindest bis zu einem bestimmten Grad resp. je nach Kontext. Ein weinender Mann ist beispielsweise akzeptiert, wenn es ein Sportler ist, der gerade einen WM-Titel gewonnen oder verloren hat. Ein Manager, der während einer Besprechung aus Überforderung weint oder weil er sich den Gemeinheiten seiner Kollegen wehrlos ausgeliefert fühlt, dürfte seine weiteren Karriereaussichten noch immer arg beschneiden. Meiner Erfahrung nach wird die individuelle Wahlfreiheit jedoch eigentlich immer als Nebelpetarde missbraucht, um den entscheidenden Punkt zu verschleiern. Ja, es ist möglich, sich entgegen der gesellschaftlichen Erwartung zu verhalten. Aber: Das hat seinen Preis und kostet Kraft. Diese Ressourcen haben aber nicht alle und nicht immer. Es ist ein Privileg, Normen verletzen zu können. Der Glaube, dieses Privileg hätten alle, ist ziemlich unreflektiert, eitel – und typisch männlich. (Wir kommen in Kapitel 2 darauf zurück).

Anregung: Fällt dir eine Situation ein, in der du etwas nicht gesagt, getan oder gefühlt hast, weil es dir unmännlich vorkam? Wähle eine bestimmte Situation aus und versuche, dich wie in Zeitlupe an die Situation zu erinnern: Was genau war dein Impuls? Welche innere Stimme hat sich daran gestoßen? Gab es einen inneren Disput? Nach welchen Regeln lief er ab? Wie gestaltest du die Entscheidungsfindung? Gibt es einen Schiedsrichter? Es ist sinnvoll, auch weitere Situationen zu reflektieren. Vielleicht erkennst du dabei ein Muster.

Für mich persönlich ist es am schwierigsten, mein Angewiesensein auf meine Mitmenschen zuzulassen. Dahinter steht das tief eingra-

1 Sich beistehen

vierte Bild des Mannes, der sich selbst hilft und auch noch die ärgste Krise ganz für sich allein durchzustehen weiß. Dass das für mich kein taugliches Lebenskonzept ist, habe ich schon länger herausgefunden. Das hat mir überhaupt erst erlaubt, einen Familienwunsch zu entwickeln. Trotzdem falle ich immer wieder in den Automatismus zurück, in Krisenmomenten zuerst einmal Abstand zu allem und allen zu suchen. Es fällt mir dann schwer, mir einzugestehen: Alleinsein ist nicht das, was ich brauche.

Auf den Punkt gebracht: Weil wir Männer sein wollen, schränken wir uns in unserem Menschsein ein. Was als »männlich« gilt, ist kulturellen Schwankungen unterworfen. In unserer Gesellschaft gelten Leistungsfähigkeit und Erwerbsorientierung als Ankerpunkte. Damit verbunden ist die Anforderung an Männer, die Situation und sich selbst stets im Griff zu haben.

Geschlecht bewertet

Drittens: Männer kommen vom Mars und Frauen von der Venus? Männer können nicht zuhören und Frauen ihr Auto nicht rückwärts einparken? Dass vermeintliche Unterschiede zwischen den Geschlechtern fortlaufend eingefordert und dadurch die Klischees stets aufs Neue zementiert werden, haben wir bereits gesehen. Leider bleibt es nicht bei der Zuschreibung einer grundsätzlichen Andersartigkeit von Männern und Frauen. Das vermeintliche »Andere« wird nicht nur beschrieben, sondern auch bewertet. Das lernen bereits Kinder. Ich erinnere mich, wie unsere Tochter im Alter von drei Jahren von meiner Frau – sie ist englischer Muttersprache – die Anregung erhielt, sie könnte doch die *Queen* spielen. Ganz entrüstet wies die Kleine dies zurück: »I don't want to be the Queen! I want to be the She-King!«[11]. Sie hatte also bereits zweierlei verinnerlicht: Es gibt zwei Geschlechter – und eins davon ist

---

[11] »Ich will nicht die Königin resp. die Frau des Königs sein! Ich will der weibliche König sein!!«

irgendwie cooler. Das verändert sich zwar zumindest teilweise. In einer historischen Perspektive ist die Wertung aber einfach: »Oben« steht, was als männlich gilt. Strukturelle Bevorzugungen des Männlichen halten sich bis heute hartnäckig. Das beste Beispiel ist wohl die Frage der Lohngleichheit. Sie ist in dreifacher Hinsicht nicht gewährleistet:

- Berufe und Branchen, in denen Männer stärker vertreten sind (z. B. Ingenieur- oder IT-Berufe), haben ein generell höheres Lohnniveau als Berufe, in denen Frauen stärker vertreten sind (z. B. Gesundheits- und Sozialberufe). Diese Ungleichheit lässt sich weder aus einer geringeren Beanspruchung noch einer geringeren gesellschaftlichen Relevanz der Tätigkeit herleiten. Sie spiegelt schlicht und ergreifend die kulturelle Höherbewertung des Männlichen.
- Selbst Männer und Frauen, die im gleichen Beruf arbeiten, eine vergleichbare Stellung innehaben und vergleichbar anspruchsvolle Tätigkeiten ausüben, erhalten nicht den gleichen Lohn. Während die Unternehmen beteuern, bei der Lohnbemessung mit gleichen Ellen zu messen, ergeben Lohnanalysen bis heute substanzielle Unterschiede, die sich auch nicht durch längere Abwesenheiten nach Schwangerschaft und Geburt erklären lassen.
- Drittens gibt es Geschlechterunterschiede nach Hierarchiestufen: In Deutschland arbeiten beispielsweise von 100 Männern 13 in leitender Stellung; von 100 Frauen sind es acht (WSI 2019). Die Ursachen dafür sind komplex. Dass Frauen einfach keine führenden Positionen einnehmen könnten oder wollten, greift aber ganz bestimmt als Erklärung zu kurz.

Wichtig: Die Höherbewertung des Männlichen richtet sich auch gegen Männer, die sich klassischen Männlichkeitsanforderungen verweigern. Lohnstatistische Analysen belegen etwa, dass teilzeiterwerbstätige Männer ebenfalls Opfer einer massiven Lohndiskriminierung sind – und zwar im direkten Vergleich zu ihren vollzeiterwerbstätigen Geschlechtsgenossen (Page 2011). Eine Forschungsgruppe hat vier Millionen Entscheidungen von Personalverantwortlichen für oder gegen Personen analysiert, die sich auf eine Stelle beworben haben. Sie zeigen dabei eindrücklich, wie Männer mit dem Wunsch nach einer Teilzeitbeschäftigung diskriminiert werden: »Ein Mann, der eine 90-%-Anstellung sucht, weist eine um 16 % geringere Kontaktwahrscheinlichkeit auf als ein Mann mit ansonsten identischen Merkmalen auf der Suche nach einer Vollzeitstelle« (Kopp 2021). Männer, die eine 50-%-Stelle suchen, haben sogar eine um 28 % geringere Kontaktwahrscheinlichkeit. Die Interpretation ist naheliegend: Die Personalverantwortlichen stolpern über ihr eigenes Stereotyp, wonach ein teilzeiterwerbstätiger Mann schwerlich ein echter Performer sein könne ...

Es ließen sich problemlos etliche weitere Beispiele für sachlich nicht gerechtfertigte Höherbewertungen des Männlichen in den Feldern von Macht und Geld anführen. Jedoch gibt es auch den umgekehrten Mechanismus. In der Arbeitswelt zeichnet sich nun schon seit etlichen Jahren eine vermehrte Nachfrage nach »weiblichen« Kompetenzen und *soft skills* ab: im Team arbeiten können; ein Gespür für Situation und Gegenüber haben; professionell, aber authentisch kommunizieren; Win-win-Situationen suchen statt den eigenen Sieg anstreben; gewissenhaft und sorgfältig sein. Das bringt viele Männer unter Druck, die das nicht gelernt haben.

Auch wenn »weibliche« Kompetenzen hier Aufwertung erfahren, so bleibt die strukturelle Definitionsmacht in Männerhand. Das ist anders in jenen Domänen, die als »weiblich« gelten. Hier haben Frauen die strukturelle (Definitions-)Macht: in der Kindererziehung, in der Beziehungsgestaltung, im sozialen Engagement, im modisch-ästhetischen Ausdruck, in der Ernährung, in der Pflege eines gesunden Lebensstils. (Den Bereich der Sexualität lasse ich absichtlich weg: Die sexuelle Machtfrage ist meiner Erfahrung nach zu sensibel, um sie außerhalb eines besonders sorgfältigen und geschützten Raums anzusprechen).

Achtung: Es ist keine gute Idee, diese weiblichen Machtsphären in geschlechterpolitischen Diskussionen als Argument im Sinn einer »ausgleichenden Gerechtigkeit« anzuführen. Das ist nämlich zynisch, insofern diese weiblichen Machtsphären alle mehr Arbeit als Anerkennung einbringen. Trotzdem finde ich den Hinweis legitim und wichtig, dass es diese Machtsphären gibt. Denn damit die gleichstellungspolitische Umverteilung gelingt, müssen auch Männer etwas zu gewinnen haben. In diesen Bereichen winkt dieser Gewinn.

In meinem geistigen Ohr höre ich ein lautes Schnaufen: Ja super, toller Preis, der da zu gewinnen ist, wenn ohnehin mehr Arbeit als Anerkennung zu verteilen ist! Fälle kein vorschnelles Urteil.

Für das deutsche Bundesministerium für Familien, Senioren, Frauen und Jugend habe ich ein Dossier erarbeiten dürfen (BMFSFJ 2020), das aufzeigt, was eine partnerschaftlich ausgerichtete Männerpolitik leisten kann und soll. Anhand eines einfachen Modells lässt sich die Verteilung der (unbezahlten) Haus- und Familienarbeit und der (bezahlten) Erwerbsarbeit schematisch abbilden (▶ Abb. 1.1). Diese Verteilung ist bis heute deutlich ungleich: Zwar arbeiten Frauen und Männer insgesamt etwa gleich viel. Männer leisten aber viel mehr bezahlte Erwerbsarbeit (obere Kreishälfte) und Frauen viel mehr unbezahlte *Care-Arbeit (untere Kreishälfte). Gleichstellungspolitisch ist deshalb die Forderung zweifellos sinnvoll und legitim, Männer sollten sich verstärkt an der unbezahlten Arbeit beteiligen. Deshalb kann sich Gleichstellungspolitik nicht darauf beschränken, die Erwerbsbeteiligung von Frauen zu fördern (Hebelkraft 1) und Männer für eine weniger eindimensionale Erwerbsorientierung zu motivieren (Hebelkraft 2).

Es gilt vielmehr, die untere Hälfte des Kreises – die unbezahlte Arbeit – besonders gründlich anzuschauen. Was passiert hier genau? Weshalb stoßen Männer so zögerlich in den häuslich-familiären Bereich vor (Hebelkraft 3)? Und weshalb fordern Frauen die Beteiligung der Männer in der unbezahlten Arbeit nicht viel vehementer ein (Hebelkraft 4)?

Aus meiner Erfahrung lautet die Antwort: Weil zu viele unbewusste Normalitätserwartungen und unbearbeitete Machtfragen

1 Sich beistehen

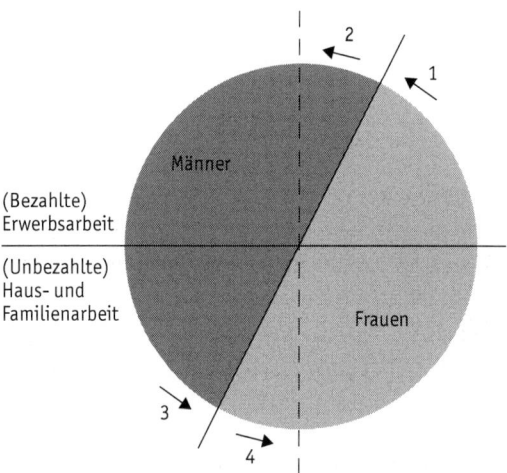

Abb. 1.1: Hebelkräfte zur Umverteilung bezahlter und unbezahlter Arbeit (nach BMFSFJ 2020)

im Weg stehen. Es sind ungemütliche Fragen: Wer entscheidet, was gute Kindererziehung ist? Was ein gutes Gespräch ausmacht? Wann das Kind angemessen gekleidet ist? Was eine gute Beziehung ist?

In all diesen Fragen gibt es für Männer sehr viel mehr zu gewinnen als Mehrarbeit: mehr Beteiligung, Kompetenz und Macht in jenen Fragen, die das Leben ausmachen. Die unerlässlich sind, um ein selbstbestimmtes Leben zu führen. Die jeder Mann braucht, der nicht auf eine »bessere Hälfte« angewiesen sein will.

> *Anregung: Führ dir eine Situation vor Augen, in der du »typische Frauenarbeit« geleistet hast – egal ob Bügeln, Putzen oder Kochen, die Betreuung von Kindern oder Angehörigen, ein soziales oder nachbarschaftliches Engagement. Versuch dich zu erinnern, wie du dich danach gefühlt hast? Hat es Spaß gemacht? Warst du befriedigt? Vielleicht sogar stolz? Wenn du diese Gefühle mit jenen vergleichst, die du nach Erfüllen einer »typischen Männerarbeit« hast: Was ist gleich? Was ist anders?*

Für mich persönlich war es vor allem in der betreuungsintensiven Kleinkindzeit extrem schwierig, meinem Einsatz als Papa Wertschätzung entgegen zu bringen. Als Eltern war für uns klar, dass wir versuchen wollten, die Kinderbetreuung möglichst hälftig zu teilen. Deshalb gab es viele Papa-Tage, an denen ich ganz allein die Verantwortung für unsere kleine Tochter trug. Das Faszinierende: Obwohl ich meine Liebe zu unserem Kind und die Anstrengung in ihrer Betreuung so glasklar spüren konnte, war es für mich total schwierig, Befriedigung nach getaner Arbeit zu finden. Immer wieder fühlte ich mich durch eine innere Stimme gepiesackt, die schnödete: »Aber du hast ja gar nichts Rechtes geleistet! Das ist doch keine richtige Arbeit!«

Auf den Punkt gebracht: »Männlich« zählt mehr als »weiblich«. Das gilt nicht nur in einer historischen Perspektive, auch wenn sich die Wertungen in der Gegenwart zusehends verschieben. Das ist mehr als ein Gerechtigkeitsproblem. Weil Frauendomänen und die darin erworbenen Kompetenzen weniger gelten, verpassen viele Männer immer wichtiger werdende Lernschritte.

Olaf Jantz ist ein Praktiker geschlechterreflektierter Jungenarbeit. Zusammen mit dem (zu früh verstorbenen) Christoph Grote hat er ein Modell veröffentlicht, das schön veranschaulicht, wie Jungen im Prozess des Mannwerdens gleich zweifach unter Druck geraten (Jantz & Grote 2003; Darstellung nach Gogol 2006): einerseits im Spannungsfeld zwischen Männlichkeits-Ideologie und den Begrenzungen des realen Jungeseins, andererseits im Spannungsfeld von Dominanz und Bedürftigkeit. Auch als erwachsener Mann dürfte dir dies vertraut vorkommen.

Im Kapitel 1.1 zeige ich dir, wie du diese Spannungsfelder Schritt für Schritt auflösen kannst (▶ Kap. 1.1). Abschließen möchte ich mit einem Zitat von Olaf Jantz und Christoph Grote, das ein gutes Bindeglied zwischen Theorie und Praxis darstellt: »Doch

1 Sich beistehen

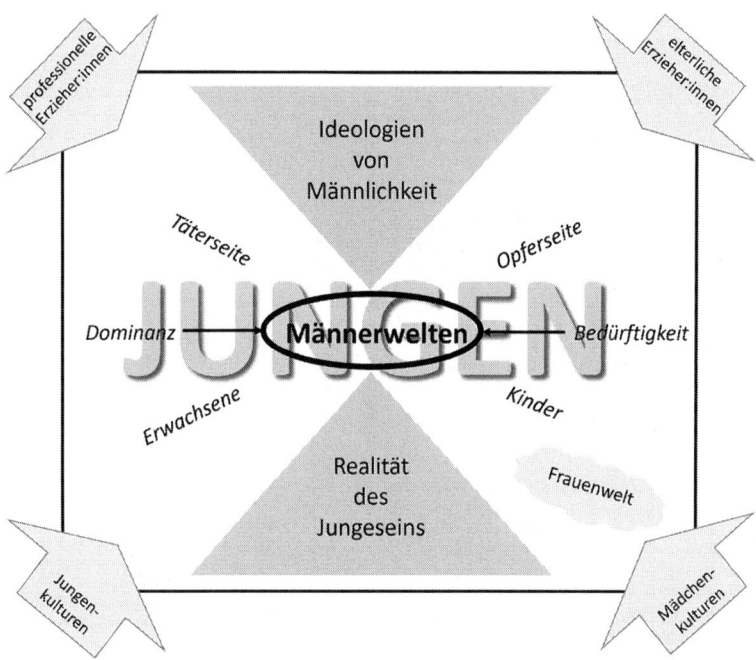

Abb. 1.2: Junge sein – Mann werden (müssen) (Jantz & Grote 2003; Darstellung nach Gogol 2006)

mag die Ideologie noch so gefestigt, mögen die Abwehrstrategien noch so ausgefeilt sein (…): Schließlich entdecken Jungen, dass ihr Jungesein weitaus mehr durch zuweilen quälende Gefühle von ›sich klein fühlen‹ begleitet wird, als dass es ›Größe‹ und ›Bewunderung‹ erbringt. Die alltägliche *Realität des Jungeseins* bewirkt stetige Demütigungen und Verletzungen, da sie doch offenbart, wie wenig der Einzelne der jeweiligen Ideologie von Männlichkeit entspricht« (Jantz & Grote 2003, S. 68).

Der erste Theorieblock ist geschafft. Danke fürs Durchhalten. Wenn du dich noch tiefer ins Thema Männlichkeit einlesen möchtest, empfehle ich dir *Boys don't cry* (Urwin 2017), *Sei kein Mann!*

(Bola 2020), *Warum Feminismus gut für Männer ist* (van Tricht 2020) und/oder den Klassiker *Kleine Helden in Not* (Schnack & Neutzling 1990).

Auf dieser Grundlage werde ich nun in fünf Feldern konkrete Empfehlungen herausarbeiten. Was sich als übergeordneter Gedanke durchzieht, ist die Einsicht: Damit wir Männer werden konnten, mussten wir all das abzuspalten lernen, was im Verdacht steht, unmännlich zu sein. Das fehlt uns jetzt. Um ganz zu werden, müssen wir diese *Skills* wieder aufbauen. In einem Satz: Wir müssen lernen, für uns selbst zu sorgen.

Den methodischen roten Faden durch Kapitel 1 bildet das Anliegen, dich dir selbst als Bedürftiger erfahrbar zu machen. Teil der männlichen Sozialisation ist, Bedürftigkeit entweder zu ignorieren (da unmännlich) oder ihre Pflege und Befriedigung an Frauen zu delegieren. Letzteres ist gesünder als Ersteres, aber geschlechterpolitisch keine zukunftsfähige Haltung. Letztlich sollte meines Erachtens jeder Mann den Anspruch haben, selbst die Verantwortung zu tragen für seine Bedürftigkeit. Weil das zu einem selbstbestimmten Leben gehört. Und weil es ein Beitrag für mehr Verteilungsgerechtigkeit zwischen den Geschlechtern ist.

1.1 Haltung: Vermittle

Die Mutter ist für den Baby-Jungen die primäre »Nahrungsquelle« – sowohl im wörtlichen wie auch im symbolischen Sinn. Aus ihrem Schoß ist er hervorgegangen. Aus ihren Brüsten nährt er sich. Manche Jungen haben das Glück, von ihren Vätern in vergleichbarer Weise bemuttert – oder eben »bevatert« – zu werden. Sie machen die Erfahrung, dass Papa genauso gut und zuverlässig sorgen und sein Männerkörper genauso wohlig warm und weich sein kann. Das ist Gold wert. Auch deshalb ist ein Vaterschaftsurlaub unmittelbar nach der Geburt so wichtig. Aber selbst diese Jungen werden, sobald sie die Welt in Mädchen/Frauen und Jungen/Männer zu unterscheiden lernen, mit der Irritation umgehen müssen: Mama ist eine Frau. Mama ist nicht wie ich. Es ist das »Andere«, das mich füttert, tröstet, umsorgt.

Papa… ist auf Arbeit

Um in der kindlichen Erfahrungswelt die Verknüpfung von Sorge mit Weiblichkeit zu verhindern, bräuchten Kinder Räume, in denen fürsorgliche Männer eine Selbstverständlichkeit sind. Die Wahrscheinlichkeit ist jedoch gering, dass sie diese Erfahrung machen. Zwar sehen sich heute nur noch 10% aller Männer in Deutschland als Alleinverdiener der Familie (zit. nach BMFSFJ 2020, S. 7). Trotzdem arbeiten nur etwa 6% aller Väter Teilzeit (ebd., S. 32). Damit soll nicht gesagt werden, man(n) könne als Vollzeiterwerbstätiger kein guter Vater sein. Als Vollzeiterwerbsmann auch im Alltag der Kinder sichtbar zu sein und ihnen vorzuleben, dass Hausarbeit ein prima Job für Männer ist, wird jedoch schwierig. Ebenso gering ist die Wahrscheinlichkeit, dass kleine Kinder in der Welt außerhalb der Familie in einer gewissen Regelmäßigkeit und Selbstverständlichkeit Männern begegnen. Denn in Kitas und Co. arbeiten bloß etwa zu 5 % Männer (zit. nach BMFSFJ 2020, S. 27). Auch Kinderbücher und -filme sind noch immer voller Geschlechtsstereotypen. In der beliebten Kinderbuch-Serie *Conni* beispielsweise ist Mutter Annette zwar Kinderärztin und nimmt wieder eine Teilzeitanstellung an, als Conni etwa vier Jahre alt ist. Das schon. Aber Connis Vater Jürgen bleibt der große Abwesende. Von seinem Job im Ingenieurbüro bekommen wir kaum etwas mit. Nur in den Randzeiten ist er Teil der Familie. Deshalb steht er eben auch ständig etwas am Rand. Als Conni einmal erkältet ist und er sie allein betreuen muss, ist er sofort überfordert – und muss die Oma um Hilfe bitten (Schneider & Wenzel-Bürger 2013).

Auch Zuwendung ist eine Ressource, von der Männer mehr zu tanken gewohnt sind, als sie zu geben bereit und in der Lage sind. Männer (in heterosexuellen Beziehungen) »verlassen sich darauf,

1.1 Haltung: Vermittle

dass sie Erholung in der Beziehung erhalten. Geborgenheit, Nähe, Sex und dass sie mit ihren Partnerinnen etwa Probleme im Beruf besprechen können«, schreibt Geschlechterforscherin Franziska Schutzbach (2021, 241). Daraus leitet sich die Forderung einer *affective equality* – also Gleichstellung in der Beziehungs- und Gefühlsarbeit – ab (Lynch et al. 2009; s. a. Pickert 2022).

Ja, das ist die Zielgröße. Bloß lernen eben die meisten Jungen bis heute, sich an Frauen zu wenden, wenn sie bedürftig sind. Frauen sind ihnen Sanitäterinnen, Köchinnen, Trostspenderinnen, Wäscherinnen, Mutmacherinnen etc. Die meisten Männer gewöhnen sich an die Verfügbarkeit weiblicher Zuwendung und verpassen so eine total wichtige Erfahrung: Ich kann das auch. Ich kann das selbst. Es ist zwar schön, umsorgt zu werden. Aber ich bin nicht darauf angewiesen!

Manchmal muss ich schmunzeln, wenn ich Männer in ihrer kultivierten Hilflosigkeit sehe, sobald »weibliche« Fertigkeiten gefragt wären. Ich staune, weshalb sie es nicht als unwürdig erleben, kaum in der Lage zu sein, eine Waschmaschine ordentlich zu bedienen oder eine ausgewogene Mahlzeit zu kochen. Ironischerweise sind das ja oft »stolze Männer«, denen Stärke und Unabhängigkeit wichtig sind. Was verschafft ihnen dieses selbstzufriedene Lächeln, wenn sie sich im Haushalt dumm anstellen? Was verhindert ihre Beschämung, wenn sie einfachste Dinge nicht auf die Reihe kriegen, bloß weil das nix für Kerle sei? Ich stoße da an die Grenzen meines Verständnisses.

Die Aufforderung ist klar: Um mehr Mann und ganz Mensch zu werden, musst du lernen, für dich zu sorgen: ohne übergriffige Bevormundung und rechthaberische Fürsorge einfach da sein, wenn du dich brauchst – um dich zu fragen und dir zu geben, was du brauchst.

In der Theorie ist das wirklich nicht schwierig. In der Praxis aber schon. Denn woher kannst du wissen, was du brauchst? Darfst du dich das überhaupt fragen oder ist das schon *sissy stuff* (englischer Ausdruck für »Mädchenkram«). Darfst du brauchen, was du brauchst?

1 Sich beistehen

Eine grundsätzliche Entmischung

Ich meine diese Fragen sehr ernst und frei von Ironie. Sie klingen merkwürdig, ok. Aber solange Mannsein mit der Erfüllung gesellschaftlicher Männlichkeitsanforderungen gleichgesetzt wird, sind das ganz reale Fragen, die kaum eine andere Antwort erlauben als: Nein, darfst du nicht. Wir müssen also mit einer ganz grundsätzlichen Entmischung beginnen.

Ich empfehle dir, ein Blatt Papier zu holen und dich auf der einen Seite als erwachsenen Mann zu zeichnen. Also einer, der weiß, was »männlich« ist. Der ein »richtiger Mann« sein will. Der die gesellschaftlichen Männlichkeitsanforderungen verinnerlicht hat. Auf der anderen Seite des Blattes zeichnest du dich als bedürftigen Mann. Also als den Mann, der sich fragt, ob er »männlich« genug ist. Der lieber er selbst sein möchte als äußeren Anforderungen zu genügen. Der die ganze Klaviatur menschlicher Emotionen zulassen will. Vielleicht fällt es dir einfacher, diesen Teil als den kleinen Jungen zu zeichnen, der du einmal warst.

Möglicherweise fällt dir diese Gegenüberstellung gar nicht leicht. Es steckt auch eine echte Leistung dahinter. Denn wenn es dir gelingt, diese beiden Figuren zu zeichnen, dann hast du das geschafft, was mein Kollege Matthias Luterbach in unserem Orientierungsrahmen (Theunert & Luterbach, Kap. 2) als »Prozess des Entselbstverständlichens« beschreibt: Du hast dir eingestanden, dass die gesellschaftlichen Männlichkeitsanforderungen nicht gott- oder naturgegeben sein können, weil es da noch etwas Anderes gibt. Nämlich dich mit all deinen Bedürfnissen – also auch all jenen, die du ausblenden musst(est), um dir deines Mannseins genügend sicher zu sein.

Wag dich auf dieser Spur noch etwas weiter vor. Dort wartet die Erkenntnis: Ich kann mich so fest anstrengen, wie ich will. Ich werde diese Anforderungen ohnehin nie alle erfüllen können. Denn das ist das Perfide: Männlichkeitsanforderungen sind so hoch und widersprüchlich, dass wir sie gar nicht erreichen können. Der Versuch, ein echter Kerl zu sein, ist zum Scheitern verur-

1.1 Haltung: Vermittle

teilt. Wer es versucht, wählt die Strategie des Hamsters im Hamsterrad: Er rennt immer schneller in der Hoffnung, endlich sein Ziel zu erreichen, wenn er sich nur fest genug anstrengt. Aber er kann das Ziel gar nie erreichen, weil sich die Ziellinie im Gleichschritt mit seiner Anstrengung immer weiter entfernt. Die einzig praktikable Wahl ist, die unmögliche Mission aufzugeben. Sich erschöpft hinzusetzen. Durchzuatmen. Und all das erstmal nur auszuhalten, was jetzt hochkommt.

Scheiße und verdammter Mist. Der falschen Stimme vertraut. Von hier an geht's aufwärts.

Sobald du dein Scheitern als unvermeidlich anerkennst, kannst du ganz viel Ballast abstoßen. Dich all der Steine in deinem Rucksack entledigen, die so viel Schwere in dein Leben bringen. Raus mit allen Leitsätzen. Weg mit allem Müssen. Fertig mit Nicht-Dürfen. Vielleicht gelingt es dir sogar, dein Scheitern zu feiern.

Nun nimm wieder das Blatt Papier zur Hand. Es fehlt noch ein Element: das Bindeglied zwischen dem Teil, der Männlichkeitsanforderungen als gegeben ansieht und alles dransetzt, sie zu erfüllen (dein »Männlichkeits-Ich«), und dem Teil, der dabei unter die Räder kommt (dein »Bedürftigkeits-Ich«). Du brauchst eine vermittelnde Instanz zwischen diesen beiden Teilen, wenn du nicht zwischen ihnen hin und her geschleudert werden willst: dein »Vermittler-Ich«.

Diese vermittelnde Stimme sagt: Es ist nicht deine Verantwortung, dass du so geworden bist, wie du bist. Du hattest ja keine Wahl. Du hast nichts Anderes gelernt. Du hast einfach getan, was von dir erwartet wurde. So wie alle.

Diese Stimme macht dir keine Vorwürfe. Sie ist der Wirklichkeit verpflichtet. Sie ist geübt im Annehmen dessen, was ist. Ihre Aufgabe ist es, dir schonend, aber schonungslos zu sagen, was Sache ist. Sie weiß genau: Als kleiner Punkt in einem riesigen gesellschaftlichen und historischen Ganzen wäre es eine Anmaßung zu meinen, du hättest dich frei von allen Einflüssen selbst erfinden können. Es gibt kein Biotop, in dem du jenseits aller gesellschaftlichen Zusammenhänge hättest wachsen können. Es war und ist un-

1 Sich beistehen

vermeidbar, dass du durchdrungen bist von vielen schrägen Annahmen, wie Männer und Frauen sind und wie eine vorgeblich »natürliche« Geschlechterordnung (und übrigens auch Rassen- und Klassenordnung ... aber dazu mehr in ▶ Kap. 2) ausschaut. Das ließ sich nicht ändern und lässt sich nicht ändern. Du kannst aber einen Umgang damit finden. Je weniger du haderst und grübelst, umso schneller wirst du frei, um jene Handlungsräume zu entdecken, die es tatsächlich gibt. Den Schmerz, die Trauer, vielleicht auch die Scham und die Wut, die kannst du nicht überspringen. Mit ihrer Verarbeitung verlierst du aber auch keine Zeit. Du kannst Vertrauen haben: Deine Gefühle melden sich in der genau richtigen Geschwindigkeit und Reihenfolge, wenn du sie nur lässt.

Aus dieser vermittelnden Position kannst du abwägen. Es geht ja nicht darum, alles »Männliche« über Bord zu werfen. Vieles ist hilfreich. Manches unverzichtbar. Anderes hinderlich oder krank machend. Der Prozess des Abwägens wird kein Ende finden, auch wenn er mit etwas Übung immer schneller geht. Die Errungenschaft ist die Selbstbestimmung: Wenn du dein Mannsein zwischen äußeren Anforderungen und inneren Bedürfnissen fortlaufend austarierst, dann schenkst du dir die Befreiung vom schalen Gefühl, gelebt zu werden. Du ersparst dir eine Lebensbilanz, die fragt, weshalb du immer nur getan hast, was von dir erwartet wurde.

Dein Fernziel ist, diese vermittelnde Instanz sozusagen zur »Werkseinstellung« zu machen (▶ Kap. 3.1). Wann immer du aufgewühlt bist oder überflutet, wann immer du dich leer oder fremd fühlst, wann immer du unsicher bist oder im Nebel stocherst: Geh zurück in diese vermittelnde Mitte-Position. In die Haltung eines Menschen, der aufrichtig an deinem Wohlbefinden interessiert ist und dir bewertungsfrei zu begegnen vermag. Schau von dort auf die eine Seite und widme dich jenem Teil in dir, der »richtig« Mann sein will. Schau von dort auf die andere Seite und widme dich jenem Teil in dir, der etwas braucht von dir. Und frag dich: Wie würden richtig gute Eltern in dieser Situation schlichten und vermitteln?

Dieser Stimme kannst du vertrauen. Sie wird dafür sorgen, dass du spürst und dir selber gibst, was du brauchst. Sie wird aber auch dafür sorgen, dass du dich nicht in einer kindlichen Bedürftigkeit verlierst. Sie wird ihre Sorge darauf anlegen, dich handlungsfähig zu machen, damit du selbst in die Hand nehmen kannst, was in deiner Macht steht –und auszuhalten lernst, was außerhalb deiner Einflussmöglichkeiten liegt.

1.2 Körper: Pflege dich

Der Blick auf den männlichen Körper ist im Umbruch. Die Aufforderung an Männer, aus ästhetischen Gründen für einen muskulösen, straffen, jugendlichen *Body* zu sorgen, hat sich erst in den letzten 20 Jahren entwickelt. Parallel dazu haben Männer als Zielgruppe für Güter im Dienst der körperlichen Attraktivitätssteigerung – Nahrung, Kleidung, Kosmetik, Schönheitsoperationen etc. – laufend an Bedeutung gewonnen.

Hauptsache funktionstüchtig

Das ist aus meiner Sicht eine zwiespältige Entwicklung. Denn sie ist – einmal mehr – nicht darauf angelegt, schädliche Männlichkeitsanforderungen durch nachhaltige zu ersetzen. Vielmehr erweitert sie die nach wie vor schädlichen Anforderungen durch neue, zusätzliche. Was erstens zu mehr Stress und zweitens zu mehr Unzufriedenheit führt. Und drittens dafür sorgt, dass Männer tüchtig daran arbeiten, ungesunde weibliche Bewältigungsstrategien zu übernehmen. So gibt es beispielsweise laufend mehr (junge) Männer, die Essstörungen entwickeln. Acht von zehn männlichen Jugendlichen zwischen 13 und 17 Jahren meinen, sie seien zu schmächtig (zit. nach BMFSFJ 2020, 58). Ausgleichende Ungerechtigkeit kann aber kein sinnvolles geschlechterpolitisches Leitmotiv sein.

1 Sich beistehen

Während der reinen Ästhetik geschuldete Körperappelle an Männer neueren Datums sind, war der männliche Körper natürlich bereits zuvor Gegenstand gesellschaftlicher Männlichkeitsanforderungen – zugespitzt im nationalsozialistischen Ideal bzw. der Forderung an die männliche Jugend »hart wie Kruppstahl, zäh wie Leder, flink wie Windhunde« zu sein. Allen neuzeitlichen Körperidealen gemein ist ihr funktionaler Anspruch: Der Männerkörper muss optimiert sein zur Erfüllung bestimmter Aufgaben. Dabei ist es für unsere Zwecke nachrangig, ob es sich dabei um soldatische, handwerkliche, industrielle oder sportliche Funktionalitäten handelt. Entscheidend ist: Der Männerkörper ist nicht primär Leib, sondern Mechanik.

Die Auswirkungen spüren wir bis heute: Männer erlernen im Lauf ihrer Sozialisation einen instrumentellen Körperbezug: »Körperferne« als Sozialisationsprinzip (Böhnisch & Winter 1993, 128ff.). Bereits die Wortwahl im Alltag verrät es: Männer antworten beispielsweise »alles im grünen Bereich«, wenn sie nach ihrem Wohlbefinden gefragt werden. Sie müssen »wieder mal zum TÜV«, wenn ein Routine-Check in der Arztpraxis ansteht. Oder sie erkundigen sich vor der Operation, ob »nachher wieder alles wie geschmiert läuft«.

Gesundheit ist in dieser Perspektive nichts anderes als die Abwesenheit von Krankheit. »Was mich nicht tötet, macht mich härter«, sagen Männer. Und werten das Mehr an Härte als Zugewinn. Die Idee, Leidensfähigkeit sei eine Qualität, spiegelt sich in ihrem Gesundheitsverhalten: Standard ist nicht das vorausschauende Fördern von Gesundheit, sondern das reaktive »Reparieren« bei Krankheit. Entsprechend warten Männer auch länger als Frauen, bis sie sich mit einem Leiden an eine ärztliche Fachperson wenden (zit. nach BMFSFJ 2020, 57) – oft auch zu lange. Beinahe fünf Jahre leben Männer in Deutschland im statistischen Schnitt kürzer als Frauen (ebd. 55). Noch 1850 war die Lebenserwartung von Männern und Frauen gleich hoch. Danach öffnete sich die Schere kontinuierlich. Am höchsten Punkt betrug der Unterschied um 1980 beinahe sieben Jahre. Seither nähern sich die Lebenserwartungen wieder an (Dinges 2020, 44).

Männlichkeit als Gesundheitsrisiko

Mit der Aufforderung, ein mechanistisches Körperbild zu übernehmen, wirken gesellschaftliche Männlichkeitsanforderungen auch deswegen wenig gesundheitsförderlich, weil sie riskantes und rücksichtsloses Verhalten fördern. Das hat Folgen: Rund 60 % der gesamten Krankheitslasten in westlichen Gesellschaften gehen auf vermeidbare Krankheiten (so genannte »nicht übertragbare Krankheiten« wie Diabetes, Rheuma, Herz-Lungen-Krankheiten, Krebs) zurück (Roser & Ritchie 2021). Die wichtigsten Risikofaktoren für die Entstehung dieser Krankheiten sind: Rauchen, Trinken, unausgewogene Ernährung und mangelnde Bewegung. Zumindest die ersten drei sind eng geknüpft an gesellschaftliche Erwartungen, was ein »echter Kerl« ist: ein stand- und trinkfester Cowboy, für den das Ketchup zum Steak hinreichend Gemüsebeilage ist. Generell haben Männer in so ziemlich allen Statistiken die Nase vorn, wenn es darum geht, sich möglichst sinnlos ums Leben zu bringen. So sterben beispielsweise dreimal mehr Männer bei tödlichen Verkehrsunfällen (Statistisches Bundesamt 2020a). Auch in Suizid-Statistiken beträgt das Geschlechterverhältnis 3:1 (Statistisches Bundesamt 2020b).

Nicht alle männlichen Gesundheitsrisiken sind selbstverschuldet. Auch die Gesellschaft mutet Männern viel körperliches Leid zu. Die meisten Tätigkeiten, in denen Menschen äußeren Belastungen ausgesetzt sind, gelten als Männerjobs. Sie sind beispielsweise auf Arbeit viel häufiger Schmutz und Dreck, Kälte und Hitze, Rauch und Lärm, Gasen und Dämpfen ausgesetzt (zit. nach BMFSFJ 2020, S. 63). Leidtragende sind hier ganz besonders die weniger gut ausgebildeten, ohnehin mit weniger gesellschaftlichen Privilegien ausgestatteten Männer (ebd.). So berichten nur 42 % der 55- bis 64-jährigen Männer in Deutschland mit einem niedrigen Sozialstatus von einem guten oder sehr guten Gesundheitszustand. Bei den Männern mit hohem Sozialstatus sind es 78 % (ebd., S. 58).

Gefragt ist in dieser Situation kein männliches Wettrüsten, wer das gesündeste Verhalten an den Tag legt. Wenn ich mir in den

1 Sich beistehen

sozialen Medien die selbsternannten Fitness- und Ernährungsgurus männlichen Geschlechts anschaue, scheint genau das jedoch zu passieren. Diese gutaussehenden gestählten Jungs funktionieren in meinen Augen meist ganz traditionell in der alten Männlichkeitslogik, wonach es gelte, schneller und besser als die männliche Konkurrenz zu sein. Bloß der Inhalt ist etwas modernisiert: Zum (weiterhin als unverzichtbar gedachten) Streben nach *Influence*, Macht und Geld kommt einfach noch das Streben nach noch gesünderer Ernährung, noch muskulöserem Körper, noch niedrigerem Körperfettanteil etc. hinzu. Bereits heute beschäftigt sich die Psychiatrie mit der Frage, ob und wie die Orthorexia nervosa (zwanghaft gesunde Ernährung) oder Muskeldysmorphie (Muskelsucht in Verbindung mit einer Körperbildstörung, der sogenannte »Adonis-Komplex«) in psychiatrischen Diagnosemanualen aufgeführt werden sollen.

Entsprechend vorsichtig sollten Männer zu Werke gehen, wenn sie sich für einen gesünderen Lebensstil entscheiden. Damit das gut kommt, braucht es parallel eine Auseinandersetzung mit Männlichkeit. Denn gefragt ist etwas, das im alten Männerbild grundsätzlich nicht vorgesehen ist: ein liebevoll-spürender Selbstbezug.

Ich muss selber schmunzeln beim Aneinanderreihen dieser Reizworte. Liebevoll. Spürend. Selbstbezug. Sollte es dich schaudern oder würgen: Geht mir manchmal auch so. Einfach annehmen. Möglichst bewertungsfrei. Und dann geht es weiter. Logisch meldet sich das alte Männlichkeits-Ich hin und wieder. Es geht – wie weiter oben gezeigt – auch nicht darum, diesen Teil auszulöschen, sondern ihn zu erweitern.

Wir werden im weiteren Verlauf des Buches noch ausgiebig vertiefen, was das denn konkret heißen soll: ein liebevoll-spürender Selbstbezug. An dieser Stelle möchte ich es bei drei Hinweisen belassen.

1. Bewusst atmen
Naheliegend, aber trotzdem von unterschätzter Bedeutung: Bewusst atmen ist die Grundoperation bewusster Körperwahrneh-

mung. Bewusst atmen geht immer. Bewusst atmen ist die Minimalstruktur, die du deinem Leben in jedem Moment drohender Selbstauflösung oder nahenden Weltverlusts geben kannst. Bewusst atmen vergewissert dich der letzten unveräußerlichen Sicherheit, auf du dich selbst im dunkelsten Moment verlassen kannst: Solange ich atme, bin ich nicht tot.
Es gibt ganz unterschiedliche Schulen, Empfehlungen und Techniken, was Atemfrequenz und -dauer betrifft. Mich persönlich überzeugt das Konzept des kohärenten Atmens (Ehrmann 2016) am meisten, wonach das Ein- und Ausatmen gleich lang, ohne Pause und möglichst langsam erfolgen sollen. »Richtig« zu atmen ist gar nicht so einfach. Viele Männer müssen überhaupt erst mal ihre Bauchatmung wiederentdecken. Sie haben sich einen flachen Atem im oberen Brustraum angewöhnt und müssen erst lernen, das Zwerchfell in die natürliche Pulsation einzubeziehen und bis nach »ganz unten« zu atmen. Wenn du deine Hand auf den Bauch legst, solltest du spüren, wie sie sich beim Einatmen nach außen und beim Ausatmen nach innen mitbewegt. Die nächste Herausforderung ist, das Einatmen und das Ausatmen gleich lang zu halten. Zuletzt erfordert die Verlangsamung viel Achtsamkeit. Das Gute: Diese Übung kannst du in wirklich jede Alltagssituation einbauen. Beispielsweise als sinnvolle Beschäftigung für langweilige Besprechungen. Ich selber bin beim Autofahren leicht reizbar und nutze die Atemübungen hinter dem Steuer zur Selbstberuhigung zwecks Förderung zivilisierten Fahrverhaltens.
2. Leicht(er) an sich tragen
Etwas weniger naheliegend: Sich körperlich zu pflegen und zu unterstützen hat eine ganz physische Entsprechung. Du kannst dich nur unterstützen, wenn du dich selbst tragen und stützen kannst. Dafür brauchst du Kraft, also Muskeln. Als in den 1970er- und 1980er-Jahren progressive Männer auf die Forderungen der Frauenbewegung zu reagieren und sich in antisexistischen Diskussionsgruppen selbst zu befragen begannen, war das neue Männer- und Körperideal die Negation des Bekannten.

1 Sich beistehen

Die Erfindung des »Softie« als Gegenentwurf zum »Macho« erwies sich jedoch nur als bedingt hilfreich. Denn wenig Körperkraft und geringe Körperspannung sind weder gesund noch attraktiv. Die Frage ist eher, wie Körperlichkeit, Sport und Muskelkraft jenseits des Mechanistischen gepflegt werden können: als Möglichkeiten, mit sich und seinem Körper in Kontakt zu gehen, sich zu spüren, Achtsamkeit zu schulen. Muskeln dienen dann nicht der Panzerung, sondern sind Mittel, um aufrecht und unbeschwert durchs Leben zu gehen und dabei leichter an sich selbst zu tragen (▶ Kap. 3.2).

3. Körpergedächtnis

Das Stichwort Körperpanzer führt zum vorerst letzten Aspekt, den ich im Zusammenhang mit körperlicher Selbstsorge ansprechen möchte. Der Kulturwissenschaftler Klaus Theweleit hat in seinem Werk *Männerphantasien* soldatische Männlichkeiten und ihre gepanzerten Körper beschrieben. Seine These: Soldatische Männer sind existenziell auf einen Muskelpanzer angewiesen, weil sie ihre natürliche Außengrenze – die Haut – nicht mehr zu spüren in der Lage sind und weil sie nicht fähig sind, mit sich und anderen in Kontakt zu treten. In Kapitel 2.2 spinne ich diesen Faden weiter (▶ Kap. 2.2). An dieser Stelle ist mir der Hinweis wichtig: Wir dürfen unsere männlichen Körper heute nicht aus dem historischen Kontext reißen. Die epigenetische Forschung zeigt sehr klar: Erfahrungen – insbesondere traumatische – schreiben sich im Körper ein und können über Generationen weitergegeben werden. Es wäre naiv zu glauben, körperliche Selbsterkundung und -entfaltung könne bei null beginnen. Wir müssen damit rechnen, im »liebevoll-spürenden Selbstbezug« nicht nur in wonniger Verbundenheit zu baden, sondern auch mit schwierigen Ablagerungen umgehen zu müssen. Ganz konkret: Die Wahrscheinlichkeit ist groß, dass unsere Eltern körperliche Züchtigungen erfahren und Ängste ausgestanden haben, vielleicht sogar gefoltert oder missbraucht wurden. Im deutschen Sprachraum am besten untersucht ist die transgenerationale Weitergabe von Traumata aus dem Zweiten Weltkrieg.

1.2 Körper: Pflege dich

In diesem Bereich ist eindrücklich belegt, wie beispielsweise die Bedrohung der stickig-angstgeschwängerten Enge im Keller während der Fliegerangriffe den Nachgeborenen sprichwörtlich noch in den Knochen sitzt (z. B. Bode 2013, Wüstel 2017). Noch ungemütlicher wird es, wenn wir uns dem männlichen Körper als Instrument der Gewalt, als »Waffe«, zuwenden. Mindestens 860 000 Vergewaltigungsopfer erlitten gemäß Berechnungen der Historikerin Miriam Gebhardt (2019, S. 17) allein in den letzten Zügen des Zweiten Weltkriegs sexuelle Gewalt durch alliierte Soldaten. »Die Uniformen der Täter waren verschieden, die Taten glichen sich« (ebd.). Gebhardt zeigt in ihren Fallbeschreibungen eindrücklich: Auch bei diesen Vergewaltigungen ging es den Tätern nicht (oder zumindest nicht nur) um sexuelle Befriedigung, sondern um Demütigung, Zerstörung, Auslöschung. Sie fanden auch nicht im Versteckten statt. Denn aus Sicht der Täter war ihr Handeln legitime Rache, eine ganz normale Facette kriegerischer Auseinandersetzung, eine gewollte Form kollektiver Bestrafung. Deshalb stehen hinter diesen 860 000 Opfern weitere Millionen von Menschen, die unfreiwillig Zeug:innen dieser grausamen Taten wurden. Auch in ihren Körpern sind diese Erinnerungen eingraviert. Entsprechend hoch ist die Wahrscheinlichkeit, dass auch deine Mutter, Großmutter oder Urgroßmutter direkt oder indirekt von dieser Männergewalt betroffen war. Und dein Vater, Großvater oder Urgroßvater?

No bullshit. Das ist meine Ansage. Es tut mir leid, wenn ich den Heimweg in deinen männlichen Körper mit diesen Themen erschwere. Ich möchte einfach ehrlich sein: Es wäre kitschig, wenn ich suggerieren würde, dass dieser »Heimweg« auf direktem Weg in eine gemütlich beheizte Stube führt. Die gute Nachricht: Es ist die Chance unserer Generation, diese Erfahrungen zu verarbeiten und zu integrieren. Unsere Eltern hatten weder die Zeit, die Nerven noch die psychologischen Fertigkeiten dazu. Wir schon. Es braucht auch nicht viel. Liebevoll-spürender Selbstbezug reicht.

1 Sich beistehen

Abschließen möchte ich dieses Unterkapitel mit einer persönlichen Erfahrung, die Bezug nimmt zu verschiedenen der angesprochenen Themen: Nach dem Tod meines Vaters war es für mich eindrücklich zu erfahren, wie viel Schwere er mit ins Grab nahm. Das erleichterte das Trauern nicht. Im Gegenteil: Mir einzugestehen, dass der Tod meines Vaters auch Erleichterung ist, war anfangs schwierig. Am eindrücklichsten erlebte ich die gewonnene Leichtigkeit körperlich. Mein Vater war ein kräftiger Mann, der in den ersten Kriegswochen 1939 in Niederschlesien – heute: Polen – zur Welt kam. Sein Vater war noch vor seiner Geburt auf dem Schlachtfeld gefallen. Sein Großvater genoss als Hufschmied in ihrem kleinen Dorf ein hohes Ansehen. Die schrecklichen Erfahrungen durch Flucht, Vertreibung und Hunger setzten der Kindheit meines Vaters 1945 ein jähes Ende. In der Nähe von Hannover musste er nach wenigen Jahren auf überfüllten Schulbänken eine Lehre als Hufschmied antreten. Seinen Händedruck spüre ich bis heute: Von der harten Arbeit am Amboss waren seine Hände zu sehnig-kräftigen Pranken angeschwollen, denen meine zarten Studentenhände im wahrsten Sinn des Wortes nichts entgegen zu setzen hatten. Dass nicht nur meine Hände, sondern mein ganzer Körper im Vergleich zu ihm eher schmächtig war, beschäftigte mich kaum, solange er noch lebte. Ich nahm es als gegeben hin. Ich wusste, dass ich ihm in etlichen anderen Feldern überlegen war (wenn auch eher dank Glück und weniger dank Leistung): intellektuell, rhetorisch, emotional, sozial. Erst als mein Vater starb, realisierte ich den unbewussten Deal, den ich mit ihm abgeschlossen hatte. Es war ein Versprechen, das ich ihm gegeben hatte, ohne es zu merken. Es lautete: »Die körperliche Überlegenheit lasse ich dir. Ich verzichte auf ein Kräftigwerden, das mich zu dir in Konkurrenz setzen könnte.«

Mit seinem Tod erhielt ich nun plötzlich die Freiheit zurück, meine körperliche Kraft so zu entwickeln, wie es für mich passt. Ich habe damals eine Abmachung mit mir selbst getroffen: Ich »darf« so viel Sport treiben und Muskeln zulegen, wie ich mag. Aber ich erspare mir den prüfenden Blick auf meinen Körper. Seither sind sechs Jahre vergangen. Ich bin sicher körperbewusster geworden, auch kräftiger und muskulöser. Genau weiß ich es nicht. Denn ich habe mich an die Abmachung gehalten und mich seit sechs Jahren nie mehr (nackt) im Spiegel betrachtet. Ich sehe keinen Grund, von dieser Praxis abzuweichen. Denn mit dem Verzicht auf den prüfenden Blick erspare ich mir auch den Stress der Selbstbewertung und Selbstabwertung. »Sehe ich gut aus?« stellt sich als Frage nicht. Die einzig relevante Frage, die bleibt, ist für mich: »Fühlt es sich gut an?«

1.3 Psyche: Begleite dich

Die Psychologie unterscheidet zwischen dem Ich und dem Selbst. Im Detail unterscheiden sich die Definitionen verschiedenster Denkrichtungen und Methoden. Im Kern geht es aber um Variationen des Immergleichen: Das Ich wird als Instanz gedacht, die der Kommunikation und Vermittlung zwischen äußerer und innerer Wirklichkeit verpflichtet ist. Das Ich hat die Aufgabe, dich handlungsfähig zu machen oder zu halten. Das Selbst ist demgegenüber etwas in deinem Inneren: der Kern deiner Persönlichkeit, das Unabänderliche deines Charakters, dein Wesen. (Wie sehr auch dieser »Kern« von gesellschaftlichen Männlichkeitsanforderungen durchdrungen ist, wird eine psychologische Fachperson anders einschätzen als ein:e Soziolog:in).

Sozialisationsprinzip Externalisierung

Männliche Sozialisation schult – grob vereinfacht – die Ich-Funktion und vernachlässigt den Selbstbezug. Denn um als Mann handlungsfähig zu sein, muss ich super kompetent im Managen meiner Außenbezüge sein. Schließlich soll ich mich in einer Welt permanenten Wettbewerbs behaupten. Deshalb lernen wir, Situationen

1 Sich beistehen

gut und schnell einzuschätzen, Konkurrenten auf ihre Gefährlichkeit hin abzuscannen und clevere Strategien im Dienst der eigenen Vorteilssicherung auszuhecken. Kooperationen braucht es natürlich auch – solange sie nützen. Weniger hilfreich ist alles, was beschwert und bremst. Schwierige Gefühle zum Beispiel. Oder die Angst, zu versagen.

Ich karikiere, um zu schärfen, nicht um mich lustig zu machen. Denn diese Kompetenzen sind – bei allem Problematischem – erst mal richtig nützlich. Sie haben in unserer Geschichte bis zum heutigen Tag Unglaubliches ermöglicht: die Erfindung des Buchdrucks und die allgemeine Schulpflicht; die Erfindung der Dampfmaschine und die industrielle Revolution; die Erfindung der Gewaltenteilung und die Demokratie; die Erfindung des Computers und das Internet. Nur so als Beispiele. Und ohne zu unterschlagen, dass auch Frauen an all diesen Entwicklungen gewichtige Anteile hatten. Aber es ist mir wirklich wichtig, bei aller kritischen Problematisierung gesellschaftlicher Männlichkeitsanforderungen deren Nutzen zu würdigen: Unsere Zivilisation stünde definitiv an einem anderen Ort, wenn es Männlichkeit nicht gäbe.

Das wäre allerdings nicht nur zu bedauern. Denn unsere Zivilisation stünde ja ganz gern an einem anderen Ort. Männlichkeit hat nun mal auch etliche Entwicklungen befördert, die auch unglaublich viel Leid und Ungerechtigkeit gebracht haben: die Erfindung des Schiffbaus und die Kolonisation; die Erfindung des Geldes und das Kapital; die Erfindung des Eigentums und die Ausbeutung; die Erfindung von Waffen und der Krieg.

Man muss sehr ignorant sein, um das Leid und die Ungerechtigkeit in der Welt nicht zu sehen. Den Herrschenden in unserem patriarchal-kapitalistischen System gelingt dies aber ganz gut. Weshalb? Weil sie so funktionieren, wie es von richtigen Männern erwartet wird: Die Ich-Funktionen sind bestens trainiert, die Selbstbezüge sträflich vernachlässigt.

Das »verwehrte Selbst« ist eine Begrifflichkeit, die meine Fachkollegen Lothar Böhnisch und Reinhard Winter in ihrem wegweisenden Werk *Männliche Sozialisation* 1993 (128ff.) eingeführt haben.

Sie definieren darin sieben Sozialisationsprinzipien, denen Männer zu genügen haben:

- Externalisierung: männlich ist, sich nicht mit der eigenen Innenwelt zu beschäftigen;
- Gewalt: männlich ist, sich selbst und andere beherrschen zu wollen;
- Stummheit: männlich ist, nicht über Befinden/Empfindungen zu sprechen;
- Alleinsein: männlich ist, ohne Unterstützung auszukommen;
- Körperferne: männlich ist, den eigenen Körper zu vernachlässigen, Körpersignale auszublenden und den Körper als Werkzeug zu »gebrauchen«;
- Rationalität: männlich ist, Gefühle abzuwehren und abzuwerten;
- Kontrolle: männlich ist, alle und alles im Griff haben zu wollen.

Diese Imperative sind zwar nützliche Bewältigungsprinzipien, um Männlichkeit zu verinnerlichen. Doch wer das konsequent durchzieht, wird eher früher als später die Erfahrung einer tiefgreifenden Entfremdung von seinem *Eigentlichen* – eben seinem *Selbst* – machen. Innere Leere kann ein Ausdruck davon sein. Das Gefühl von Hilf- und Wertlosigkeit, Zynismus, Brutalität oder emotionale Kälte.

Von Emotionen und Empfindungen

Mein Fachkollege Björn Süfke ist ein erfahrener Männerberater. Er arbeitet in Bielefeld bei der Beratungsstelle Man-o-Mann[12] und kommt aufgrund seiner Arbeit mit vielen hundert Männern zum Schluss: Erlernte Gefühlsabwehr ist der Kern des Problems, das Männer haben. Er hat eine Liste der häufigsten Gefühlsabwehrmechanismen zusammengestellt, die Männer bevorzugt anwenden. Bevor ich ein Beispiel gebe, möchte ich kurz etwas zum Begriff »Gefühl« sagen. Das Wort ist ja Teil des allgemeinen Sprachge-

---

12 www.man-o-mann.de

1 Sich beistehen

brauchs. Insofern kann sich jeder was darunter vorstellen. Bei genauerer Betrachtung wird's einen Tick kniffliger.

Zuerst mal: Fühlen und Empfinden sind zwei verschiedene Dinge. Fühlen heißt, Gefühle (synonym: Emotionen, Affekte) wahrzunehmen. Ihre Funktion ist, uns die Orientierung in der Welt zu erleichtern: Was sich gut anfühlt, tun wir weiter. Was sich schlecht anfühlt, suchen wir zu vermeiden. Ob es – ähnlich wie bei den Farben – eine kleine Zahl an Primäremotionen gibt, aus denen sich alle anderen Gefühle zusammensetzen, ist wissenschaftlich umstritten. Auf jeden Fall können Säuglinge gewisse Gefühle schneller zeigen als andere. Zu diesen frühen Emotionen gehören Freude, Interesse, Überraschung, Furcht, Ärger, Trauer und Ekel. Andere Gefühle wie Ärger oder Überraschung entwickeln sich erst nach einigen Lebensmonaten (Dorsch 2021a). Die Funktion von Gefühlen ist, dir Informationen zu liefern. Ärger informiert dich: (D)eine Grenze ist übertreten worden. Angst sagt dir: Ich bin in Gefahr. Trauer erinnert dich daran, was dir wichtig ist. Stolz teilt dir mit, dass du deinen Ansprüchen genügt hast – und Scham, dass du ihnen nicht genügt hast. Wenn du diese »Big Five« auf dem Radar hältst, kommst du schon weit.

> *Anregung: Versuch herauszufinden, welche Informationen dir weitere Gefühle – etwa Begeisterung, Erleichterung, Dankbarkeit, Rührung, Verachtung, Widerwille oder Reue – erschließen.*

Im Unterschied zu Gefühlen ist der Facettenreichtum von Empfindungen (synonym: Sinneseindrücke, Sensationen) größer und ihre Bewertung (angenehm/unangenehm) wesentlich schwieriger resp. individueller. Empfindungen sind – technisch gesprochen – Reize unserer Sinnesorgane. Das psychologische Wörterbuch (Dorsch 2021b) unterscheidet Gesichts-, Gehörs-, Geruchs-, Geschmacks-, Tast-, Temperatur-, Schmerz-, Bewegungs-, Gleichgewichtssinn sowie Empfindungen unserer inneren Organe. Empfindungen können sich in Qualität, Intensität und Dauer unterscheiden. Ihre Variationen sind endlos (was unmittelbar nachvollziehbar wird, wenn du dir vorstellst, wie unendlich facettenreich allein Gerüche oder Klänge sein können). Entsprechend unmöglich ist es, für alle Empfindungen Worte zu haben.

Spüren ist der dritte verwandte Begriff neben Fühlen und Empfinden. Spüren bezeichnet die Aktivität des Fühlens resp. des Empfindens. In diesem Sinn kann man »Spüren« als Oberbegriff verstehen, der sowohl Gefühle wie Empfindungen umfasst. Diese Unterscheidung wird in Kapitel 4 noch von Bedeutung sein (▶ Kap. 4).

Nun kommen wir endlich zu Björn Süfkes Liste (unbewusster) männlicher Gefühlsabwehrmechanismen. Auf Platz 1 steht das Beharren auf Objektivität. »Es ist doch nun mal einfach so, dass...« wäre ein typischer Satz, der in Gefühls- und Beziehungsfragen nicht so super passt. Welches Gefühl überdeckt die Objektivitätskeule? Ärger? Dann wäre die Aussage passender: »Das ärgert mich jetzt aber, dass wir das unterschiedlich wahrnehmen.« Oder ist es eher Einsamkeit? Man(n) würde sich doch wünschen, dass das Gegenüber die Welt mit den gleichen Augen betrachtet und es keine Diskussionen braucht über Dinge, die für einen selbst völlig klar sind. Dann könntest du das auch so benennen: »Ich fühle mich grad allein mit meiner Sicht der Dinge.«

Ich möchte nicht alle Abwehrmechanismen ausrollen – dafür empfehle ich gern Süfke 2018 –, sondern den gemeinsamen Nenner aller Abwehrmechanismen beleuchten. Klar, der Begriff sagt's ja schon: die Gefühlsabwehr. Die Lösung ist, dich zu fragen, was du wirklich fühlst. Das gelingt am besten, wenn sich dein Vermittler-Ich ernsthaft interessiert bei deinem Bedürftigkeits-Ich erkundigt.

Lösungsdruck und andere Fallstricke

Christoph Walser arbeitet seit 30 Jahren in Seminaren und Coachings mit Männern. Burnout ist sein Spezialgebiet. Deshalb ist für seine Arbeit auch zentral, Vereinbarkeit nicht nur als Work-Work-Balance von Berufs- und Familienpflichten zu denken, sondern als Dreieck, in dem auch Eigenzeit und -welt als eigenständiger Lebensbereich sichtbar sind (Walser & Wild 2002, S. 39, ▶ Abb. 1.3).

1 Sich beistehen

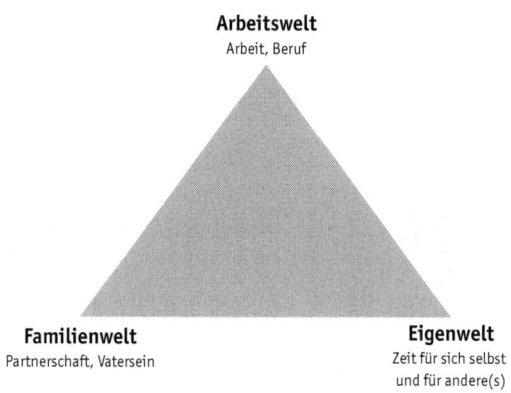

Abb. 1.3: Dreieck männlicher Lebenswelten (Walser & Wild 2002, 39)

Christoph Walser hat in all diesen Jahren einige Fallen identifiziert, in die Männer regelmäßig treten, wenn sie sich in der Kunst der liebevollen Selbstführung üben (Walser 2020). Diese unterlaufen alle eine ungefilterte Gefühlswahrnehmung:

1. Lösungsdruck: »Ich muss eine Lösung finden. Ich muss schnell eine Lösung finden. Ich muss selber eine Lösung finden.«
2. Hadern: mit dem Leben, mit Gott oder mit sich selbst. Damit verbunden ist ein Ohnmachtserleben: »Ich kann ja eh nichts tun.«
3. Selbstabwertung und -beschimpfung: »Ich Versager«, »Ich bin der letzte Trottel.«
4. Innerer Rückzug und Scham

Auch hier ist der Ausweg derselbe: Erstmal entschleunigen, um sich nicht fortreißen zu lassen vom männlichen Ausweichreflex. Dann aus der ruhigen Position des Vermittler-Ichs heraus fragen: Was ist das jetzt gerade? Um was geht es wirklich? Wie fühle ich mich?

Sobald du nicht allein bist, wird es komplexer. Denn immer, wenn Menschen miteinander kommunizieren, sind verschiedene

Ebenen im Spiel: Die Sachebene ist vordergründig, aber nicht entscheidend für Konfliktdynamiken. Die Konflikte wirken untergründig auf der Beziehungsebene. Denn wir sind alle nicht in der Lage, ein rein »sachliches« Gespräch zu führen, auch wenn das Teil des traditionell männlichen Selbstverständnisses als *Vernunftwesen* ist. Auch Männer hören zumindest unbewusst, was in einem Dialog an Beziehungsaussagen mitschwingt: Wertschätzung? Kritik? Verachtung? Viele Männer fühlen sich Kommunikations- und Konfliktdynamiken wehrlos ausgeliefert, weil sie sich ganz auf die Sachebene konzentrieren und die Beziehungsebene vernachlässigen. Gerade die Aufforderung »Aber nun bleib doch mal sachlich« ist in dieser Situation wenig hilfreich. Denn diese Aussage transportiert auf einer Beziehungsebene ganz viel anderes mit, was keineswegs zur Beruhigung der Situation beiträgt: etwa die Unterstellung, das Gegenüber sei unsachlich (was kränkend ist, weil sehr wohl sachlich sein kann, was emotional vorgetragen wird); aber auch die Anmaßung, man selbst sei in der Lage, ganz neutral und nüchtern im Gespräch den Moderator zu geben.

Aus all diesen Dynamiken gibt es den gleichen Ausweg: Frag dich, was du fühlst. Und teil das mit. Es wird Wunder wirken.

Vor zwei Klippen möchte ich dich warnen:

- Gefühle sind vielschichtig und tiefgründig. Wenn du noch nicht so geübt bist im Wahrnehmen von Gefühlen, wirst du wahrscheinlich erst einmal den dir bekannteren Gefühlen begegnen: Ärger, Frust und Bitterkeit beispielsweise. Hinter diesen Gefühlen sind mit großer Wahrscheinlichkeit noch weitere Gefühle verborgen. Nimm dir Zeit, um weiter zu forschen. Du wirst es spüren, wenn du dem »eigentlichen« Gefühl immer näherkommst. Die Unsicherheit, ob das jetzt wirklich das »eigentliche« Gefühl sei, ist fruchtbar, weil es Übermut und Selbstmanipulation verhindert. Eine gewisse Unsicherheit gehört dazu. Es ist immer möglich, dass du noch eine weitere Tiefenschicht entdeckst. Versuch, das nicht als Arbeit zu sehen, die du möglichst rasch abschließen musst, sondern als Reise, die für sich selbst wertvoll ist.

1 Sich beistehen

- Es ist anspruchsvoll, Gefühle zu kommunizieren. In allen Beziehungsratgebern wirst du lesen, dass du »Ich-Botschaften« aussenden sollst. Dabei lauern aber auch Fallen. »Ich fühle mich verarscht, weil du immer alles falsch machst« ist beispielsweise definitiv keine Ich-Botschaft, auch wenn sie die formalen Anforderungen erfüllt. Es geht bei der gefühlsmäßigen Selbstmitteilung darum, dich spürbar zu machen. Dein Gegenüber wird merken, ob du wirklich Erfühltes mitteilst – oder »nur« *über* Gefühle redest. Letzteres ist nicht falsch. Den meisten Männern fällt es leichter, über Gefühle zu sprechen, als im Reden Gefühle auszudrücken. Ich weise dich darauf hin, damit du dich schützen kannst. Wenn es dir gelingt, Gefühle ganz unmittelbar zum Ausdruck zu bringen, dann hört man das – am Vibrieren deiner Stimme beispielsweise. Dein Gegenüber wird unmittelbar darauf reagieren und sehr sorgfältig damit umgehen. Denn es spürt: Jetzt teilst du dich in etwas ganz Wesentlichem, Persönlichen mit. Jetzt zeigst du dich und machst dich damit verletzlich. Der Haken: Verletzlich bist du wahrscheinlich auch dann, wenn du *über* deine Gefühle sprichst. Das ist deinem Gegenüber aber nicht unbedingt klar, da du im Modus des Über-Gefühle-Redens nicht verletzlich klingst, sondern recht nüchtern und souverän.

Vorhang auf für dein Vermittler-Ich

Nimm nun bitte nochmals das Blatt Papier zur Hand, auf dem du bei der Lektüre von Kapitel 1.2 (▶ Kap. 1.2) drei Figuren aufgezeichnet hast: dein Männlichkeits-Ich und dein Bedürftigkeits-Ich sowie die zwischen ihnen vermittelnde Instanz. Diese vermittelnde Instanz ist deine Ich-Funktion, dein Vermittler-Ich. Du brauchst sie, um wahrnehmen und mitteilen zu können, wie du dich fühlst.

In Kapitel 1.2 ging es in einem ersten Schritt darum, diese Ich-Funktion zu lösen von deinem »männlichen Ich«. Das sollte dir einen Raum eröffnen, in dem du dich fragen kannst, welche der erlernten und verinnerlichten Männlichkeitsanforderungen tatsächlich zu dir passen – und welche eher nicht. Andererseits wollte ich

1.3 Psyche: Begleite dich

den bedürftigen Teil, den »kleinen Jungen« in dir, sichtbar machen. Nun brauchen wir diese vermittelnde Ich-Instanz, damit sie schwierige Situationen beruhigt. Als Mann magst du beispielsweise gewohnt sein, recht zu haben. Wenn dir jemand widerspricht, reagiert dein Männlichkeits-Ich unmittelbar aufbrausend: »Mir muss doch niemand was sagen!« Wenn du es schaffst, dein Männlichkeits-Ich und dein Vermittler-Ich auseinander zu halten, kannst du in einem solchen Moment entscheidende Zeit gewinnen. Das vermittelnde Ich kann dann feststellen: »Ou, ich braus' jetzt dann gleich auf. Was passiert denn da? Ich fühl mich unangenehm in Frage gestellt. Ich fühle mich als Mann nicht ernst genommen!«

Das ist schon fast die ganze Geschichte. Denn nun musst du nicht mehr aufbrausen, sondern kannst – bestenfalls – ruhig berichten, was du gerade fühlst: »Es stresst mich, wenn du mir so widersprichst.«

Diese Empfehlungen lesen sich vielleicht sehr künstlich und technisch. Ich kann es verstehen, wenn du einen Widerstand empfindest. Diese Darstellung ist nur ein Versuch, einen Inhalt zu transportieren. Der ist mir wichtig, nicht die »Verpackung«. Wenn du beispielsweise mit einem Begriff wie »Vermittler-Ich« nichts anfangen kannst, dann such dir ungeniert einen passenderen.

Ich möchte die Überlegung transparent machen, weshalb ich einen technisch-handwerklichen Ansatz verfolge. Es ist wie beim Erlernen eines neuen Bewegungsablaufs beim Sport oder eines neuen Fahrzeugs oder einer neuen Sprache: Zuerst musst du jeden einzelnen Schritt in Zeitlupe üben, damit sich die Schrittfolge mit der Zeit immer besser einspielen kann. Schon bald wird die Schrittfolge zu einem Automatismus, der dich überhaupt keine gedankliche Aufmerksamkeit mehr kostet.

1.4 Menschen: Kümmere dich

Ohne Nähe zu anderen Menschen verkümmern wir. Babies sterben ohne körperliche Wärme und liebevolles Gegenüber, selbst wenn sie ausreichend Nahrung erhalten. Wir alle sind existenziell abhängig und angewiesen auf andere. Die männliche Tragik besteht darin, dass das Autonomie-Ideal der kapitalistischen Wachstumsgesellschaft ihnen eine Un-Abhängigkeit zumutet und zuspricht, die völlig unrealistisch ist. »Ich bin auf nichts und niemanden angewiesen«, lautet solch ein Glaubenssatz, »Ich vertraue nur einem: mir« ein anderer. Das mutet etwas albern an, wird aber ernsthaft geglaubt. Indem (zur Hauptsache von Frauen geleistete) Sorgearbeit unsichtbar gemacht wird, behält die Autonomieillusion einen Rest Plausibilität. Für viele Männer macht es das extrem schwierig, sich ihre Bedürftigkeit und Abhängigkeit von anderen einzugestehen. Das ist mit ein Grund, weshalb die Suizidraten bei Männern im höheren Alter massiv zunehmen (zit. nach BMFSFJ 2020, S. 72).

Vielschichtige Lust

Sexuell-erotische Nähe ist eine nährende Form von Nähe. Das schon. Es gibt aber noch zahlreiche andere Möglichkeiten, Nähe zu erleben. Viele Männer haben diese aber kaum auf dem Radar, weil Sex zu wollen jenes Streben nach Nähe ist, das am besten zum klassischen Männerbild passt. Das ist schade. Denn einerseits macht sich man(n) sehr abhängig von der Verfügbarkeit einer Sexualpartnerin. Andererseits läuft man(n) Gefahr, viel Energie in die Suche nach einer Erfüllung zu investieren, die trotzdem ausbleibt. So wie ein Klavier bloß ein sehr begrenztes Repertoire an Musikstücken spielen kann, wenn es nur über eine Oktave verfügt, beschneide ich meine Erlebnisräume, wenn ich Lust auf Haut mit Lust auf Sex – oder noch enger: mit Lust auf Penetration – gleichsetze. Etliche Oktaven bleiben unbespielt: Das Bedürfnis nach einem erschöpften Sich-Fallen-Lassen. Nach zärtlichem Kuscheln.

1.4 Menschen: Kümmere dich

Nach leisem Prickeln. Nach kindlichem In-den-Arm-genommen-Werden. Nach absichtslosem Wärmen. Nach flirrendem Begehren. Nach übermütigem Ringen. Nach mütterlichem Getröstetwerden. Nach verspieltem Kitzel. Nach kraftvollem Massiertwerden. Nach überschäumender Neckerei.

Klar, so wie wir Männer geworden sind, haben wir manchmal einfach Lust darauf, unseren Penis feuchtheiß von der Vulva unserer Liebsten – oder irgendeiner Vulva – umschlossen zu wissen. Geilsein ist ja auch keine exklusiv männliche Eigenschaft. Alles gut. Sofern es wirklich Geilheit ist und der Sex Erfüllung bringt, den Weg zur Entspannung ebnet, allen Beteiligten gut tut. Du kannst wirklich sicher sein (das gilt übrigens für alle Lebensbereiche): Wenn du einem Druck oder Trieb gefolgt bist und dich nachher trotzdem unerfüllt fühlst, hast du das falsche Bedürfnis befriedigt. Dann ist noch mehr vom Gleichen ein schlechter Rat resp. der direkte Weg in die Sucht. Es gilt, innezuhalten. Und dem Vermittler-Ich die Verantwortung für die Klärung zu übertragen, was du wirklich brauchst. Dabei hilft ein Zwiegespräch mit deinem Bedürftigkeits-Ich. Es wird die Antwort kennen. Und es ist gut möglich, dass dein Bedürfnis nach Nähe gar nicht in einer intimen Begegnung mit einer Frau besteht – egal, welche Oktave auf der Klaviatur du bespielst. Es gibt nämlich noch viele andere Instrumente, die Männer gern vernachlässigen. Ich konzentriere mich auf drei: Freundschaft, Sorgen und Generativität.

Freundschaft

Als junger Mann ist es schwer vorstellbar, eines Tages einen Mangel an Freundschaften zu erleiden. Männern, denen es gelungen ist, einen guten Status in ihrer *Peer Group* (Gruppe der Gleichaltrigen) einzunehmen, haben eher einen Überfluss an Kollegen, Kumpels und *Bros*. Durch Schule, Ausbildung, Freizeit und Sport kommen laufend neue hinzu. Das ändert sich mit dem Einstieg ins Berufsleben. Später, nach der Familiengründung, schaffen es viele Männer kaum noch, die wichtigsten bestehenden Freundschaften zu pflegen.

1 Sich beistehen

Manche sagen dann: »Meine Frau ist mein bester Freund.« Da blinkt bei mir der Alarm. Natürlich ist es toll, wenn du eine vertrauensvolle Beziehung zu deiner Lebensgefährtin hast. Aber: In einer Liebesbeziehung dürfen Elternschaft und Gefährtenschaft nicht zu dominant werden, wenn sie die Leidenschaft nicht mit ersticken sollen. Einer Lebensgefährtin in seelischer Intimität verbunden zu sein, ist etwas anderes als das bedingungslose Vertrauen, das eine Freundschaft ausmacht. Und selbst wenn es dasselbe wäre: Du brauchst schlicht jemanden, mit dem du die Beziehung zu deiner Lebensgefährtin reflektieren kannst, mit dem du auch Defizite und Ärger besprechen kannst, ohne dich zugleich ums Versorgen der dadurch verursachten Kränkungen und Verletzungen kümmern zu müssen.

»Men don't talk face to face but shoulder to shoulder«, ist ein Spruch, den ich erstmals aus dem Mund eines Mannes gehört habe, der in Irland in der *Men's-Shed*-Bewegung aktiv ist. »Shed« ist das englische Wort für »Schuppen«, »Baracke« oder »Bauhütte«. Diese Männerbaracken funktionieren als soziale Treffpunkte und Werkstätten, als eine Art *Repair Café* nur für Männer. Das gemeinsame Tätigsein an der Werkbank dient dabei ein Stück weit als Kulisse, um den Austausch persönlicher Fragen zu erleichtern. Andere schauen zusammen ein Fußballspiel, unternehmen eine Wanderung, sitzen spielend vor dem Computer oder saufend an der Bar. Die Funktion ist immer dieselbe: Sich nicht gegenüber zu sitzen, entspannt die Situation, weil Momente des Schweigens viel weniger beklemmend wirken. Es sagt halt gerade niemand was. Auch egal.

Nur: Manchmal reicht gemeinsames Schweigen oder sich Ablenken einfach nicht. Manchmal braucht es die Gelegenheit, laut aussprechen zu können, was beschäftigt, nagt und plagt. Dort stoßen viele Männerfreundschaften an Grenzen. Manchmal fehlt es am Mut des Einen, sich mitzuteilen. Manchmal fehlt es an der Fertigkeit des Anderen, das Mitgeteilte anzunehmen, ohne zu werten, ohne Erklärungen oder Lösungen anzubieten. Zuhören, nachfragen und innerlich »mitschwingen« würde reichen. (»Resonanz« heißt der Fachbegriff. Mehr dazu in ▶ Kap. 4). Aber das ist nicht so einfach. Und muss gelernt sein. Bloß hat das den meisten Männern nie jemand gesagt oder beigebracht.

Solange Männer im Berufsleben stehen, fällt der Mangel an Freunden weniger auf, weil ja genügend (Arbeits-)Kollegen da sind. Die Phase der Entberuflichung ist aber auch deswegen für Männer eine echte Klippe, weil diese alltäglichen Kontakte verschwinden und die Verbindung in kollegialen Beziehungen oft nicht tragfähig genug sind, um sie außerhalb des betrieblichen Rahmens als Freundschaft weiter zu pflegen.

Robert Waldinger ist ein Psychologieprofessor der Universität Harvard. Er betreut eine Kohortenstudie, die eine große Zahl von Männern über mehrere Jahrzehnte begleitet. Eines ihrer überraschenden Ergebnisse: Um vorherzusagen, wie gesund und glücklich sich Männer im Alter von 80 Jahren fühlen, muss man nicht auf ihren Wohlstand, ihren beruflichen Erfolg, ihren Intelligenzquotienten oder ihre Gene schauen. Sondern auf ihre Beziehungen, die sie im Alter von 50 Jahren pflegen. Es müssen nicht viele sein. Aber tragfähig, wesentlich und nährend (Mineo 2017; Waldinger 2016).

Sorgen

40 % aller erwachsenen Deutschen engagieren sich freiwillig (Simonson et al. 2021, S. 3). *Ob* sich jemand freiwillig engagiert, hängt nicht vom Geschlecht ab – *wie* sich jemand freiwillig engagiert, hingegen schon (ebd., S. 4ff.). Vereinfacht gesagt: Männer suchen eher Ämter, Frauen eher Engagements in familienbezogenen und sozialen Bereichen.

Auch in der Betreuung und Unterstützung von Angehörigen, Freunden oder Nachbarn zeigt sich auf den ersten Blick das klassische Bild: Frauen leisten mehr. In der Generation der heute 60- bis 70-jährigen Deutschen haben beispielsweise mit 40 Jahren 10 % der Frauen und 5 % der Männer unbezahlte Pflegeleistungen erbracht. Im Alter von 60 Jahren ist dieser Anteil auf 16 % bei den

Männern und 23 % bei den Frauen gestiegen (Vogel et al. 2019, S. 104). Jedoch muss man aufpassen, die Daten nicht zu klischeehaft zu interpretieren. Denn es zeigen sich auch spannende Brüche. So gibt es im höheren Alter mehr Männer, die ihre betagte Partnerin pflegen als umgekehrt (ebd., S. 102). Das hat natürlich auch damit zu tun, dass wegen der geringeren Lebenserwartung von Männern viele betagte Frauen gar keine Partner mehr haben, die sie pflegen könnten. Trotzdem dürfen die tatsächlich geleisteten Sorgebeiträge von Männern nicht übersehen oder klein geredet werden, wie dies auch in der Forschung noch zu häufig passiert (vgl. Hammer 2012).

Klar ist: Die pflegerische Erfahrung ist für viele Männer zwar eine Herausforderung, aber zugleich auch eine Chance. Das Pflegen ist für sie kein Mehr dessen, was sie schon die Jahrzehnte zuvor geleistet haben, sondern das Andere, das Neue, das noch Unentdeckte. Ihr eigener Selbstwert steigt mit dem Gefühl des Gebrauchtwerdens. Das gibt auch Sinn und Kraft. Pflegende Männer berichten von einer Erweiterung ihres Horizonts, dem Glück, ganz neue Erfahrungen zu machen. Das Pflegen eröffnet auch Zugänge zu weniger vertrauten Gefühlswelten, insbesondere zur Trauer, die sonst oft durch das »männlichere« Gefühl der Wut überdeckt wird. Der Altersforscher Manfred Langehennig berichtet aus Interviews mit pflegenden Männern: »Etliche Männer präzisieren die neue Erfahrung: Sie können jetzt begreifen, was Nähe sein kann, und sie sprechen von der Bereicherung, wirklich spüren zu können und vom Weichwerden und Sich-Einfühlen-Können« (Langehennig 2012).

Wie hältst du es mit der Sorgearbeit (jenseits der Kinderbetreuung)? Gibt es eine ältere oder schwächere Person, die du regelmäßig unterstützt? Wie oft rufst du deine Eltern an? Wie gehst du damit um, wenn sie pflegebedürftig werden? Siehst du deine Aufgabe »nur« als Schnittstelle zum Hilfesystem oder kannst du dir vorstellen, selbst gewisse Pflegeleistungen zu übernehmen?

Ich selber bin in dieser Frage ein ganz schlechtes Modell. Auch weil ich nicht in derselben Stadt wie meine Mutter wohne, bleibt ganz viel Unterstützungsarbeit an meiner älteren Schwester hängen. Wenn ich mich motiviere, als Sohn etwas präsenter zu sein, muss ich mich mit einer Seite meiner Persönlichkeit herumschlagen, der ich mich lieber nicht widmen müsste: dem kleinkrämerisch-geizigen Ich, das auch als erwachsener Mann noch offene Rechnungen aus längst vergangenen Zeiten mit sich herumschleppt. Die lösen sich nicht von allein auf. Aber die Erfahrung zeigt: Es ist nie zu spät, um an ihrer Auflösung zu arbeiten...

Generativität

Generativität heißt, sich in eine Generationenfolge einzuordnen. Das ist gar nicht so einfach, weil das die eigene Vergänglichkeit sichtbar macht und auf eine echt schwierige Entwicklungsaufgabe verweist: die nächste Generation dabei zu unterstützen, die eigene Generation zu überflügeln. Der Satz »Ich gebe dir den Segen, über mich hinauszuwachsen« ist das vielleicht schönste und wichtigste Geschenk, das Eltern ihrem Kind, Lehrerperson ihren Schulkindern oder Führungskräfte ihren Mitarbeitenden machen können.

Generativität ist kein Produkt des Alterungs-, sondern des Reifungsprozesses. Es braucht dafür eine solide Männeridentität – und eine Versöhnung mit der eigenen Vaterentbehrung. Denn wir können erst dann der nächsten Generation unseren Segen geben, wenn wir selbst aus der Rolle des Bedürftigen und Zu-kurz-Gekommenen herausgefunden haben.

In einer der ersten Ausgaben der Schweizer Männerzeitung, die ich im Jahr 2000 gegründet hatte, berichtete Christoph Walser von einer Tagung in New Mexico (Walser 2003). Dort hatten sich 350 Männer versammelt, um über den Weg vom wilden zum weisen Mann nachzudenken. Der bekannte amerikanische Psychoanalytiker Robert Moore zeichnete in seinem Vortrag einen Entwicklungsbogen im Männerleben von der Grandiosität des jungen Wilden zur Generativität des alten Weisen. »Grandiosität meint ganz einfach, du hast größere Fantasien und Wünsche für dich selbst, als sie dein reales Leben ertragen kann. Entweder machen sie dich

1 Sich beistehen

manisch, du rennst herum, versuchst ihren Forderungen nachzukommen, oder sie machen dich deprimiert, weil deine Wünsche so hoch und unerreichbar sind, dass es bald vergeblich scheint, überhaupt irgendwas zu unternehmen«. Die wichtigste Tugend wider die Grandiosität ist für Moore Bescheidenheit. Männer müssen ihre eigenen Begrenzungen kennen und sich die Hilfe holen, die sie brauchen. »Ein solcher Mann ist zentriert und hat es nicht nötig, Macht gegen außen zu demonstrieren. Er strahlt Autorität aus, ohne sich dauernd ins Zentrum zu rücken. (...) Der generative Mann ist nicht mehr nur mit sich selbst beschäftigt, sondern hat die seelische Größe und Kraft, für andere da zu sein, liebend und ordnend für sein Umfeld und für die nächste Generation zu sorgen. Wenn Generativität zum zentralen Lebensinhalt wird, wird Grandiosität weniger wichtig« (zit. nach Walser 2003).

Obwohl – oder gerade weil – ich kaum 30 Jahre alt war, als ich diesen Text redigierte, haben sich diese Begriffe in meinem Bewusstsein eingraviert: von der Grandiosität zur Generativität. Eine schöne Formulierung. In gewisser Weise auch ein schöner Kniff. Denn letztlich kommt es mir so vor, als sei »Generativität« ein für Männer attraktiver Begriff, um das zu benennen, was Frauen schon als Mädchen lernen: Für andere da zu sein. Die eigenen Bedürfnisse nicht automatisch in den Vordergrund zu stellen. Zuwendung auch ohne garantierte Gegenleistung zu schenken. Jungen wird das kaum beigebracht. Sie müssen sich diese Fertigkeiten im späteren Leben erarbeiten.

In der Männerarbeit sind auch deshalb ältere Männer eine wichtige Zielgruppe. Viele Männer müssen die *Rush Hour* des Lebens – die leistungs- und verpflichtungsgetriebene Phase zwischen 30 und 60 – hinter sich bringen, um sich mit den Kehrseiten ihres Lebensentwurfs zu konfrontieren. Oft sind biografische Einschnitte der Anlass: Scheidung, Herzinfarkt, Arbeitslosigkeit, ein Unfall, chronische Krankheiten oder der Verlust nahestehender Bezugspersonen. Dann setzt ein Umwertungsprozess ein, den Trauer über alles Verpasste begleitet. Den gleichen Fehler wollen sie nicht noch einmal machen. Mit etwas Glück bietet die Beziehung zu den Enkelkindern eine zweite Chance. Viele nutzen diese auch. Mit 60 Jahren betreuen 16 % der Männer und 24 % der Frauen ihre Enkelkinder. Mit 65 Jahren ist das Verhältnis praktisch ausgeglichen. Und unter den 70-Jährigen engagieren sich Männer gar mit höherer Wahrscheinlichkeit in der Enkelbetreuung als Frauen (Vogel et al. 2019, 98ff.).

Doch wir müssen ja nicht zwingend auf den Ruhestand warten, bevor wir generativ werden. Generativität übst du immer dann ein, wenn du etwas um des Weitergebens willen weitergibst (und nicht in Erwartung einer spezifischen Belohnung oder Gegenleistung). Den Möglichkeiten sind keine Grenzen gesetzt. Vielleicht magst du dir einmal überlegen, wo es dich braucht? Es gibt beispielsweise Mentoring-Projekte[13] in denen erwachsene Männer Jungs im Übergang zum Mannwerden begleiten. Ganz bestimmt gibt es in deiner Nachbarschaft oder deinem weiteren familiären Umfeld Bedarf an Männern, die sich für die nächste Generation engagieren. Vielleicht ist das auch einfach Anlass, mal wieder mit deinem Patenkind etwas zu unternehmen.

Frag mal dein Vermittler-Ich, was es zum Thema Generativität meint...

Anregung: Stell dich dir als alten Mann vor, der am Ende seines Lebens Bilanz zieht. Schau aus dieser Perspektive auf dein heutiges Leben und frag dich: Was findet dieses alte Ich wirklich wichtig? Was würde es deinem heutigen Ich raten? In welche Lebensbereiche und in welche Beziehungen sollte es investieren? Und in welche eher weniger?

1.5 Dinge: Wäge ab

In einem Buch, das einen Kompass zu einem zeitgemäßen, nachhaltigen Mannsein verspricht, darf männlicher Umgang mit und

---

13 z. B. www.boystomen.de

die Beziehung zur materiellen Umwelt – hier als Oberbegriff für die organische, natürliche und die anorganische, dingliche Umwelt – nicht unberücksichtigt bleiben. Denn klar ist: Traditionelle Männlichkeit stellt nicht nur Forderungen, wie Männer mit sich und mit anderen umgehen sollen. Sie verankert gleichermaßen das »Recht«, Macht und Kontrolle über natürliche und dingliche »Objekte« auszuüben.

Das dabei zur Anwendung kommende Leitprinzip ist dasselbe: So wie ein »richtiger Mann« gefordert ist, seinen Körper und seine Psyche als Werkzeuge zu gebrauchen, so ist er ebenso ermächtigt, mit seiner materiellen Umwelt einen mechanistisch-instrumentellen Bezug zu pflegen. Das kommt etwa im Strafrecht zum Ausdruck, das Tiere nach wie vor als »Sache« behandelt – und in der Folge Gewalt an Tieren als Sachbeschädigung ahndet.

Die Erfindung des Patriarchats

Der Kulturwissenschaftler Klaus Theweleit stellt die These auf, dass das Patriarchat mit der Sesshaftwerdung der Menschen etwa 12 000 Jahre vor Christus begonnen hat (Theweleit 2021). Denn Sesshaftigkeit sei die Voraussetzung für Landbesitz – und Landbesitz die Voraussetzung für Konkurrenz, Neid und Streit. Anders gesagt: Sobald wir besitzen, haben wir etwas zu verkaufen, aber auch etwas zu verlieren – und zu vererben. Erst mit der Erfindung des Eigentums stellt sich die Frage der Erbfolge, die von nun an in den allermeisten Kulturen patrilinear geregelt wird: Die familiäre Machtachse von den Vätern zu den Söhnen etabliert sich.

Ob Theweleits monokausaler Begründungszusammenhang aufgeht, kann ich nicht beurteilen. Unbestreitbar scheint mir aber, dass Eigentum sowohl für moderne Männlichkeit wie auch für das kapitalistische Wirtschaftssystem eine unerlässliche Entstehungsbedingung darstellt. Mit der rechtlichen Absicherung von Eigentum geht eine (nahezu unbeschränkte) Verfügungsgewalt über das Eigentum einher. Diese erstreckt sich in den westlichen Gesellschaften immerhin nicht mehr auf Ehefrau(en) und Kind(er).

Gleichwohl bleibt die Grundannahme völlig unhinterfragt: Mit »Objekten« in meinem Besitz kann ich tun und lassen, was ich will. Insbesondere darf ich mein Eigentum auch verwahrlosen lassen oder es zerstören. Zwar darf dies niemandem direkt schaden, aber eine Pflicht, Eigentum im Dienst der Gemeinschaft zu nutzen (und beispielsweise Wald oder Wiesen so zu bewirtschaften, dass sie möglichst vielen Lebewesen Heimat bieten), gibt es nicht. Im Angesicht der Klimakatastrophe ist das eine erstaunlich wenig vernetzte Denke.

12 107 Menschen wurden im Jahr 2020 in Deutschland wegen einer Sachbeschädigung strafrechtlich verurteilt (Statistisches Bundesamt 2021, S. 150). 91 % dieser Verurteilten sind Männer. Nun sind Männer in so gut wie allen Kriminalstatistiken massiv übervertreten. Das ist allerdings auch nicht wirklich erstaunlich, da die Wurzeln dieser männlichen Übervertretung unabhängig vom konkreten Delikt dieselben sind: eine Männlichkeitsideologie, die Grenzverletzungen sanktioniert und gleichzeitig als Männlichkeitsbeweis honoriert. Sinnbildlich dafür steht der Vater, der dem beim Klauen erwischten Sohnemann vordergründig Schelte erteilt, durch ein Schulterklopfen oder Augenzwinkern den Regelbruch zugleich mit leisem Stolz adelt.

Als Konsument reifen

In unserer Gesellschaft ist es Ausdruck von Männlichkeit, sich viel leisten zu können und das Beste und Neueste zu besitzen. Damit erweitern sich die möglichen Konsummotive. Relevant ist nicht mehr nur die funktionale Frage »Was brauche ich?«. Sondern auch die psychologische Frage »Was will ich haben?« und die soziale Frage »Was muss ich haben?« Männlichkeitsstreben erweist sich einmal mehr als perfekter Motor einer konsumfixierten Wachstumsgesellschaft.

Das Problem ist nicht nur ein ökologisches. Indem du viel konsumierst, musst du einerseits viel arbeiten, um den Konsum zu bezahlen. Du kannst andererseits in der Zeit, in der du konsumierst

1 Sich beistehen

oder für den Konsum arbeitest, nichts anderes – vielleicht Nährenderes, Inspirierenderes – tun. Das Drehen im Hamsterrad geht weiter. Für die dadurch verursachte Frustration und Leere bist du verantwortlich, niemand sonst.

Meine Empfehlung besteht darin, sorgfältig zu unterscheiden: Woher rühren deine (Kauf-)Impulse und welche Funktion haben sie? Als Vater machst du das automatisch, wenn deine Kinder etwas haben wollen. Du fragst dich dann nämlich, ob sie das wirklich brauchen, und – falls nicht – ob es einen anderen vertretbaren Grund gibt (beispielsweise weil ein besonderer Tag ist), ihnen etwas zu kaufen. In der gleichen Haltung kannst du mit dir selbst umgehen:

- Wenn der funktionale Nutzen im Vordergrund steht, ist die Entscheidung am einfachsten: Kaufen. Wenn du den Regenschirm verloren hast, brauchst du nun mal einen neuen. Du kannst dich höchstens fragen, wie du beim nächsten Mal besser auf deinen Schirm aufpassen kannst oder ob du funktional fixiert bist und allenfalls mit einer guten Regenjacke besser bedient wärst.
- Wenn der psychologische Gewinn im Vordergrund steht, lohnt es sich, einen Moment innezuhalten. Klar, es gibt Momente, in denen sich das Habenwollen so stark und eindeutig anfühlt, dass man sich gut und gerne einreden kann, es müsse sich um ein wahrhaftiges Bedürfnis handeln. Schau nach, ob sich hinter dem Habenwollen ein anderes Motiv verbirgt. In Suchtarbeit und Selbsthilfegruppen wird dafür zuweilen mit dem Akronym HALT gearbeitet. Die vier Anfangsbuchstaben stehen für *hungry* (hungrig), *angry* (wütend), *lonely* (einsam) und *tired* (müde). Die Idee dahinter: Wann auch immer dich ein Bedürfnis übermannt, prüf zuerst, ob du eigentlich hungrig, wütend, einsam oder müde bist – und deshalb besser etwas essen, dich abreagieren, Nähe suchen oder dich hinlegen solltest, als dem vermeintlich übermächtigen Bedürfnis nachzugeben. Gerade in Momenten diffuser Bedürftigkeit führt dich dies mit großer Wahrschein-

lichkeit auf eine Spur, der zu folgen dich letztlich zufriedener macht.
- Auch wenn der Wunsch nach sozialer Zugehörigkeit Treiber deines Habenmüssens ist, lohnt sich das Innehalten. Zuerst ist ein Realitätscheck angesagt: Würde es deinen Status tatsächlich erhöhen, wenn auch du DIE Sneakers an deinen Füßen trägst? Und umgekehrt: Besteht eine echte Gefahr, dass dein Platz in der Gruppe bedroht ist, wenn du sie nicht hast? Das ist durchaus möglich – aber nur eines von verschiedenen denkbaren Szenarien. Falls du deinen Kaufwunsch als vernünftig erachtest, empfehle ich eine zweite Überprüfung: Mal dir konkret aus, was du dir mit dem Geld, das du gleich ausgeben wirst, alles NICHT mehr leisten kannst, weil du es bereits ausgegeben hast. Wenn du unsicher bist, ob der subjektive Wert des begehrten Objekts wirklich höher ist als der subjektive Wert dessen, worauf du verzichten musst: Dann würde ich dir empfehlen, auf den Kauf zu verzichten.
- Wenn die Kaufmotivation im Kaufen selbst besteht – und nicht darin, nachher etwas dein Eigen nennen zu können –, ist mein Rat klar: Wenn's geht, besser nicht. Denn wenn du um des Kaufens willen kaufen musst, weißt du ja schon, dass du nicht dein eigentliches Bedürfnis befriedigst – und dich entsprechend unbefriedigt fühlen wirst, sobald der erste Kick vorüber ist. Der HALT-Merksatz kann auch in dieser Situation gute Dienste leisten. Manchmal fehlt aber auch einfach die Freiheit, Dinge zu lassen, die einem nicht gut tun. Wenn du trotz besseren Wissens dem Suchtdruck nachgeben musst, so versuch nett zu dir zu sein und dir die unnötige Ausgabe zu verzeihen. Wenn du dich mit Selbstvorwürfen quälst, treibst du dich bloß von Neuem in die Ersatzbefriedigung.

Ich selber bin vor allem anfällig für Schnäppchen. Wenn im Schlussverkauf Riesenrabatte winken, gerate ich in einen starken Sog: Da lockt die Aussicht auf ein tolles Stück und es quält mich die Angst, andernfalls eine einmalige Gelegenheit zu verpassen. In

1 Sich beistehen

dieser Dynamik habe ich mich oft selbst betrogen – und die teure Goretex-Jacke gekauft, obwohl sie eine Nummer zu groß war, oder die schicken Schuhe, die es in schwarz nicht mehr gab, die ich aber in braun gar nicht wirklich mag. Meine Erkenntnis: Das endet immer im Frust. Im Wissen darum habe ich mit mir eine klare Abmachung getroffen: keine Kompromisse. Das heißt, ich kaufe im Schlussverkauf nur, was mir auch im Regelverkauf den vollen Preis wert wäre. Mit dieser Regel sind die Schnäppchen logischerweise seltener geworden. Dafür ist die Freude dann nicht nur größer, sondern auch nachhaltiger.

Zum Abschluss von Kapitel 1 empfehle ich dir, das Blatt mit dem aufgezeichneten Dreieck hervorzuholen und in der Ecke unten links in Stichworten zu notieren, zu zeichnen oder auf andere Art festzuhalten, was für dich diese Qualität des Sich-Beistehens ausmacht.

Mir persönlich wichtig ist, dass Selbstsorge etwas anderes ist als Selbstoptimierung und ich mir nicht einfach beistehen will, um mich fit zu machen für den patriarchalen Abnutzungskampf. Mir geht es immer wieder darum, die Verantwortung für meine Bedürfnisse zu übernehmen, um nicht anderen – vor allem nicht meiner Frau – die Schuld in die Schuhe zu schieben, wenn ich emotional unterernährt bin oder mich sonst wie ungenügend versorge.

2 Grenzen setzen[14]

Kernbotschaft: *Du kannst nur zum verantwortungsvollen Mann reifen, wenn du dir bewusst machst, wie unsichtbare Privilegien und Begrenzungen Selbstentfremdung und Schuldgefühle befeuern. Um fair und frei zu leben, musst du dir und anderen Grenzen setzen lernen. Dafür ist es nötig, dir so verbunden sein, dass du auch Konfrontation und Konflikt aushältst.*

Themen: *Cancel Culture, Privilegien, Aggression, Achtsamkeit, Väterlichkeit, Konfrontation, Liebe, Macht, Hate Speech, Mental Load*

In den letzten Jahren melden sich im deutschsprachigen Feuilleton laufend Intellektuelle und andere Meinungsmacher zu Wort, die sich beklagen, man dürfe heutzutage ja nicht mehr sagen, was man denke (z. B. Bruckner 2021; Bandle 2021; Thiel 2021; Nida-Rümelin 2022). Sonst kämen gleich die *woken Gutmenschen, um sie mit ihrer *Cancel Culture mundtot zu machen.

Mich fasziniert die Ironie dieser Dynamik, weil die Kläger ihre offensichtlichen Gemeinsamkeiten übersehen: Erstens sind es fast ausnahmslos ältere *weiße* Männer aus Bildungsbürgertum und gehobenem Mittelstand, die zweitens über Macht und Mittel verfügen, sich verstörend reichweitenstark darüber zu beklagen, sich nicht mehr beklagen zu dürfen. Ihre machtvolle Position blenden sie in ihrer Argumentation geflissentlich aus. Denn wenn sie diese bedächten, würde eines auffallen: Hier sprechen Menschen, die

---

[14] Dieses Kapitel bezieht sich inhaltlich auf Modul 2 des Lehrgangs »Geschlechterreflektiert mit Jungen, Männern und Vätern arbeiten«. Die Referenten in dieser zweiten Blockwoche sind Özcan Karadeniz, Karsten Kassner, Lu Decurtins, Thomas Scheskat und Thomas Feldmann. Interessierte finden Literaturangaben im Literaturverzeichnis.

um ihre Privilegien fürchten. Sie haben sich so sehr daran gewöhnt, ihre Weltsicht ebenso laut wie unwidersprochen äußern zu dürfen, dass ihnen dies als ihr natürliches Anrecht erscheint.

Betrachten wir nur den Inhalt des Gesagten, mag die Klage legitim erscheinen: Meinungs- und Redefreiheit sind hohe Güter und Toleranz ist ein zentraler demokratischer Wert. Also ist es doch für alle von Nutzen, wenn sich kritische Geister über drohende »Sprech- und Denkverbote« sorgen. Schließlich will niemand zurück in die Diktatur, oder? Beziehen wir aber die privilegierte soziale Position mit ein, aus der gesprochen wird, verändert sich der Blick und damit die Einschätzung: Plötzlich höre ich in ihrer Klage nicht mehr die selbstlose Sorge um das Gemeinwohl, sondern die ganz eigennützige Angst um die eigene Sonderstellung. Mir scheint: Bei genauer Betrachtung äußern sie nicht Angst vor Zensur, sondern Angst vor Widerrede.

Theorie kompakt zum Einstieg

Das theoretische Fundament dieses Kapitels bilden die Erkenntnisse der Geschlechtertheorie und der *Critical Race Theory*. Sie geben uns die wissenschaftlichen Werkzeuge an die Hand, um genau jene Leerstellen auszuleuchten, die wir Männer aufgrund unserer Sozialisation nicht sehen können.

Unsichtbare Privilegien sehen lernen

Stopp. Moment. Da zeigt sie sich eben schon, die Leerstelle. Ich muss präzisieren: Die Rede ist nicht von allen Männern, sondern »nur« von der Gruppe der *weißen*, nicht behinderten, heterosexuellen, erwerbsfähigen cis Männer christlichen Glaubens (atheistisch ist auch ok, muslimisch eher nicht). Diese Männer sind zwar bei uns statistisch in der Mehrheit, bilden aber dennoch bloß eine von vielen verschiedenen Gruppen im männlichen Bevölkerungsganzen. Doch eines unterscheidet sie: Sie sind die Norm. Ihre Sprechposition ist nicht »markiert«. Wenn sie sich äußern, wird das als ihre individuelle Meinung wahrgenommen – und nicht als spezifische Perspektive eines Schwarzen, schwulen, behinderten oder trans Mannes. Einfach sich selbst vertreten zu können, ohne stellvertretend für eine ganze gesellschaftliche Gruppe stehen zu müssen: Das ist das Privileg, das wir cis Männer nicht zu sehen gelernt haben.

Um es sichtbar zu machen, verwende ich im weiteren Verlauf dieses Kapitels den Begriff Mann oder Männer nur noch, wenn wirklich alle Menschen gemeint sind, die als Männer gelesen werden wollen. Wenn ich aber – und das ist wie im ganzen Buch die Regel – nur die Teilgruppe der *weißen*, nicht behinderten, heterosexuellen, erwerbsfähigen cis Männer christlichen Glaubens anspreche, schreibe ich Männer°. Der kleine Ring markiert diese Teilgruppe. Er ist das Gegenstück zum Gendersternchen, dreht jedoch die Logik um: Als Spezialfall markiert wird nicht (wie beim Genderstern), wenn wirklich alle Männer* gemeint sind. Der Spezialfall ist, wenn »nur« von der Teilgruppe der Männer° die Rede ist. Denn Inklusion sollte ja nicht die Ausnahme, sondern die Regel sein.

Dieser sprachliche Stolperstein wird wohl ein bisschen irritieren. Darf er auch. Denn die Irritation ist fruchtbar: Sie macht uns bei jedem Stolpern das unbewusste Privileg bewusst, zur Norm zu gehören – und macht dadurch sichtbar, dass es eine Vielzahl »abweichender« Männlichkeiten gibt, die in der gesellschaftlichen Wahrnehmung und Wertung mehr oder weniger marginalisiert werden.

Ohne jede Rechtfertigung, Erklärung oder Zugeständnis zur Norm zu gehören, ist im Standardpaket jeder männlichen° Existenz inbegriffen. Es ist der Prototyp eines »strukturellen Privilegs«, das sich nicht darum schert, was der oder die Einzelne will. Es ist in den Strukturen angelegt, wird von den Strukturen reproduziert und fortlaufend gestärkt. Du erhältst dieses Privileg, ob du willst oder nicht. Verzicht ist keine Option. Diese Einsicht könnte dich früher oder später entlasten.

Es ist auch das eindeutigste Privileg, mit der die Internalisierung von Männlichkeitsanforderungen abgegolten wird. Denn wie

2 Grenzen setzen

Intro und Kapitel 1 gezeigt haben, entpuppen sich die meisten Männer°-Privilegien bei genauerer Betrachtung als Krankmacher und Korsette. Auch wenn das Privileg unsichtbar ist, hat es ganz handfeste Folgen. Kniffligerweise zeichnen auch sie sich vornehmlich dadurch aus, vieles *nicht* tun zu müssen. Anders gesagt: Das Privileg besteht darin, von jenen Herausforderungen verschont zu werden, denen gesellschaftliche Minderheiten tagtäglich begegnen. Angstfrei durch nächtliche Straßen zu gehen, ist solch ein Männer°-Privileg, oder im öffentlichen Raum keinen schrägen oder anzüglichen Blicken ausgesetzt zu sein. Wie man(n) nach überstandener Erkältung das Gesundsein erst wieder recht zu schätzen weiß, wird man(n) sich des Privilegs des Nicht-gestresst-Werdens erst bewusst, wenn es abhandenkommt.

Die Beispiele bleiben nicht oberflächlich. Ich war beispielsweise vor einiger Zeit bei einer medizinischen Fachkonferenz eingeladen, in der ein Spitalchirurg erzählte, dass sie im Winter viel mehr Frauen als Männer° mit Knieverletzungen operieren müssten. Der Grund? Die Skihersteller justieren die Härte der Skischuhbindung so, dass sie für durchschnittliche Männer°-Knie passen. Die Durchschnittsfrau bleibt deswegen bei Stürzen zu lange in der Skibindung gefangen – und verletzt sich deshalb schneller und schwerer. »Der Mann ist das Maß aller Dinge. Wortwörtlich«, resümiert Rebekka Endler trocken (Endler 2021, S. 10). Sie hat ein ganzes Buch über *Das Patriarchat der Dinge* geschrieben. Auch mein zweites Beispiel passt wunderbar in die Reihe: Als junger Student verdiente ich Geld auf dem »Pharmastrich«, also mit Medikamententests. In der sterilen Atmosphäre des Klinikums fiel mir meine Ähnlichkeit mit allen anderen Versuchsteilnehmern gar nicht auf. Du ahnst schon: Es waren alle jung, *weiß*, männlich°, gesund und gut gebildet, in meiner damaligen Sichtweise also *ganz normal*. Erst später realisierte ich: Diese Medikamente, die in unseren eben erst erwachsen gewordenen Männer°körpern ihre Wirksamkeit beweisen mussten, wurden nach ihrer Zulassung ohne weitere Prüfung auch an alle anderen Menschengruppen abgegeben, die *nicht* getestet wurden. In beiden Fällen besteht das Männer°privileg darin, sich keine Sorgen machen zu müssen, ob Alltagsgüter für Männer° gemacht sind. Wir dürfen einfach davon ausgehen. Wir sind schließlich die Norm.

> *Anregung: Welche Beispiele für unsichtbare Männer°-Privilegien kommen dir in den Sinn?*

Auf den Punkt gebracht: Das stärkste Privileg, das unsere Kultur Männern° aufdrängt, ist unsichtbar. Es besteht darin, sich *nicht* rechtfertigen, ängstigen, Gehör verschaffen und/oder anpassen zu müssen. Seine Unsichtbarkeit macht es so schwer, das Privileg zu erkennen.

Mit Privilegien bewusst umgehen

Ich habe eine sehr klare Haltung, wenn Männer° ihre Privilegien vertuschen: Das geht heute einfach nicht mehr. Ich habe gleichzeitig sehr großes Verständnis für den Versuch, da ich die Mechanismen durchschaut zu haben meine, die Männer° dazu verführen, ihre Privilegien nicht sehen zu wollen oder zu können. Dieses Verständnis wurzelt in folgendem Begründungszusammenhang (basierend auf de Blasi 2013, zit. nach Theunert et al. 2022).

1. Männer° bilden – trotz aller individuellen Unterschiedlichkeit – eine einheitliche soziale Gruppe, insofern sie als einzige soziale Gruppe das Privileg genießen, *nicht* aufzufallen, *nicht* gemustert zu werden, *nicht* anders zu sein. Oder eben: Zuerst als Individuen statt als Vertreter ihrer sozialen Gruppe *gelesen* zu werden.
2. Männer° bilden die gesellschaftliche Norm. Sie sind der Maßstab. Gesellschaftliche Minderheiten werden in Abgrenzung zu dieser Norm definiert resp. definieren sich selbst in Abgrenzung zu dieser Norm. Mit der Erfahrung, *normal* zu sein, gehen die Erfahrung und der Anspruch einer, das gesellschaftliche Zentrum und den Nabel der Welt zu bilden.

2 Grenzen setzen

3. Mangels Abweichung und Markierung sind Männer° auf der anderen Seite auch die einzige gesellschaftliche Gruppe, die keinen Minderheitenschutz einfordern kann. Deshalb sind auch Spott und Abwertung von Männern° für die meisten Menschen nichts Ungehöriges (was die dümmlich-sexistische Darstellung von tölpelhaften Männern in der Werbung immer wieder eindrücklich veranschaulicht). Männer° finden keinen Schutz im Grundsatz, dass man nicht auf Schwächere losgehen soll, weil sie –sowohl in der Selbst- wie Fremdwahrnehmung – nicht die Schwächeren sind. Trotzdem verursachen Spott, Abwertung und Verachtung Verletzungen und Kränkungen. Diese sind jedoch schwierig wahrzunehmen und zu thematisieren, weil sofort der Vorwurf unangemessenen Jammerns zur Hand ist.
4. Weil ihre Privilegierung in der Abwesenheit von Markierung und Diskriminierung besteht, ist es gut möglich, dass Männer° ihre Privilegierung tatsächlich *übersehen*. Das macht es schwierig bis unmöglich, ein bewusstes, mutwilliges Ignorieren ihrer Privilegierung zu unterstellen oder zu belegen.
5. Der individualistische Spätkapitalismus bietet Männern° einen weiteren Ausweg an, um Privilegierung zu vertuschen: die Atomisierung der Gesellschaft. Denn wenn jeder Mensch einzigartig ist, ist auch jeder Mann° einzigartig – und deshalb nicht in Sippenhaft zu nehmen für die ganze Gruppe der Männer°. Das ist zwar logisch korrekt, aber nicht haltbar, weil dadurch die Existenz sozialer Gruppen und Hierarchien unsichtbar gemacht wird.
6. Treffen Forderungen nach Deprivilegierung auf Männer°, die sich ihrer Privilegiertheit nicht bewusst sind, werden sie dies als unlauteren Angriff erleben – auf sich als Individuum und/oder auf sich als Angehöriger der Männer°-Gruppe. Die solcherart Angegriffenen werden – wiederum plausibel, aber gleichwohl nicht legitim – denjenigen, die ihre Deprivilegierung einfordern, eine grundlose Aggressivität unterstellen und sich selbst als Opfer eines unbegründeten Angriffs empfinden.»When you are accusto-

med to privilege, equality feels like oppression«, lautet der dazu passende aktivistische Merksatz.[15]
7. Können Männer° die eigene Privilegiertheit nicht länger *übersehen*, bleibt als Ausweg die Selbstpartikularisierung. Der einzelne Mann° sieht sich dann nicht mehr als Teil der sozialen Gruppe Männer°, sondern differenziert diese nach einem weiteren Unterscheidungsmerkmal[16]. Er identifiziert sich dann beispielsweise als Mann°, der keine Frau findet (*Incels*), und grenzt sich so von der Gruppe der *Chads* (bei Frauen erfolgreiche Männer°) ab. Damit macht er sich selbst zum Vertreter einer gesellschaftlichen Minderheit und kann – plausibel, aber nicht legitim – die Forderung erheben, als Diskriminierter und Benachteiligter selbst Respekt und Schutz zu erfahren.
8. Männer°, die sich selbst als Opfer sehen, konstruieren, was effektiv benachteiligte Gruppen prägt und eint: einen Unterdrücker. Der Charme, sich selbst zum Opfer zu machen, besteht darin, dass der Unterdrücker kostenlos mitgeliefert wird. Denn wo es Opfer gibt, muss es auch Täter:innen geben. So verwandelt der eingangs erwähnte neurechte Diskurs über die vermeintliche *Cancel Culture* all jene, die gesellschaftlichen Respekt vor Minderheiten einfordern, in Unterdrücker all jener, die ihnen diesen Respekt verweigern. Dieser Kniff macht aus privilegierten Männern° aufgeklärte Advokaten für Toleranz – und aus aufgeklärten Advokat:innen für Toleranz vermeintliche Hohepriester:innen der Intoleranz.

Nun ist es ja nicht so, dass alle Männer° selbstgerechte Arschlöcher wären. Die meisten bemühen sich darum, sich selbst nicht allzu sehr in den Vordergrund zu stellen und anderen genügend

---

15 »Wenn du an Privilegien gewohnt bist, fühlt sich Egalität wie Unterdrückung an.« Die Herkunft des Zitats lässt sich nicht genau zuordnen (https://quoteinvestigator.com/2016/10/24/privilege/).
16 Einzuräumen ist, dass ich genau dasselbe tue, wenn ich mich als progressiver Mann° von der Gesamtheit der Männer° abgrenze.

Raum zu überlassen. Sie setzen sich mit Kritik auseinander und versuchen, es besser zu machen. Viele leisten ehrenamtliche Arbeit oder spenden, um den weniger privilegierten Mitmenschen Gutes zu tun. Für sie alle ist die Unausweichlichkeit männlicher Privilegiertheit auch einfach ein schweres Los. Wie kann ich als Mann° überhaupt fair handeln, wenn meine Privilegierung unvermeidlich ist? Das kann sich ganz schön ohnmächtig anfühlen. Mit gutem Grund. Es gibt nämlich wirklich kein Entrinnen. Aber genau darin liegt die Entlastung.

Denn sowohl die *Gender Studies* wie auch die *Critical Race Theory* wollen in erster Linie Ungleichheitsphänomene erklären – und nicht Männern° ein schlechtes Gewissen machen. Letzteres ist vielleicht die Folge. Aber die Forderung an die Angehörigen der Mehrheitsgesellschaft ist eigentlich denkbar einfach: Hört auf, Sexismus und Rassismus als Persönlichkeitseigenschaften zu denken, die manche haben und andere nicht. Versucht, Sexismus und Rassismus als Struktureigenschaften zu denken, die schon lange vor uns da waren. Wir alle sind davon durchdrungen und wir alle können für dieses Durchdrungensein nichts. Man kann nicht in einer Gesellschaft aufwachsen, die Menschen nach *Gender*, *Race* und *Class* hierarchisch ordnet und mit stereotypen Zuschreibungen vollstopft, ohne diese zu verinnerlichen. Wenn uns beim Anblick der Schwarzen Frau im Luxuswagen die argwöhnische Frage durchzuckt, wie die sich bloß solch ein Auto leisten kann ..., wenn wir das jüdische Mädchen als bedauernswert verhärmt wahrnehmen, weil es selbst im Hochsommer in blickdichten Strümpfen Rollschuh fährt ..., wenn wir das Lächeln des thailändischen Restaurantbesitzers im ersten Moment als verschlagenes Grinsen interpretieren ..., dann sind das eben auch die Folgen des Aufwachsens in einer Gesellschaft, in der einem solche Deutungsmuster nahegelegt werden.

Im Lehrgang »Geschlechterreflektiert mit Jungen, Männern und Vätern arbeiten« referiert Özcan Karadeniz zum Thema gesellschaftliche Differenz und Ungleichheit und daraus resultierenden Privilegien. Er arbeitet als Geschäftsführer des Verbands binationaler Familien und Partnerschaften und ist selbst muslimisch sozialisiert. Mit seinem dunklen Haar und Teint ist leicht erkennbar, dass seine familiären Wurzeln nicht im Alpenraum liegen. In seinem Beitrag legt er besonderes Gewicht auf den Prozess des *Othering*. Das heißt wörtlich übersetzt »Veranderung« und bezeichnet die Konstruktion eines (vertrauten) »Wir« in Abgrenzung gegenüber einem fremden »Anderen«. Soziale Gruppen werden demnach zunächst konstruiert (z. B. der muslimische Mann), homogenisiert (als relativ einheitlich dargestellt oder besprochen) sowie in ein hierarchisches Verhältnis zur eigenen Gruppe gesetzt, indem sie beispielsweise als rückständig, autoritär, traditionell, religiös radikal, sexuell ungezügelt oder übergriffig etc. abgewertet werden. Diese zugeschriebenen Eigenschaften der rassistisch markierten Gruppe werden – anders als bei den individualisierten Selbstbildern des westlich-*weißen* »Wir« – aus ihrer (vermeintlichen!) Kultur heraus erklärt. So werten wir nicht nur fortlaufend unser natio-ethno-kulturell (Mecheril 2003) gedachtes »Wir« auf. Die solcherart konstruierte Illusion der eigenen Überlegenheit schafft zugleich eine Rechtfertigung für die tatsächlich vorhandenen gesellschaftlichen Ungleichheiten. Das ist eine ganz schön praktische Entschuldigung, um sich nicht näher mit Diskriminierungen und Ungerechtigkeiten auseinander setzen zu müssen.

Wer die »Anderen« sind und welche Eigenschaften auf sie projiziert werden, ist wandelbar. Was gleich bleibt, ist der Nutzen für die Mehrheitsgesellschaft, die dank dieses Mechanismus ihre Macht immer wieder aufs Neue zementieren und Ansprüche von Minderheiten in die Schranken weisen kann. Denn durch den Rückgriff auf das gemeinsame »rassistische Wissensarchiv« kann sie jederzeit abwertende (rassifizierende) Kollektivzuschreibungen situativ aktivieren. Einzelne Vorkommnisse werden dann dazu genutzt, um die eingelagerten rassistischen Bilder und Vorstellungen zu beleben und eine gesellschaftliche Bedrohungslage zu inszenieren. Der im kollektiven Unbewussten bereitete Nährboden lässt die Bedrohung plausibel und die daraus resultierenden Gefühle legitim erscheinen. In solchen Phasen gefühlter Bedrohung und der

2 Grenzen setzen

damit einhergehenden Empörung lassen sich dann Gesetze verschärfen, Minderheitenrechte aushöhlen und emanzipatorische Ansprüche zurückweisen.

Anregung: Nimm dir einen Moment Zeit, um hinzuhorchen, wie es dir ergeht, wenn du dich und deine gesellschaftliche Position »markierst«. Sprich dafür jeden Satz laut aus und lasse ihn nachklingen. Wie geht es dir damit?

Ich bin männlich. – Ich bin ein Mann. – Ich bin nicht weiblich. – Ich bin keine Frau.
Ich bin weiß. – Ich bin ein Weißer. – Ich bin nicht Schwarz. – Ich bin kein Schwarzer.
Ich bin heterosexuell.– Ich bin ein Heterosexueller. –Ich bin nicht schwul. – Ich bin kein Schwuler.
Ich bin ein cis Mann. – Ich bin kein trans Mann.

Ein Satz, den Özcan Karadeniz geäußert hat, ist von den Teilnehmern im weiteren Verlauf immer wieder aufgegriffen worden: »Es gibt kein Außerhalb.« Denn die Ausrichtung auf den *weißen* Mann° strukturiert unsere Gesellschaft in allen Aspekten und durchdringt alle Bereiche des Lebens. Es macht deshalb überhaupt keinen Sinn, über die Frage zu diskutieren, *ob* jemand sexistisch oder rassistisch ist. Klar, sind wir eh alle. Die einzig sinnvolle Frage ist, *wie* wir mit diesem Umstand umgehen. Ich persönlich finde es dabei entlastend, wenn Angehörige gesellschaftlicher Minderheiten davon erzählen, wie sie selbst durchdrungen sind von all den Sexismen, Rassismen und Klassismen, die unser Aufwachsen begleitet haben. Es hilft mir, mich von meiner eigenen Selbstabwertung als ausbeuterischer Mann° zu distanzieren und mit meinem Vermittler-Ich in Kontakt zu kommen. Aus dieser Position kann ich genauer hinschauen und mich konfrontieren, aber auch besser verstehen, was da abgeht. Offensichtlich sind Menschen darauf angewiesen, ihre Mitwelt zu ordnen und zu vereinfachen, indem sie soziale Gruppen als einheitliches Ganzes denken, in dem vermeintlich allen Angehörigen bestimmte Eigenschaften gemein sind. Werden diese Eigenschaften als *natürlich* beschrieben, ist die (rass-/sex-/klassetc.) -istische Gesellschaft bereits geschaffen.

»Belohnte Ignoranz« (Spivak 1999) war das zweite Schlagwort von Özcan Karadeniz, auf das die Lehrgangsteilnehmer immer wieder Bezug genommen haben. Die Begriffsschöpfung benennt den Umstand, dass in unserer Kultur eine stille Abmachung gilt, wonach gesellschaftliche Hierarchisierungsmechanismen – beispielsweise die ungleiche Vertretung von Menschen verschiedenster Milieus und Gruppierungen im öffentlichen Diskurs und in den Sphären politischer und wirtschaftlicher Macht – tunlichst zu *übersehen* sind. Wir alle sind gefordert, eine Art zivilen Ungehorsam gegenüber diesem Imperativ an den Tag zu legen. Für die postkoloniale Theoretikerin Gayatri Spivak (1999) bedeutet dies: Wir müssen »verlernen«, die strukturellen (Rass-/Sex-/Klass- etc.) -ismen als gegeben hinzunehmen, und aufhören, uns offene Kritik daran zu verbieten. Es gilt, die Auseinandersetzung mit jenen Mechanismen anzupacken, von denen wir selbst profitieren. Das aber kann schmerzhaft werden, weil wir uns auch mit unserer Teilhabe an einem hierarchisierenden, ausschließenden, ausbeuterischen und oft gewalttätigen System beschäftigen müssen. Das aber ist Voraussetzung, wenn wir diese Dominanzverhältnisse ändern wollen. Denn deren größte Bedrohung ist, in ihrer Gemacht- und Gewolltheit sichtbar zu werden. Bis heute sind die immer und immer wieder vorgetragenen Normalitätsbehauptungen der Schlüssel zur Zementierung ungleicher Dominanzverhältnisse. Ihre *Normalität* zu hinterfragen und das *Andere* zu normalisieren, bahnt deshalb den Weg zu einer gerechteren Gesellschaft. Eine Ziellinie gibt es nicht. Du kannst dich nur entscheiden, dich auf den Weg zu machen.

Auf den Punkt gebracht: Unsere Gesellschaft strukturiert sich, indem sie den *weißen*, heterosexuellen Cis-Mann° als Norm und Nullpunkt setzt – und alle anderen Menschengruppen als (nachrangige) Abweichungen von dieser Norm denkt. Diese hierarchische Grundordnung durchdringt unsere Kultur, unser Denken und unser Empfinden. Ein Außerhalb gibt es nicht. Unsere Freiheit erschöpft sich darin, einen bewussten Umgang mit diesen unvermeidlichen gesellschaftlichen Prägungen zu entwickeln.

Würdevoll vom Sockel steigen

Mit den bisherigen Ausführungen habe ich deutlich zu machen versucht: Wir sind umgeben von Geschichte, Institutionen, kulturellen Erzeugnissen und über Generationen eingebrannten Narrativen, die allen Menschen sexistische und rassistische *Mindsets* einpflanzen, die in diesem Systemgeflecht aufwachsen. Ausnahmslos. Unweigerlich. Unentrinnbar. Solange Männer° als Vertreter der Mehrheitsgesellschaft nicht erkennen, wie sehr Hierarchie, Abwertung und Diskriminierung strukturell angelegt sind, manövrieren sie sich in eine Sackgasse. Unvermeidlich ist in dieser Perspektive, dass sie rassistische Gedanken und sexistische Impulse haben. Nehmen sie diese wahr, müssen sie den Impuls entweder verdrängen oder vor sich selbst zugeben, Rassist oder Sexist zu sein. In einer Gesellschaft, die als Kollektiv die Lebenslüge pflegt, nicht rassistisch oder sexistisch zu sein, ist Letzteres eine schwierige Option. Damit bleiben nur Abwehr und Verdrängung. Damit machen wir uns aber zu Mittätern. Das wissen wir auch, irgendwo ganz tief unten, selbst wenn es uns nicht bewusst ist. Ignorant heißt ja nicht dumm: Natürlich merken wir selbst, dass wir uns eines faulen Tricks bedienen.

Entsprechend gärt das schlechte Gewissen und verstärkt die in der männlichen Sozialisation angelegte Selbstentfremdung der Männer°. So nähren wir das männliche° Grundgefühl weiter (▶ Kap. 1), irgendwie nicht in Ordnung zu sein, irgendwie ein falsches Spiel zu spielen, irgendwas ausgefressen zu haben, für das eine Bestrafung droht. Ich würde sogar noch weiter gehen und behaupten: Männlicher° Selbsthass ist ebenso verbreitet wie erwünscht. Denn solange Männer° sich verachten statt sich vertrauen, funktionieren sie brav

2 Grenzen setzen

weiter. Den Selbsthass betäuben sie – oder leben ihn an Schwächeren aus. Das wird als Kollateralschaden hingenommen. Auch hier funktioniert die Masche ja nach wie vor bestens, jede strukturelle Bedingtheit zu leugnen und dem Täter ganz allein Schuld und Verantwortung für sein Tun in die Schuhe zu schieben.

Das ist das Fiese: Wir müssen glauben, unsere Selbstverachtung sei unser eigenes Problem. Denn wenn wir das strukturelle Gewolltsein dieser dumpfen Bedrohung sähen, würden wir die Strukturen statt uns selbst anprangern. Das aber hieße, zum Nestbeschmutzer zu werden. Es ist für Vertreter der Mehrheitsgesellschaft ein großer Schritt, vom Sockel zu steigen und den geballten Widerstand derer auszuhalten, die sich in ihrer »belohnten Ignoranz« sonnen. Allerdings winkt auch reicher Lohn: Wenn du deine Privilegierung als strukturell angelegt und eingefordert erkennen kannst, wird es dir besser gehen. Jetzt kannst du dich von eingeredeten Schuldgefühlen abgrenzen und Verantwortung für das übernehmen, was du tatsächlich beeinflussen kannst. Du wirst dich lieber mögen und weniger hassen/abwerten. Deshalb wirst du auch das Fremde und Unvertraute lieber mögen und weniger hassen/abwerten. Das gilt ganz generell: Dein Umgang mit dir selbst spiegelt sich im Umgang mit der Welt. Versuch deshalb, mit anderen so umzugehen, wie du dir den Umgang mit dir selbst wünschst.

Meine Eltern stammen aus der Arbeiterklasse. Meine Mutter war gelernte Detailhandelsfachfrau und bildete sich zur Sekretärin weiter. Mein Vater lernte Hufschmied und arbeitete sich über die Arbeit auf dem Bau bis zum Bibliothekar und Archivar hoch. Auf die Uni zu gehen, war für sie undenkbar. Eine andere Welt, die Menschen wie ihnen keinen Zutritt gewährte. Trotzdem oder gerade deswegen entwickelten sie einen eigentümlichen Eifer, ihren Sohn – mich – in die beste aller Schulen zu schicken. Diesen Ruf als Eliteschmiede genoss das örtliche Humanistische Gymnasium. So saß ich also mit zehn Jahren sieben Wochenstunden Latein ab, ließ mich in die griechische Mythologie einführen – und für den mangelnden akademischen Hintergrund meiner Eltern demütigen. Bildungsgerechtigkeit und soziale Durchlässigkeit waren damals,

2 Grenzen setzen

Anfang der 1980er-Jahre, noch keine respektierten Schlagworte. Meine Klassenkamerad:innen gehörten (fast) alle gehobeneren Schichten an. Lange habe ich mich deswegen gegrämt und geschämt. Erst als junger Erwachsener fiel mir auf, dass nicht privilegiert zu sein auch ein Privileg sein kann. Ich erinnere mich etwa an diese sonderbar blasse Schwere, die meine begüterten Mitschüler überkam, wenn sie merkten, dass es ihnen kaum je gelingen wird, den wirtschaftlichen Erfolg ihrer eigenen Eltern zu überflügeln. Ich erinnere mich an meine ersten Ferienjobs: mit 14 Jahren beim Zeitungsaustragen, mitten in der Nacht allein auf der Straße; mit 15 Jahren in der Spedition beim Abpacken und Verladen schwerer Postsäcke; mit 16 Jahren als Fahrradkurier. Ich bin ziemlich sicher, in diesen Beanspruchungen und Begegnungen mehr über mich und das Leben gelernt zu haben als meine Klassenkameraden, die zu dieser Zeit beim Surfen auf Martinique waren ...

Hast du den Kniff bemerkt, den ich angewandt habe? Ich habe mich elegant aus der Gruppe der privilegierten Männer° hinausmanövriert, indem ich die einfache Herkunft meiner Eltern und meine frühen Kontakte mit der Arbeitswelt als Argumente anführe, warum ich nicht *einer von denen* bin. Das ist nicht ganz falsch. Aber trotzdem nicht richtig. Ich führe diesen Hintergrund an dieser Stelle aber auch nicht deswegen aus, um mich aus der Gruppe der Männer° herauszumogeln. Eher will ich darlegen, weshalb es mir wohl leichter fällt als bruchlos Privilegierten, eine gewisse kritische Distanz zu meiner eigenen Privilegiertheit einzunehmen. So wird gut sichtbar: Die privilegierte Position verändert den privilegierten Menschen. Je naturgegebener das Privileg scheint, umso weniger muss der Mann° dafür leisten, um sein Privileg zu behalten. Doch je weniger er seinen Verlust befürchten muss, umso satter und bequemer wird er auch. Was *rich kids* idealtypisch vorführen, ist allen Männern° in abgemilderter Form eigen: der vererbte Stolz, das Überlegenheitsgefühl, das nicht durch eigene Leistung genährt ist, die souveräne Fassade – und die Angst vor dem Auffliegen. Denn man(n) ahnt ja schon, dass das eigene Überlegenheitsgefühl fehl am Platz ist. Aber man(n) will und kann sich nicht davon lösen. Denn dafür bräuchte es eine doppelte Emanzipation: die Infragestellung seiner selbst *und* die frontale Kritik an der hierarchischen Gesellschafts- und Geschlechterordnung. Das ist viel verlangt. Das ist für viele zu viel verlangt.

> **Auf den Punkt gebracht:** Individualismus, Kapitalismus und Egoismus sind durch das gemeinsame Interesse verbunden, zu verschleiern, wie ungleich unsere Gesellschaft organisiert ist und wie willkürlich Privilegien verteilt sind. Dadurch bleiben für den einzelnen Mann nur noch zwei schlechte Alternativen: Entweder muss er seine eigenen Privilegien weiterhin *übersehen* oder die Konfrontation mit der kollektiven Lebenslüge wagen. Die meisten Männer° wählen die erste Möglichkeit. Der Preis ist hoch: Ein Leben, das sich unlauter anfühlt – ein Leben, das überschattet ist vom verdrängten Wissen, jene Konfrontation und Konflikte zu meiden, die nötig wären, um sich selbst vertrauen zu lernen.

Der zweite Theorieblock ist geschafft. Übergeordneter Gedanke ist: Damit du Mann° werden konntest, musstest du die Privilegien zu übersehen lernen, mit denen du zum Erfüllen der Männlichkeitsanforderungen verführt wurdest. Jetzt gilt es, dich dem Offensichtlichen mit all seinen kränkenden Konsequenzen zu stellen: Du bist auch nur ein Mensch. Einer wie alle. Nicht wichtiger und nicht wertvoller als die Anderen. Aber auch nicht weniger wichtig und weniger wertvoll. Einfach ok. Du bist auch nicht die Norm oder der Mittelpunkt. Wirklich nichts Besonderes. Aber es ist trotzdem schön, dass du da bist. Um reif zu werden, musst du die Konfrontation wagen und einen verantwortlichen Umgang mit deinen Privilegien und Begrenzungen finden. In einem Satz: Lerne, (dich) zu konfrontieren.

Methodisch geht es mir in diesem Kapitel 2 darum, dich beim Entwickeln dieses verantwortungsvollen Umgangs mit deinen strukturell gewollten Privilegien zu unterstützen. Dabei geht es zentral

2 Grenzen setzen

ums Thema Grenzen. Die theoretische Einführung hat deutlich gemacht: Privilegien sind entgrenzt. Es gibt kein Außerhalb. Sie sind immer da – um uns und in uns. Verantwortungsvoll mit Privilegien umzugehen ist deshalb keine Frage der Abschottung: Was es vielmehr braucht: Erstens die Kompetenz, mit dir selbst und anderen in echtem Kontakt zu sein (und wenn nötig auch in die Konfrontation zu gehen). So kannst du auch ein realistisches Verständnis für Privilegierungs- und Diskriminierungsdynamiken entwickeln. Zweitens die Fähigkeit zur Selbstbegrenzung, um mit deinen Privilegien so gut und fair wie möglich umzugehen. Wie das gehen könnte, erkläre ich dir in den folgenden Kapiteln. Dabei spielt es gar keine entscheidende Rolle, ob es um Grenzen geht, die du dir selbst oder Anderen setzt. Denn die Fertigkeit ist dieselbe: liebevoll, bestimmt und wirksam für sich einstehen können.

2.1 Haltung: Komm runter

Im Lehrgang für Fachleute leite ich das Thema »Begrenzung und Konfrontation« mit zwei Zitaten ganz unterschiedlicher Herkunft ein.

Zum einen lese ich einige Zeilen aus dem Gedicht »Der Schauende«, das Rainer Maria Rilke 1906 geschrieben hat:

Wen dieser Engel überwand,
welcher so oft auf Kampf verzichtet,
der geht gerecht und aufgerichtet
und groß aus jener harten Hand,
die sich, wie formend, an ihn schmiegte.
Die Siege laden ihn nicht ein.
Sein Wachstum ist: der Tiefbesiegte
von immer Größerem zu sein.

Zum anderen biete ich die fünf Initiationsbotschaften an, die der amerikanische Theologe Richard Rohr[17] an junge Männer° im Übergang zum Erwachsenwerden richtet:

1. Life is hard./Das Leben ist hart.
2. You are not important./Du bist nicht wichtig.
3. Your life is not about you./Es geht nicht um dich.
4. You are not in control./Du hast es nicht unter Kontrolle.
5. You are going to die./Du wirst sterben.

> Anregung: Nimm dir Zeit, um das Gedicht und die fünf Initiationsbotschaften von Richard Rohr auf dich wirken zu lassen. Welche Gefühle löst welche Botschaft aus? Wie wandeln sie sich?

Damit setze ich den Übermut des jungen Mannes° bewusst in einen scharfen Kontrast zur Demut, die Männer° für ihren späteren Weg der Reifung benötigen. Der junge Mann° steht dabei auch stellvertretend für eine jugend- und konsumverliebte spätkapitalistische Wachstumsgesellschaft, die uns exakt das Gegenteil glauben lassen möchte:

1. Das Leben ist »fun«.
2. Das Wichtigste bist du.
3. Es dreht sich alles um dich.
4. Du kannst alles erreichen.
5. Du kannst ewig jung bleiben.

Seine Sprechposition markieren

Eine gewisse Bescheidenheit dem Leben gegenüber und eine Einsicht in die Endlichkeit und Begrenztheit menschlichen Seins sind hilfreiche Voraussetzungen, um die Fähigkeit zur Begrenzung und Konfrontation zu entwickeln.

---

17 https://cac.org

2 Grenzen setzen

Der zentrale Schritt besteht darin, sich und seine Weltsicht zu *markieren*. Das bedeutet zweierlei:

1. Sich bewusst zu halten, dass die eigene Weltsicht keineswegs so frei, individuell und originell ist, wie sie sich anfühlt. Denn unsere gesellschaftliche Position bestimmt unsere Erfahrungen und unser Weltbild ganz substanziell mit – und verzerrt Wahrnehmung und Gerechtigkeitsempfinden. Es ist uns gar nicht möglich, uns von diesen Durchdringungen zu schützen oder zu befreien. Wir können nur versuchen, eine gewisse kritische Distanz zu schaffen und uns immer wieder daran zu erinnern, dass wir mit den Augen eines Mannes° sehen.
2. Sich und seine Weltsicht genau gleich ernst zu nehmen wie die aller anderen Menschen auch. Das heißt: sie als genau gleich berechtigt, relevant, aussagekräftig und hilfreich zu akzeptieren wie sich und seine eigenen Beiträge. Nicht mehr, aber auch nicht weniger.

Wichtig: Es sind alle anderen Menschen gemeint, nicht alle anderen Männer°! Das ist ein Unterschied. Denn dass wir uns mit unseren *Buddies* auf die gleiche Stufe stellen, haben wir gelernt. Die Kassiererin im Supermarkt, den behinderten Mann im Bus, den Gehilfen in der Küche, die Verschleierte auf dem Spielplatz als gleich wichtig und wertig anzuerkennen, das ist ein anderer Schritt. Für das männliche Größen-Ich, das in (fast) jedem Mann° ein VIP-Leben führt, ist solch ein Eingeständnis Schmach und Kränkung. Es wird sich wehren. Du brauchst Geduld und Umsicht für die Versöhnung.

Als ich mich mit männlichen Privilegien auseinander zu setzen begann, war dieses empört aufwallende innere »Aber ...« mein treuer Begleiter. Denn es fällt nun mal richtig schwer, eine Privilegierung als Privilegierung anzuerkennen, wenn sie sich so gegeben anfühlt, so unverrückbar, so unhinterfragbar, so *richtig* – und dadurch irgendwie auch *verdient*. Was soll das bringen, altvertraute Selbstverständlichkeiten in Frage zu stellen? Was wird jetzt plötzlich für ein Aufsehen um etwas gemacht, das einfach normal ist, ereifert sich diese innere Stimme. Es ist dein altbekanntes Männlichkeits-Ich, das hier spricht. Auch hier helfen die *Learnings* aus Kapitel 1 (▶ Kap. 1): Entspannung kommt, sobald du einen kritischen Abstand zulässt und dir aus der Position des Vermittler-Ichs diese Stimmen anhörst.

»Aber diese Privilegien nützen mir ja gar nichts«, sagt dein Männlichkeits-Ich. »Das kannst du nicht wissen«, könnte dein Vermittler-Ich entgegnen. »Denn du profitierst von diesen Privilegien, ob du willst oder nicht und ob du den Profit siehst oder nicht.«

»Aber ich habe doch gar nicht um diese Privilegien gebeten«, sagt dein Männlichkeits-Ich. »Das stimmt«, könnte dein Vermittler-Ich erwidern, »doch das befreit dich nur von Schuld. Die Verantwortung, fair mit dem geschenkten Privileg umzugehen, die bleibt.«

»Aber ich will diese Privilegien ja gar nicht«, sagt dein Männlichkeits-Ich. »Verzicht zu üben, wo Verzicht gar nicht möglich ist«, könnte dein Vermittler-Ich kontern, »ist eine leere Behauptung, da sie niemals widerlegt werden kann.«

»Aber ich nutze meine Privilegien ja nicht aus«, sagt dein Männlichkeits-Ich. »Das mag stimmen, soweit du das bewusst beeinflussen kannst«, könnte dein Vermittler-Ich antworten, »aber der Profit aus deinen Privilegien ist real, selbst wenn du es gar nicht bemerkst.«

»Aber wegen meines Mannseins bin ich ja auch benachteiligt«, sagt dein Männlichkeits-Ich. Oder auch: »Aber ich kenne jede Menge Männer, die sind noch viel privilegierter!« »Und jetzt?«, wird dein Vermittler-Ich fragen. »Was hat das Eine mit dem Anderen zu tun?«

Mit etwas Übung wirst du lernen, dein empörtes »Aber...« als Ausdruck deines momentanen Unwillens zu deuten, dich mit deiner privilegierten Position auseinander zu setzen. Das ist ja auch ok. Es muss nicht immer alles gleich bearbeitet sein. Dann hast du eben im Moment keine Lust. Das ist auch eine Form der Begrenzung, allemal besser als das bloße Verleugnen.

Der noch reifere Umgang bestünde darin, das innere Empörtsein bewusst wahrzunehmen und mit diesem empörten Anteil in einen Dialog zu treten. Frag diese Stimme, woher ihr Ärger rührt und was sie braucht, um ihr zu begegnen. Damit hast du dich auch bereits dagegen entschieden, dich von der heranbrausenden Welle der Empörung fortreißen zu lassen. Die Faust im Sack zu machen, ist schließlich weder Kunst noch Perspektive. Es ist eine Geste trotziger Selbstvergewisserung, die bestenfalls knorrigen Charme verströmt, höchstwahrscheinlich aber einfach peinlich vorgestrig wirkt.

Anregung: Notiere einen oder mehrere »Ja, aber ...«-Sätze, die du selbst schon geäußert hast. Versuche, dich an die Situation und die damit verbundenen Gefühle zu erinnern, um die Dynamik aufzuschlüsseln: (1) Was war der Auslöser? (2) Welches Gefühl hat das bei dir ausgelöst? War das empörte »Ja, aber ...« sofort da oder war es Reaktion auf ein anderes Gefühl? (3) Welche Handlungsalternativen stünden dir in einer vergleichbaren Situation zur Verfügung? Wie könntest du dir treu bleiben, ohne in die »Ja, aber ...«-Falle zu tappen?

Benachteiligungserleben ausleuchten

In geschlechterpolitischen Diskussionen wählen Männer°, die sich noch wenig mit Männlichkeit und Privilegien auseinandergesetzt haben, meistens den vergleichenden Ansatz nach dem Muster: »Aber ich als Mann bin/werde ja auch benachteiligt«. Das ist das Grundmuster männerrechtlerischen Denkens, des sogenannten *Maskulismus* oder *Maskulinismus*. Sie zählen dann alle möglichen Beispiele auf: Rentenalter, Lebenserwartung, Unterhaltszahlungen etc. Unterlegt ist dabei die Behauptung, Frauen profitierten auf ihre Kosten von ungleichen Bestimmungen. Das mündet unweigerlich in ein unfruchtbares Aufrechnen tatsächlicher und vermeintlicher Vorteile. Alle, die von den herrschenden Ungleichheiten profitieren, können sich dann die Hände reiben und beruhigt zurücklehnen: Solange sich Männer und Frauen im Geschlechterkampf aufreiben, wird ihnen nicht auffallen, dass alle unter den gleichen patriarchalen Verhältnissen leiden.

Es gilt auch hier, ein Sensorium zu entwickeln für all die Momente, in denen du dich ungerecht behandelt fühlst. Es ist sehr gut möglich, dass keine tatsächliche Ungleichbehandlung dein Unbehagen auslöst, sondern deine Anspruchshaltung, mit der du meinst, ein größeres Stück vom Kuchen verdient zu haben, als dir zusteht. Das Gleiche gilt für Neidgefühle gegenüber Frauen. Kennst du? Der Neid, dass Frauen Freundinnen haben, mit denen sie über alles sprechen können? Der Neid, dass Frauen in eine Bar gehen und irgendwelche Typen abschleppen können? Der Neid, dass Frauen viel mehr Möglichkeiten haben, Persönlichkeit und Befinden mit Kleidung, Schuhen und Schminke auszudrücken?

Ich versuche in solchen Momenten, innezuhalten und meinem Benachteiligungserleben die Aufmerksamkeit zu schenken, die es offenkundig einfordert. In der Regel zeigt sich: Mir fehlt tatsächlich etwas. Bloß wird mir das nicht von Frauen verweigert. Sondern ich verweigere es mir, weil mir der Mut und die Kraft fehlen, mich gegen jene gesellschaftlichen Imperative durchzusetzen, die mein Bedürfnis für *unmännlich* erklären.

Gelingt mir das Innehalten und Konfrontieren, fühlt sich das stärkend an. Indem ich mit meinen eigenen Bedürfnissen solidarisch und respektvoll umgehe, gewinne ich Raum und Kontur. Auch das Gegenteil stimmt: Folge ich der Spur der Empörung, verliere ich Bodenhaftung und Kontakt. Ich werde zwar hitzig, aber nicht energisch. Was ich bräuchte, um Kante zeigen zu können, verpufft im Pulverdampf meiner Aufregung. Es gibt noch eine dritte Möglichkeit: die Verhärtung. Dann folge ich zwar nicht der Empörung, verwechsle aber Innehalten mit innerem Rückzug. Meine Grenzen sind dann auch hart und klar, aber nicht geschmeidig und durchblutet, sondern bloß gepanzert. Das schützt mich zwar, sabotiert aber meinen Wunsch nach Bezogenheit und Öffnung.

Du siehst: Ungerechtfertigten Ansprüchen Grenzen zu setzen, die wir aufgrund unserer strukturellen Privilegierung als Mann° verdient zu haben glauben, heißt nicht abklemmen, deckeln, abtöten oder verdrängen. Grenzen setzen braucht Aggression, verträgt aber keine Gewalt! Darum geht es im nächsten Kapitel.

2.2 Körper: Spür deine Grenzen

Ganz ehrlich: Ist dir klar, was der Unterschied zwischen Aggression und Gewalt ist? Gibt es überhaupt einen Unterschied? Oder ist Aggression einfach die Vorstufe zur Gewalt? In der Arbeit mit gewalttätigen Männern° ist dies eine entscheidende Grundfrage. Die Antwort fällt sehr eindeutig aus: Aggression ist potenziell fruchtbar, Gewalt in jedem Fall zerstörerisch. Es ist deshalb wichtig, die beiden Begriffe und Qualitäten nicht zu vermischen.

Diese Differenzierung ist jedoch keineswegs selbstverständlich. Auch Fachleute machen ein Durcheinander. Und wer bei Google den Zusammenhang zwischen Gewalt und Aggression erfragt, erhält zur Antwort: »Aggression ist jedes absichtlich ausgeführte körperliche oder verbale Handeln, welches verletzt oder gar zerstört. Gewalt bildet die noch extremere und gesellschaftlich nicht mehr akzeptierte Form der Aggression.«

Einer solcher Definition ist die Vorstellung unterlegt, dass Aggression und Gewalt graduelle Abstufungen des gleichen Phänomens sind. Wenn Aggression die Vorstufe zur Gewalt ist, macht es pädagogisch natürlich Sinn, bereits Aggressivität zu verhindern, damit sie sich bloß nicht zum gewalttätigen Verhalten auswächst. Jungen° und Männern° Aggressivität »abzutrainieren«, um Gewalt zu verhindern, ist jedoch völlig kontraproduktiv. Es braucht das pure Gegenteil: Jungen° und Männern° (wie Mädchen und Frauen auch) müssen einen guten Zugang zu ihren Aggressionen erlernen, um sich auch ohne Gewalt erfahren und behaupten zu können.

In der Gewaltberatung hat sich diese Erkenntnis durchgesetzt. Ihr Wegbereiter war Wilhelm Reich. Für ihn war bereits in den

1930er-Jahren klar: Aggression hat weder mit Sadismus noch mit Destruktion zu tun. Er schreibt: »Das Wort bedeutet ›herangehen‹. Jede positive Lebensäußerung ist also aggressiv. Die sexuelle Lusthandlung ebenso wie die destruktive Hasshandlung, die sadistische Handlung ebenso wie die Nahrungsbesorgung. Die Aggression ist die Lebensäußerung der Muskulatur, des Systems der Bewegung. (...) Das Ziel der Aggression ist stets die Ermöglichung der Befriedigung eines lebenswichtigen Bedürfnisses« (zit. nach Scheskat 2020, 112).

Von gefesselter und vergifteter Aggression

Thomas Scheskat beschäftigt sich seit 30 Jahren mit diesem Zusammenhang zwischen Aggression und Gewalt. Als Psychotherapeut in der forensisch-psychiatrischen Landesklinik Moringen in Niedersachsen hat er tagtäglich mit Räubern, Mördern und Vergewaltigern zu tun. Sein Job ist es, mit diesen »schweren Jungs« so zu arbeiten, dass sie nicht länger eine Gefahr für die Gesellschaft darstellen. Daneben bietet er über sein Göttinger Institut für Männerbildung[18] Aggressionsworkshops für Fachleute und Interessierte an. In unserem Lehrgang für Fachleute ist er Referent.

In seinem Buch *Aggression als Ressource* (Scheskat 2020) lässt er uns an einigen Kindheitserinnerungen teilhaben: »Für meinen Impuls, das Thema Aggression überhaupt und in dieser Weise anzufassen, hat meine Prägung eine Rolle gespielt, in der sich erlebte mit vermiedener Aggression mischt. Ich wuchs in einer kleinen Industriestadt auf und war dort immer wieder dem mitunter rauen Ton des Arbeitermilieus ausgesetzt. In meiner eigenen Familie wurde hingegen auf gesittetes Benehmen und die Vermeidung lauter Töne geachtet. Dies hatte zur Folge, dass ich mich in körperlichen Raufereien und gegen Prügelattacken schlecht bis gar nicht zur Wehr setzen konnte. (...) Es fehlten mir die ›sportliche Aggressivität‹ und die Raffinesse dafür, andere auszutricksen.«

---

18 www.maennerbildung.de

2 Grenzen setzen

Diese biografische Erinnerung hat zeitdiagnostische Qualität: Im großen weltpolitischen Ganzen gehören Expansion und Eroberung, Gewalt und Krieg, Niedertracht und Hinterlist, Lüge und Schurkentum zum selbstverständlichen Instrumentarium von Staaten und Unternehmen. Im kleinen Erfahrungsraum des Alltags grenzen wir aber Streit und Kampf als etwas »Böses« aus und erklären Aggressionshemmung zur Tugend. Gerade für Jungen° sind diese Doppelbotschaften verstörend.

Ich möchte nicht falsch verstanden werden: Die Vermittlung klarer und durchaus einfacher Botschaften halte ich pädagogisch für sinnvoll. Im Schulhaus unserer neunjährigen Tochter gibt es etwa klare Hausregeln: »Wir helfen einander. Wir tragen zu allem Sorge. Keine sprachliche Gewalt. Keine körperliche Gewalt. Die gemeinsame Sprache ist Deutsch. STOPP bedeutet: aufhören.« Aber: Es bedarf eines enorm guten Augenmaßes seitens der (ohnehin schon belasteten) Lehrpersonen, um solche Regeln sinnvoll durchzusetzen. Nicht hilfreich ist, jede Rangelei und jede heftige Auseinandersetzung als »Gewalt« zu interpretieren und sogleich einzuschreiten. Oberflächliche Kriterien helfen hier nicht weiter: Auch ein lauter Streit kann der Verständigung dienen und auch eine leise Beleidigung kann bereits gewalttätig sein. Weder Heftigkeit noch Bedrohlichkeit des Konflikts sind gute Gradmesser, um ihr destruktives Potenzial zu erfassen. Die entscheidende Frage ist die nach der Bezogenheit der Beteiligten: Spüren sie sich und den Gegner? Dient ihre Auseinandersetzung dem Austausch oder der Demütigung?

Diese Fragen machen auch klar: Es wäre zu einfach, Gewalt zu verteufeln, aber Aggression ohne weitere Einschränkung als Lebensenergie zu feiern und zu fördern. Es braucht einen genaueren Blick. Thomas Scheskat hat dafür ein wertvolles Instrument zur Differenzierung verschiedener Qualitäten von Aggressionen entwickelt (▶ Abb. 2.1; ▶ Abb. 2.2). Er unterscheidet dabei zwei Dimensionen: Auf einer energetischen Ebene ist die Frage, ob Aggression *gefesselt* (gehemmt, verdrängt) oder eben *ungefesselt* ist. Auf einer inhaltlichen Ebene ist die Frage, ob Aggression *vergiftet* (ungesund, unpassend) oder eben *unvergiftet* ist.

2.2 Körper: Spür deine Grenzen

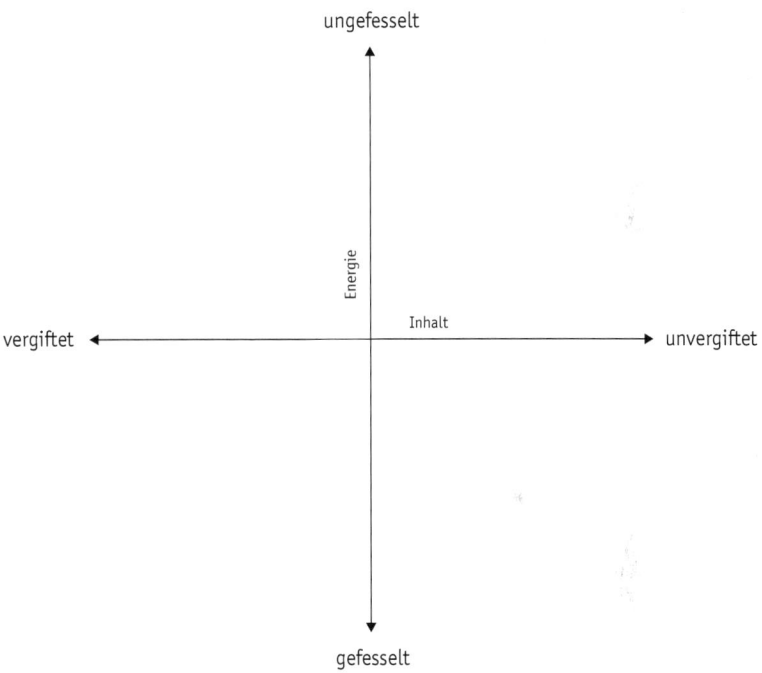

Abb. 2.1: Dimensionen von Aggression (Scheskat 2020, S. 105)

Angry White Men (vgl. Kimmel 2013) fesseln vergiftete Aggression. Das ist der schlechteste aller Fälle.

* Vergiftet ist ihre Aggression, weil sie weder auf ihren Urheber noch auf ihren Ursprung zielt. Denn entstanden ist sie aus einer männlichen Sozialisation, die Männern° ihre seelische Heimat raubt. Doch das dürfen sie nicht sehen, wenn sie nicht den Verlust ihrer Privilegien riskieren wollen, mit denen ihnen das Patriarchat die innere Heimatlosigkeit abzugelten versucht. So wehren sie sich nicht gegen die Mächtigen, die Strukturen, das System, sondern gegen die Schwachen, die Lieben, die ihnen Anvertrauten.

2 Grenzen setzen

- Gefesselt ist ihre Aggression, weil sie sie nicht zeigen dürfen und sie ihr nicht vertrauen können. Das ist nur logisch, denn sie spüren, wie all die hinuntergeschluckten Demütigungen und Selbstverstümmelungen eine Wut schüren, die in ihnen brodelt. Doch ihr können sie sich nicht zuwenden. Zu groß ist die Angst vor dem Dammbruch. Zu groß die Angst vor der Leere hinter der Wut. Zu groß die Angst vor der Freiheit.

Selbstbeherrschung, Selbstdisziplinierung und Selbstkontrolle sind bis heute zentrale Männlichkeitsanforderungen. Indem es jeden einzelnen Mann° dazu bringt, diese Aufgabe selbst zu übernehmen, ist dem Patriarchat ein ziemlich genialer Schachzug gelungen. Es musste diese Eigenschaften bloß zur Voraussetzung für Männlichkeit definieren und schon sorgen wir selbst für die scharfe Überwachung unserer eigenen Lebensimpulse: hochmotiviert, streng diszipliniert, todunglücklich.

Die Differenzierung der beiden Dimensionen *Fesselung* und *Vergiftung* vermag schön aufzuzeigen, was droht, wenn der typische Mann° aus dieser Sackgasse ausbrechen will, ohne sich damit zu beschäftigen, wie er in diese Sackgasse geraten ist. Sein Impuls wird sein, die Fesseln zu sprengen. Wahrscheinlich wird er aber nicht in der Lage sein, zu erkennen, wie vergiftet seine Impulse sind. Dann gibt es keine Transformation, sondern es schlägt ihn bloß auf die andere Seite. Er wird zum Rebellen und Gewalttäter. Aus meiner Sicht liegt damit ein wichtiger Baustein auf dem Tisch, um zu erklären, weshalb viel mehr Männer als Frauen zu Wutbürgern werden, sich radikalisieren und den Boden des Grundgesetzes verlassen. Ja, Männer° haben allen Grund, wütend zu sein. Denn sie werden tatsächlich betrogen. Das Versprechen, das ihnen das patriarchal-kapitalistische System gegeben hat – sei fleißig und du bekommst Frau, Haus und Wohlstand – wird gebrochen. Doch indem sie sich fortreißen lassen von ihrer entfesselten Wut, bleiben sie in ihrem vergifteten Denken stecken. Übernehmen nicht wirklich Verantwortung für ihr Leid. Und spielen genau diesem System in die Hände. Statt sich mit den Wurzeln ihrer Wut auseinander

2.2 Körper: Spür deine Grenzen

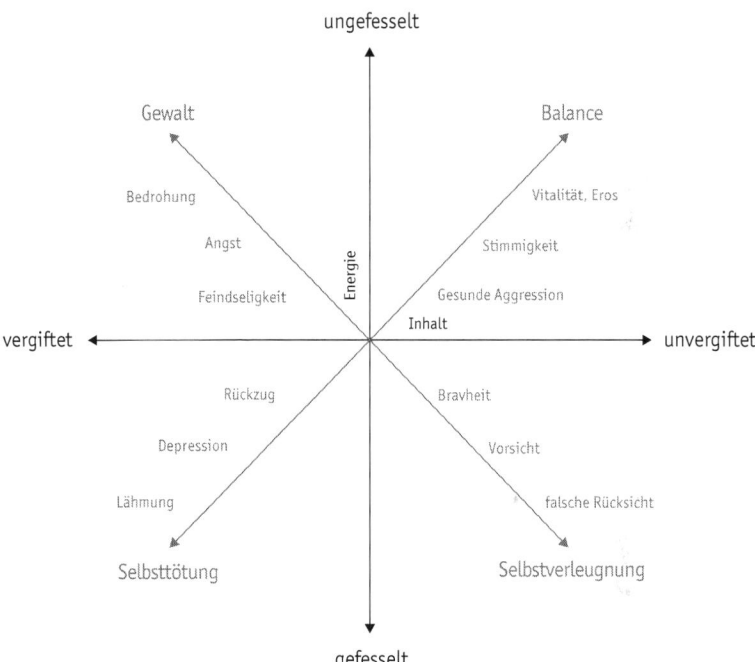

Abb. 2.2: Ausprägungen von Aggression (Scheskat 2020, S. 116)

setzen zu müssen, kann sich dieses darauf beschränken, rote Linien auszurufen und all jenen die rote Karte zu zeigen, die unbedarft genug sind, sie zu übertreten.

Die Positivperspektive ist Aggression, die ungehemmt *und* unvergiftet ist. Diese ist in doppeltem Sinn bezogen und verbunden: Sie wächst aus der Verbindung mit sich selbst und sie hält in ihrem Ausdruck die Verbindung zum Gegenüber. Die Verbundenheit begrenzt die Entfesselung: Soweit sie bezogen ist, kann eine ungehemmte keine hemmungslose Aggression sein. Und: Konfrontation schafft Nähe. Konflikt ist Beziehung! Wenn ich mich mit meiner Aggression zeige, offenbare ich mich, mache mich angreifbar und verletzlich. Welch wunderbare Erfahrung, wie ich dadurch Verbindung herstelle und Vertrauen nähre. Sich zu seiner Aggression zu bekennen und anwaltschaftlich für sie einzustehen, ist das Gegenteil von Kampf und Krieg. Es ist Brückenbau und Liebeszeugnis. »Kraft ist ein Geschenk«, sagte Thomas Scheskat im Lehrgang. »Ohne Aggression keine Hingabe – ohne Hingabe keine Aggression«. Ganz praktisch illustrierte er dies anhand einer Übung, bei der es darum geht, das Gegenüber aus dem Gleichgewicht zu bringen, ohne seine Stehposition zu verändern. Als Lehrgangsleiter mache ich bei solchen Übungen dann mit, wenn noch ein Tandempartner fehlt. Diesmal beobachtete ich die Szenerie vom Rand aus. Es sieht schön aus, diese Mischung aus Kraft und Tanz, Taktik und Impuls, Geduld und Überraschung. Bei diesem Spiel gewinnt nicht der Größte oder der Stärkste, sondern der Geschmeidigste: mit beiden Füßen stabil am Boden verhaftet, die Knie gebeugt, die Hüfte locker, die Sinne wach, ganz spürbewusst (▶ Kap. 3.1) in der Kontaktfläche an den Händen. Es gilt, arglos im spielerischen Geplänkel mitzutun, um geduldig den Moment abzuwarten, in dem der »Gegner« leichtsinnig, unkonzentriert oder übermütig wird ...

Sechs konkrete Hinweise

Nach der Darstellung dieser großen Zusammenhänge möchte ich gern einige ganz konkrete Hinweise ergänzen.

1. Entgiften ist ein Prozess. Es gibt kein Wundermittel, das dich auf einen Schlag entgiftet. Deine Freiheit beschränkt sich darin, dich für den Prozess des Entgiftens zu entscheiden. Indem du dieses Buch liest, hast du diese Entscheidung wohl bereits getroffen. Jetzt geht es darum, einen kleinen Schritt nach dem anderen zu nehmen. Dass die Schrittlänge stimmt, ist wichtiger, als dass du möglichst viele Schritte möglichst schnell unternimmst.

> *Anregung: Geh ein Stück mit geschlossenen Augen und lass deine Füße den Weg suchen. Sie können dir erstaunlich präzise Informationen liefern, wenn du sie nur lässt. Du brauchst dafür zwei Dinge:*

2.2 Körper: Spür deine Grenzen

Bodenkontakt (also barfuß oder in sogenannten Barfuß-Schuhen gehen) und Achtsamkeit.

2. »Der Mensch wächst am Widerstand« (Kieser 2018). Das ist der Slogan des Krafttrainingpioniers Werner Kieser (1940–2021). Er gilt im wörtlichen Sinn: Muskelkraft wächst, indem die Muskeln eine Gegenkraft in Bewegung setzen. Je größer der Widerstand, umso größer der Kraftzuwachs (saubere Ausführung, genügend Ruhepausen, sinnvolle Ernährung, regelmäßiges Training etc. vorausgesetzt). Je besser es dir gelingt, deine Muskeln den Widerstand ganz ohne dein Zutun bewältigen zu lassen, umso unmittelbarer bist du in Kontakt und umso leichter fällt dir das Training.
 – Der Satz gilt aber auch im übertragenen Sinn: Persönlichkeit reift an der Auseinandersetzung. Nur wenn uns jemand das Geschenk des Widerspruchs macht, sind wir herausgefordert, unsere Weltsicht zu begründen, zu hinterfragen und zu erweitern. Wie schade ist es, dass wir doch eher geneigt sind, Widerspruch als Kritik und Abwertung zu deuten. Statt Widerspruch zu vermeiden, sollten wir ihn suchen – nicht als Ausdruck plumper Provokation, sondern als logische Folge bezogener Aggression.

3. Den Innenbezug zu deinem Körper zu stärken, ist meiner Erfahrung nach mit Achtsamkeit allein schwierig. Es braucht in der einen oder anderen Form Sport und Bewegung. Die Falle ist, dabei vor allem an Kraft-, Ausdauer- und Schnelligkeitstrainings zu denken. Ich empfehle dir Formen körperlicher Aktivität, die langsam genug sind, um den beteiligten Muskeln, Sehnen, Gelenken ebenso Aufmerksamkeit zu schenken wie Atem und Sinnen. Um mein eigenes Aggressionspotenzial als Mann° zu entgiften, setze ich einen Schwerpunkt auf Gleichgewicht, Koordination und Beweglichkeit. Voraussetzung war eine schmerzliche Einsicht: Dass ich die Freude daran ein Leben lang als *Mädchenkram* abgewehrt habe. Nun beginne ich den Tag konsequent mit einigen einfachen Stretching- und Yoga-Übungen. Dazu etwas Kneten der Faszien mit Rolle und Ball. Das hat etwas ganz Inniges, mit einer Tasse Tee in der noch dunklen ruhigen Wohnung mei-

nem Körper »Hallo« zu sagen. Es fühlt sich auch toll an. Schöner Nebeneffekt: Ich merke, wie sich das Idealbild (m)eines Männerkörpers verändert – weg von eindimensionaler Kräftigkeit hin zu einer athletisch-geschmeidigen Zärtlichkeit, die Kraft und Beweglichkeit gleichermaßen umfasst. Das ist auch für mich auch eine Form subversiver Rückeroberung des muskulösen Männerkörpers, den ich im Spüren befreien kann von Zuschreibungen wie Härte, Panzer, Soldatentum und anderen Instrumentalisierungen (▶ Kap. 1.2).
4. Nähe zuzulassen, ist für viele Männer° eine echte Herausforderung. Das ist nicht etwa der Fall, weil Männer° weniger Nähe brauchen. Wenn sich eine zärtliche Berührung deiner Liebsten unangenehm anfühlt, spürst du vielmehr mit großer Wahrscheinlichkeit deine Grenzen gerade nicht so recht. Ich meine das im doppelten Sinn: Wenn du deine inneren Grenzen – die Grenzen der Belastbarkeit oder die Grenzen der Leistungsfähigkeit beispielsweise – nicht spürst, wirst du auch deine äußeren Grenzen – die Haut – schlecht spüren. Du fühlst dich dann sprichwörtlich »unwohl in deiner Haut«. Eine Berührung ist dann nicht unangenehm, weil du die berührende Person nicht magst (es kann wichtig sein, ihr das auch zu sagen!), sondern weil dich die Berührung nicht wirklich berührt, weil deine Seele nicht dort ist, wo deine Körpergrenze verläuft. Das fühlt sich merkwürdig an und zwingt dich zur Einsicht, dass deine Seele und dein Körper im Moment gerade nicht synchron laufen.

Anregung: Gönn dir in solchen Situationen eine Unternehmung, welche die Wahrnehmung deiner Außengrenzen fördert – ein Bad in der Sonne oder im Wasser, ein Spaziergang im Wind oder im Regen beispielsweise. Und was wäre, wenn du dich selbst streichelst?

5. Falls du dich am Penis streichelst, solltest du dir in Erinnerung halten, was Fachleute aus der Sexualberatung eindringlich ans Herz legen: Wichtig ist, im Becken- und Hüftbereich locker zu bleiben und dich am besten mit dem ganzen Körper zu beteiligen.

Das geht leichter, wenn du dir nicht zeitgleich visuelle Reize reindonnerst. Pornos entgrenzen. Dein Gegenüber auf dem Bildschirm ist unfassbar, immateriell und nur in zwei Dimensionen sinnlich (visuell und akustisch). Du selbst bist mit großer Wahrscheinlichkeit einseitig auf den Druck am Penis ausgerichtet und vermutlich ziemlich verkrampft wegen der Haltung vor dem Bildschirm, schlechten Gewissens, Zeitdruck, Schiss vor dem Ertapptwerden o. ä. Da findet meist wenig Berührung und Kontakt statt.
6. Männer° sind akut gefährdet, mit zunehmendem Alter immer mehr zu vereinsamen und zu verbittern. Die Einsamkeit wächst aus ihrer zwischenmenschlichen und körperlichen Unbezogenheit, die Bitterkeit aus ihrer Kränkung über ihre eigene Begrenztheit und aus ihrer Enttäuschung über den Betrug an sich selbst. Du musst nicht dein Leben auf den Kopf stellen, um dem zu entkommen. Es reicht, wenn du täglich ein paar Minuten darauf verwendest, mit dir und deinem Körper in Kontakt zu kommen. Der Rest kommt dann schon.

2.3 Psyche: Bejahe deine Begrenzungen

Früher war klar: Der Vater ist das Oberhaupt der Familie, Hüter von Recht, Moral und Ordnung, Regierung und Gericht in einer Person. Der Vater war sozusagen der Sachwalter der religiösen und politischen Macht im Mikrokosmos Familie. Ihm oblag es, für die materielle Sicherheit der Familie zu sorgen. Im Gegenzug wurde ihm die Weisungsbefugnis übertragen, über die Belange seiner Gattin und seiner Kinder zu entscheiden.

Falls das nach Mittelalter klingt, täuscht das. In Deutschland hatte der Ehemann bis 1958 – am 1. Juli 1958 trat das »Gesetz über die Gleichberechtigung von Mann und Frau auf dem Gebiet des bürgerlichen Rechts« in Kraft – das alleinige Bestimmungsrecht über Frau und Kinder. Zuvor verfügte Paragraf 1354 des Bürgerlichen Gesetzbuchs von 1896 unmissverständlich: »Dem Manne steht die Entscheidung in allen das gemeinschaftliche eheliche Leben betreffenden Angelegenheiten zu; er bestimmt insbesondere Wohnort und Wohnung.« Selbst wenn der Ehemann seiner Gattin erlaubte, einer Erwerbsarbeit nachzugehen, verwaltete er ihren Lohn. Erst mit dem neuen Gesetz waren Frauen berechtigt, ein eigenes Konto zu eröffnen und damit über ihr eigenes Geld zu verfügen. Die Schweiz benötigte sogar bis 1988 Zeit für ein modernes Eherecht. Bis dahin war die Rollenteilung von Gesetzes wegen festgeschrieben: Er ist »das Haupt der Gemeinschaft«, »sie führt den Haushalt.«

Schon diese wenigen Auszüge veranschaulichen eindrücklich, wie massiv sich unser geschlechterpolitisches Selbstverständnis innerhalb weniger Jahrzehnte verändert hat. Man stelle sich einen Vater vor, der sich heute jene Rolle anmaßen würde, die zu spielen noch vor einer oder zwei Generationen seine gesetzliche Pflicht gewesen war. Der gute Mann° bekäme nicht nur ein Problem mit seiner Frau, sondern auch mit der Kinderschutzbehörde, dem Arbeitgeber und der öffentlichen Meinung. Er wäre schlicht untragbar.

Väterlichkeit neu beleben

Ich skizziere dies deshalb so drastisch, um ein Gefühl für das Ausmaß des Orientierungsvakuums zu vermitteln, in der sich Väterlichkeit heute neu erfinden muss. Da ist nichts mit organischer Weiterentwicklung. Das ist ein scharfer Bruch. Doch was ist nun der Gegenentwurf zum Patriarchen alter Schule? Involviert muss er sein, der neue Vater, präsent und emotional bezogen. Also ein bisschen so wie es von Müttern schon immer erwartet wurde?

Auf jeden Fall ist die Versuchung groß, Elternschaft in diesem Vakuum zu neutralisieren und vom Geschlecht des Elternteils zu lösen. Dann würde es einer Neudefinition von *Elterlichkeit* bedürfen, die *Mütterlichkeit* und *Väterlichkeit* ebenso beinhaltet wie einebnet. Hier verbirgt sich eine Falle. Denn die historische Zuordnung der Familie in den Zuständigkeitsbereich der Mutter ist ja keineswegs so überholt wie die Figur des patriarchalen Vaters. Noch immer übernehmen Mütter deutlich mehr als ihre Hälfte der Verantwortung für Kinderbetreuung, Haushaltsführung und Familienlogistik. Noch immer tragen Mütter auch deutlich mehr als ihre Hälfte des *Mental Load*. Neutralisieren wir in dieser Situation Elternschaft, ist dies meiner Einschätzung nach gleichstellungspolitisch kontraproduktiv, weil dann aus *Elternschaft* faktisch wieder *Mutterschaft* wird. Die Frage sollte vielmehr sein, wie Väter ein zeitgemäßes Selbstverständnis entwickeln können resp. wie Gesellschaft ein zeitgemäßes Verständnis von Väterlichkeit entwickeln kann, das spezifische väterliche Qualitäten ermöglicht und würdigt. In Wissenschaft und Praxis ist dies eine heiß diskutierte Frage (z. B. Bambey & Gumbinger 2017; Huber 2019; 2020; Matzner 2020; Machin 2020; Vonnoh 2021; Prüfer 2022).

In unseren Kursen für werdende Väter[19] vermitteln wir als Anker: Väter sind die Dritten im Bunde, deren besondere Aufgabe darin besteht, das Kind in seiner natürlichen Autonomiebewegung aus der symbiotischen Beziehung zwischen Mutter und Kind zu stärken. Der Philosoph Björn Vedder liefert in seinem Buch *Väter der Zukunft* (Vedder 2020a) einen spannenden weiterführenden Vorschlag. Mit Bezugnahme auf Platon und Hannah Arendt sagt er (Vedder 2020b):»Die Sozialisation durch die Mutter ist eine, die das Kind zu leben lehrt. Sie bringt es auf die Welt, sie stillt den Hunger, sie nährt es – ja, die Mutter ist das Leben. (...) Die Sozialisation durch den Vater ist hingegen eine, die das Kind zu sterben lehrt. (...) Dazu zählen Dinge wie die Einsicht in die Vergänglichkeit aller Dinge – aber auch die Möglichkeit, Erfahrungen des Scheiterns und des Verlustes sinnvoll in das eigene Leben zu integrieren.«

Die väterliche Aufgabe, das Kind »sterben zu lehren«, klingt dramatischer als sie ist. Der Kerngedanke ist folgender: Wenn wir das Leben von seinem Beginn her denken, stehen wir – zumindest in unseren privilegierten westlichen Lebenszusammenhängen –

---
19 www.niudad.ch

vor einer schier unendlichen Fülle von Möglichkeiten. Die größte Herausforderung ist, in dieser Optionenvielfalt die *richtige* Auswahl zu treffen. Doch was ist *richtig*? Welche Kriterien sind tauglich, damit ein Kind die sinnvolle von der sinnlosen Wahl unterscheiden lernen kann? Maßlosigkeit ist ein Vorrecht des Kindes: Es gehört zu seiner natürlichen Entwicklung, alles und sofort zu wollen. Der unmittelbare Impuls und die reine Lust sind deshalb eher ungeeignete Selektionskriterien. Das Kind muss ein Verständnis entwickeln für das, was die Ökonomie *Opportunitätskosten* nennt. Der Begriff bezeichnet den Umstand, dass ich mich mit jeder Entscheidung im gleichen Atemzug gegen alle anderen Möglichkeiten entscheide – und dafür den Preis des Verzichts zu bezahlen habe. Indem ich mich beispielsweise entscheide, den heutigen Tag in das Verfassen dieses Buches zu investieren, entscheide ich mich gegen alles andere, was ich heute auch noch hätte anstellen können.

Je älter wir werden, umso intuitiver erfassen wir, was Opportunitätskosten sind. Wir entwickeln ein Gefühl für die zeitliche Begrenztheit unseres Lebens und fragen uns, wie wir die noch bleibende Zeit gestalten wollen. Je knapper die Zeit wird, umso kostbarer wird sie – und umso abwegiger scheint es, Zeit für Dinge zu verschwenden, die keinem echten Bedürfnis entsprechen. Wir lernen, Prioritäten zu setzen und uns bei Entscheidungen zu fragen: Will ich das wirklich oder meine ich nur, das zu wollen? Diese Haltung meint Björn Vedder, wenn er davon spricht, Väter sollen ihre Kinder dabei anleiten, »das Leben vom Ende her zu denken«.

Anregung: Such dir einen Platz in der Natur und lege in etwa 20 Metern Abstand zwei Symbole aus. Eins steht für deine Geburt, den Beginn des Lebens. Das andere steht für deinen Tod, das Ende des Lebens. Nimm dir nun Zeit, dein Leben vom Anfang her abzuschreiten und an den wichtigen biografischen Stationen Halt zu machen. Wenn dich das emotional aufwühlt, nimmst du den nächsten Schritt lieber ein andermal in Angriff. Denn jetzt geht es darum, den umgekehrten Weg zurückzulegen. Geh dafür zum Symbol für das Ende des Lebens

2.3 Psyche: Bejahe deine Begrenzungen

und blick von dort zurück Richtung Geburt. *Was verändert sich durch den Perspektivenwechsel? Was fühlst du? Wichtig: Die Auseinandersetzung mit deiner eigenen Endlichkeit kann auch heftige Gefühle auslösen. Sei sorgfältig und erlaube dir auch, die Übung zu unterbrechen, wenn es dir zu viel wird.*

Mir gefällt die Idee, »das Leben vom Ende her zu denken«, in dreifacher Hinsicht:

Als Vater scheint mir das eine ebenso anspruchsvolle wie noble Aufgabe, den kindlichen Übermut sanft und eindringlich mit den Begrenzungen der Wirklichkeit in Kontakt zu bringen. Als Maxime väterlichen Handelns formuliere ich für mich: Ich möchte meine Tochter so erziehen und begleiten, dass sie später ihr Leben unabhängig davon gestalten kann, was ich mir für sie wünschte. Die dafür notwendige emotionale Selbständigkeit verlangt jedoch nach einem Bezugspunkt, wenn sie nicht bloß in der hedonistischen Freiheit Verwirklichung finden soll, zu tun oder lassen, wonach ihr gerade beliebt. Wenn es mir gelänge, mit ihr die Kompetenz einzuüben, Handlungsimpulse mit Blick darauf zu priorisieren, was ihr im Leben wirklich wichtig ist, wäre das eine Hinterlassenschaft, die mich stolz machen würde.

Als Bürger beschäftigt auch mich der unüberwindbar scheinende Graben zwischen Konsumgier und Klimaschutz. Je eindringlicher die Klimaschutzappelle werden, umso gieriger scheinen wir uns auf Konsumgüter zu stürzen und sie zu »hamstern« als gäbe es kein Morgen. Ganz offenkundig mangelt es uns an der kulturellen Kompetenz, Verzicht und Begrenzung als Notwendigkeit anzuerkennen und als Fähigkeit wertzuschätzen. Anfangs der 1960er-Jahre brachte der deutsche Psychoanalytiker Alexander Mitscherlich den Begriff der »vaterlosen Gesellschaft« (Federn 1919) zurück in die fachliche Diskussion. Er weist drastisch auf die seelischen Gefahren hin, wenn väterliche Autorität fehlt (Mitscherlich 2003). Die Diagnose bleibt gültig, auch wenn sich das Verständnis einer wünschbaren väterlichen Autorität gewandelt hat. Björn Vedders Idee, die Fähigkeit zum lustvollen Verzicht als väterliche Kern-

2 Grenzen setzen

kompetenz zu denken, ist hier wunderbar anschlussfähig. Ja, unserer Gesellschaft mangelt es an einer Väterlichkeit, die Begrenzung bejaht und Beschränkung konstruktiver denn als Kränkung zu verarbeiten weiß.

Als Mann° sehe ich eine Entsprechung zu dieser Aussage auf individueller Ebene: Jungen haben einen Mangel an realen, im Alltag spürbaren männlichen Gegenüber. Fehlt die echte Bezugsperson, wählen sie sich virtuelle Helden, um Mannsein einzuüben. Die Folge ist dieses – im Intro kurz beschriebene – Ausgespanntsein zwischen Größenfantasie und Minderwertigkeitsgefühl, das für Männer° unserer Zeit so charakteristisch ist. In meinem Buch *Co-Feminismus* habe ich das wie folgt ausgeführt: Weil Väter im Alltag wenig präsent sind, wird »der kleine Junge das Männliche als etwas Phantomhaftes, etwas Unfassbares erleben. Ihm fehlt der Spiegel, der unmittelbare Kontakt zum männlichen Gegenüber, die liebende Stärkung in seinem eigenen Jungesein. Er wird das Defizit kreativ lösen, indem er sich seinen Spiegel vorstellt. Das ist das ›Drama der Vaterentbehrung‹ (Petri 2008), die in (fast allen) Männern° ein Leben lang klafft: Der kleine Junge baut seine Identität letztlich ins Nichts, nämlich genau dorthin, wo er seinen abwesenden Vater vermutet. Doch dort, wo sein Vater ein stabiles Identitätsfundament gebaut haben sollte, ist auch nur der Ort, wo er damals seinen abwesenden Großvater vermutet hatte, der wiederum dort gebaut hat, wo er seinen abwesenden Urgroßvater vermutet hatte etc. Männliche Identität wird so zum Bau eines Luftschlosses: Es ist ein Schloss, das schon. Aber es hängt eben in der Luft und steht nicht stabil auf dem Boden. Das ist die Selbstwerterfahrung der Großväter, Väter und Söhne bis heute: Ich bin der König, aber ich bin ein König ohne sicheren Grund. Doch das darf niemand merken« (Theunert 2013, Kap. 6).

Der Sozialpädagoge Detlef Ax (2000) geht noch weiter und benennt einen Zusammenhang zwischen dem Mangel an einem spürbaren väterlichen Gegenüber und der politischen Radikalisierung der wütenden *weißen* Männer°. »Das bei Söhnen entstandene Misstrauen gegenüber allem Männlichen und Väterlichen« sorge –

übertragen auf die Institutionen und den Staat –»für stellvertretende politisch-dogmatische Radikalität« (Ax 2000, S. 72).

Eine innere Vaterfigur erschaffen

Natürlich gab es schon immer und gibt es immer mehr tolle Väter, die sich ihren Kindern einfühlsam und abgegrenzt anbieten. Damit machen sie ihnen ein Riesengeschenk. Die statistische Norm ist das aber nicht. Alle, die mit ihrem Vater weniger Glück hatten, müssen die Leerstelle füllen. Es gibt aber klügere Wege als die Flucht ins Virtuelle oder Rebellische. Als erwachsene Männer° sind wir in der Lage, uns selbst der Vater zu sein, den wir brauchen. Das ist insbesondere dann eine wichtige Perspektive, wenn der reale Vater bereits gestorben oder sonstwie nicht in der Lage ist, sich der Auseinandersetzung mit seinem Sohn zu stellen und daran zu wachsen. Sich selbst Vater zu sein, meine ich ganz konkret: Schaff dir eine innere Vaterfigur. Entwickle ein väterliches Selbstverhältnis.

Anregung: Zück ein Blatt Papier und zeichne auf, was ein richtig guter Vater für dich ist.

Die Idee, eine innere Vaterfigur zu entwickeln, kam mir vor einigen Jahren (wobei ich nicht behaupten möchte, als Erster auf diese Idee gekommen zu sein). Damals stießen mein Vater und ich wieder einmal an unsere begrenzten Möglichkeiten, uns das zu sein, was wir jeweils voneinander gebraucht hätten. Ich mochte die Abhängigkeit nicht länger ertragen, in meiner Entwicklung an seine gebunden zu sein. Der Impuls war trotzig: »Dann schau ich halt für mich allein.« Gleichwohl hat er sich als hilfreich erwiesen. Denn ich erlebe diese innere Vaterfigur nicht nur als Zugewinn an Autonomie, sondern auch als ganz reale Unterstützung in der Klärung von Lebensfragen. Beispielsweise habe ich zu dieser Zeit den Bau eines Hauses in Angriff genommen. Natürlich definierte ich zuerst mal den Raumbedarf und andere vernünftige Kriterien. In meinen Tagträumen ließ ich mich jedoch sofort wegtragen von Bildern dieses künftigen Traumhauses, das laufend weiteren Anforderungen und zusätzlichen Eventualitäten genügen sollte. Entsprechend wurde es immer größer, teurer und unrealistischer. Ich lief Gefahr, mich in einer Dynamik zu verheddern, in der ich meine Handlungsfähigkeit verlor. Dann fragte ich die Figur des inneren Vaters um Rat und erhielt die Antwort, die ich brauchte: *reduce to the max*. An Weihnachten 2018 konnten wir unser neues Heim beziehen.

Es gibt in verschiedenen Therapieformen – etwa in der Gestalttherapie oder auch im Psychodrama – ähnliche Methoden. In einer früheren Therapie riet mir mein damaliger Therapeut beispielsweise, ein Zwiegespräch mit dem *alten Weisen* in mir zu führen. Das hat eine ähnliche Qualität. Es geht nicht darum, diese Figur zu personifizieren. Es geht darum, in Kontakt zu kommen mit einer zweiten Perspektive, die wohlgesonnen, aber unabhängig ist. Dieser Blick von »Außen« kann dir Einsichten über dein »Innen« verschaffen, die du ohne sie nur schwer erarbeiten kannst.

Meine Empfehlung ist, diese innere väterliche Instanz als begrenzende, fokussierende Kraft zu denken. Nicht Einengung oder Beschneidung ist ihr Leitmotiv, sondern ein reifes Einverständnis mit den Begrenzungen der Existenz. Deshalb leitet sie dich an, nüchtern zu priorisieren und unverblümt Rechenschaft darüber abzulegen, was dir wirklich wichtig ist. Sie weiß, dass der Weg der Liebe darin besteht, auch mit dem eigenen Ungenügen Frieden zu schließen – und sich als Mann° mit all seinen Prägungen und (begrenzten) Möglichkeiten annehmen zu lernen. So findest du auch einen Weg aus der Kränkung über die Endlichkeit des eigenen Seins. Die ist verständlich: Es ist eine krasse Herausforderung, einen Wimpernschlag lang diese Erde besuchen zu dürfen, um sogleich wieder abtreten zu müssen. Begrenzungen zu bejahen heißt auch, Raum für die Dankbarkeit zu schaffen, zu jenen Wenigen zu gehören, die überhaupt je unseren Planeten betreten dürfen.

Ein abschließender Gedanke: Der Philosoph Karl Raimund Popper (1902–1994) hat vorgeschlagen, die kapitalistische Handlungsmaxime, größtmögliches Glück für möglichst Viele anzustreben, zu ersetzen. Der Imperativ solle demgegenüber lauten: geringstmögliches Leid für möglichst Wenige. Dieses Leitmotiv verbindet die politisch-gesellschaftliche und die psychologisch-individuelle Ebene: Ich wünsche uns als Weltgemeinschaft, wie auch dir als einzelner Person, dass es uns gelingen möge, diesen *Shift* zu vollziehen. Spür den beiden Sätzen etwas nach. Sie sind sich nur bei oberflächlicher Betrachtung ähnlich. Denn im Streben nach größtmöglichem Glück sind Eifer, Gier, Unersättlichkeit, Grenzenlosigkeit und Rücksichtslosigkeit bereits angelegt. Im Streben nach geringstmöglichem Leid bündeln sich die Qualitäten des »richtig guten Vaters«: Realitätssinn, Respekt, Augenmaß, Fokus, Rücksichtnahme, Verzicht.

2.4 Menschen: Konfrontiere

Während es in diesem Kapitel bisher vor allem um Selbstbegrenzung ging, verändert sich nun der Blickwinkel: Jetzt gerät das Setzen von Grenzen gegenüber anderen in den Fokus. Der Unterschied ist jedoch gar nicht so groß. Beides bedingt – wie im Einstieg dieses Kapitels bereits erwähnt – dieselbe Fertigkeit: liebevoll, bestimmt und wirksam für sich einstehen können. Was das heißt, *für sich* einzustehen? Technisch gesprochen: Aus der Position des Vermittler-Ichs Partei zu ergreifen für deine Bedürfnisse, ganz besonders für jene, die in deinem bisherigen Leben keine starke Lobby hatten. Ich meine die vermeintlich *unmännlichen* Bedürfnisse (▶ Kap. 1). Jenes nach Trost oder Schutz, beispielsweise.

Ich habe absichtlich die Redewendung, »Partei zu ergreifen«, verwendet. Denn es geht um einen Akt der Anwaltschaftlichkeit. Leider führt uns unsere Sprache damit in ein Feld, in dem Konfrontation als Kampf zwischen Widersachern gedacht wird. Die unterlegte Logik lautet: Wenn und was der:die Eine gewinnt, muss

2 Grenzen setzen

der:die Andere verlieren. Wenn es um Begrenzung im zwischenmenschlichen Bereich geht, besteht jedoch durchaus die Möglichkeit einer Win-Win-Situation. Dies ist dann der Fall, wenn alle Beteiligten in der Lage sind, sich auf eine Konfrontation einzulassen. Für viele Männer° liegt das nicht im Bereich des ihnen Möglichen. Sie wissen nicht, dass Konfrontation Beziehung schafft und stärkt. Deshalb manövrieren sie sich in eine tragische Rolle, insofern sie aus Angst um Beziehung die Konfrontation abwehren – und genau durch diese Abwehr die Beziehung tatsächlich gefährden.

Liebe als Zumutung

Peter Oertle betreibt mit seiner Frau Andrea Frölich Oertle seit über 20 Jahren eine paartherapeutische Praxis[20]. Wir haben uns anfangs der 2000er-Jahre kennengelernt, als ich Herausgeber der Schweizer Männerzeitung[21] war und er sich als Autor anbot. Seither verbindet uns eine Freundschaft, die nicht nur wegen des Altersunterschieds selten ganz spannungsfrei ist. Peter ist ein ... nun ja ... direkter Typ. Damit ihm wohl ist und er sich aufgehoben fühlt, braucht er Reibung. Und die Sicherheit, dass sein Gegenüber das aushält, wenn er sich mit allem Gedachten und Erfühlten einbringt. Das war für mich anfangs ziemlich gewöhnungsbedürftig. Gefühle waren mir als Heranwachsendem unheimlich. Ich lebte in meiner rationalen Welt, in der ich die Kontrolle zu haben glaubte. Eine Magersucht zwang mich mit Anfang 20 dazu, genauer hinzuschauen und mein Innenleben Schicht um Schicht zu erkunden. Dank viel Übung kann ich heute sehr leicht sehr persönlich werden. Doch noch immer kostet es mich einige Anstrengung und Überwindung, mich in dem mitzuteilen, das gärt und eben noch nicht im herkömmlichen Sinn mitteilbar ist.

Als therapeutisches Tandem begleiten Peter und Andrea Paare auf dem Weg, sich gegenseitig zu öffnen. Sie leiten sie an, »beherzt

---

20 www.pandrea.ch
21 heute: www.ernstmagazin.com

zu lieben« und sich »ganz zuzumuten«. »Beherzte Liebe hat für uns wenig zu tun mit lieb sein – dafür viel mehr mit authentisch sein und sich in der Beziehung zum Ausdruck bringen. (...) Mit ›sich zumuten‹ meinen wir aber nicht, für den anderen eine Zumutung zu werden. Es geht nicht darum, ihm einfach alles herzlos vor die Füße zu knallen« (Frölich Oertle & Oertle 2019, S. 121). Es brauche die passende Haltung: etwa die Bereitschaft, die gegenwärtigen Gefühle ungeschminkt zum Ausdruck zu bringen – weder um dem anderen zu gefallen noch um ihm eins auszuwischen – und die Bereitschaft, sich auf unsicheres Terrain zu begeben. Das Gegenüber muss bereit sein, sein Bild vom anderen in Frage zu stellen und im ehrlichen Gefühlsausdruck auch Wertschätzung zu erkennen (ebd., S. 122f.).

Mit dem *Paargespräch* haben sie – in Weiterentwicklung des *Zwiegesprächs* von Paartherapeut Michael Lukas Moeller (Moeller 2010) – ein Format für diesen Austausch zwischen Paaren geschaffen (ebd., S. 144ff). Dabei unterstützen klare Spielregeln die wesentliche Selbstmitteilung: Der Austausch wird geplant, das Zeitfenster begrenzt (60–90 Minuten). Beide sitzen nebeneinander. Eine:r spricht. Der:die andere hört zu. Fragen sind nicht vorgesehen. Zentral ist, mit äußerster Sorgfalt bei den eigenen Empfindungen und Gefühlen zu bleiben und sich nicht mit irgendwelchen Tricks doch wieder auf die »andere Straßenseite« zu mogeln (▶ Kap. 1.3).

An der Liebe wachsen

Soweit ich die Ratgeberliteratur für Paare überblicke und mit allen fachlichen und persönlichen Erfahrungen, die ich selbst gesammelt habe, scheint es mir einen wirklich klaren Konsens zu geben: Lieben ist ein Prozess, der mir erlaubt, immer eine Schicht mehr von mir zu zeigen und immer eine Schicht mehr von dir zu sehen. An diesem Punkt fallen der Kontakt zu mir selbst und der Kontakt zum Du in eins. Indem ich als Persönlichkeit reife, wachsen Beziehung und Liebe zum Du ebenso wie ich selbst.

2 Grenzen setzen

Das ist eine schöne Perspektive, nicht? Sie beinhaltet aber auch eine schlechte Nachricht: Wenn du dir selbst nicht nah bist, ist Lieben schwierig. Was brauchst du, um dir nah zu sein? Du musst dich erstens kennen, verstehen und annehmen. Das war Gegenstand von Kapitel 1. Du musst zweitens wagen, dich emotional zu öffnen und dem geliebten Menschen (also auch dir selbst) mitzuteilen, was dich bewegt und berührt, was dich stresst und sorgt, wonach du dich sehnst und wovor du dich ängstigt, was du brauchst und was du willst. Das ist gemeint mit Kontakt und Konfrontation, die Gegenstand dieses zweiten Kapitels sind. Ein Element fehlt noch: Du musst drittens den Saboteur in dir im Zaum halten. Davon soll jetzt die Rede sein.

Dein *innerer Saboteur*. Weißt du, wen ich meine? Er ist in Gestalt und Ausdruck ein wahrer Verwandlungskünstler. Aber er spielt immer nach demselben Skript. Es ist eine Tragikomödie, die in der unbewussten Bereitschaft ihren Anfang nimmt, Lebensäußerungen eines anderen Menschen als feindselig zu interpretieren. Je stärker man emotional mit diesem Menschen verbunden ist, umso empörender fühlt sich die vermeintliche Feindseligkeit an – und umso schärfer schießt man zurück.

Versuch, dein Sabotagemuster zu erkennen. Vielleicht hilft es dir bei der Spurensuche, wenn ich dir mein eigenes schildere. Ich bin mehr so der passiv-aggressive Typ. Wenn ich mich unverstanden und abgewertet fühle, werde ich nicht laut, sondern scharfsinnig, spitzzüngig, smart beleidigend. Ich hasse meine kühle Arroganz in solchen Situationen. Und doch falle ich immer wieder in dieses Muster zurück. Außer wenn es ganz heftig wird. Dann erstarre ich. Kalt. Sprachlos. Fassungslos. Mit einem Blick, der Angst machen kann. Der Auslöser kann – wie bei allen Menschen – furchtbar trivial sein. Bei meiner Mutter reichte beispielsweise bis vor wenigen Jahren die Frage am Esstisch: »Magst du nicht noch ein bisschen?« Es sind Situationen, in denen ich mich ungesehen, unverstanden und »unnötig« provoziert fühle. Mich besetzt dann in Sekundenbruchteilen eine pseudo-logische Gleichung nach dem Muster: Wenn mein Gegenüber mich kennen/lieben/respektieren würde, dann wüsste es, was ich wirklich brauche/meine/empfinde. Da Aussage/Frage/Gebärde XY überflüssig wäre, wenn es mich wirklich kennen/lieben/respektieren würde, gibt es nur eine Schlussfolgerung: Ich werde nicht wirklich erkannt/geliebt/respektiert!

Anregung: Welches Unliebesspiel spielst du am liebsten?

Der Paarforscher John Gottman untersucht – oft gemeinsam mit seiner Frau Julie Schwartz Gottman – Liebespaare wissenschaftlich, indem er Paarkonflikte analysiert und mit der weiteren Paardynamik abgleicht (zit. nach Ruland 2015, S. 69). Er hat vier »apokalyptische Reiter« identifiziert, die mit hoher Wahrscheinlichkeit zur Trennung führen: Kritik, Verachtung, Rechtfertigung und Mauern. Ein schönes Beispiel liefert Juli Zeh in ihrem Roman *Neujahr*. Dort lässt sie ihre Protagonistin Theresa zu Henning, ihrem Mann und Vater der gemeinsamen Kinder, sagen: »Sei ein Mann! Einer, den ich lieben kann!« (Zeh 2018, S. 66). Es ist doch erstaunlich, wie viel Entwertung in acht Worten zum Ausdruck gebracht werden kann ...

Killer Nr. 1: geringer Selbstwert

Für den Paar- und Sexualtherapeuten Tobias Ruland sind alle vier oben genannten Reaktionsmuster Teil Ausdruck desselben Problems: geringer Selbstwert. Er macht Menschen nicht nur verletzlich, sondern auch anfällig, bereits auf kleinste Irritationen maßlos zu reagieren. Denn dort, wo ein stabiler Selbstwert helfen würde, die Irritation einzuordnen, abzufedern und zu begrenzen, ist nichts, was Halt bieten würde. Wir befinden uns dann seelisch im freien Fall. Wenn beide ähnlich gestrickt sind und sich nicht selbst zu begrenzen wissen, führt das zum Gemetzel.

Ruland schreibt: »Die Fähigkeit eines Menschen, sich in einer bestimmten Situation eigenständig zu stabilisieren und angemessen zu reagieren, wenn der Selbstwert ins Wanken gerät, ist nach meiner Beobachtung die mit großem Abstand wichtigste Komponente für das Gelingen zwischenmenschlicher Beziehungen, für Nähe und letztendlich für Intimität. Je schneller der Selbstwert ins Wanken gerät, umso mehr wird er durch ›fremde Macht‹ verletzbar und umso mehr wird er unternehmen, das damit verbundene unangenehme Gefühl abzuwehren. Und bei der Abwehr des Unbehaglichen greifen die meisten Menschen leider nicht auf Selbstberuhigung zurück, sondern auf Taktiken wir Angriff, Abblocken, Rechtfertigung oder Flucht« (Ruland 2015, S. 80f.).

Um den inneren Berserker zu begrenzen, musst du langfristig an deinem Selbstwert – also an der Beziehung zu dir selbst – arbeiten. Kurzfristig hilft dir die Fähigkeit, dich selbst zu beruhigen. In meinen Worten: Aktiviere dein Vermittler-Ich, sobald dein Männlichkeits-Ich gereizt reagiert oder dein Bedürftigkeits-Ich verletzt zusammensackt. Dieses innere Abstandnehmen erlaubt dir, Zeit zu gewinnen und Druck rauszunehmen. Klar, die zusätzliche Luft kannst du auch nutzen, um dich cool und souverän zu zeigen. Bloß schafft das neuerlich Distanz statt Verbindung. Schlauer scheint mir, aus dieser vermittelnden Sprechposition dem Gegenüber einen Einblick zu schenken, was gerade bei dir passiert. So gibst du deiner Partnerin auch die Chance, zur Komplizin beim Aufknüpfen eurer Verstrickungen zu werden. So schaffst du ein Arbeitsbündnis. Genau darum geht es. Solange beide aus alten Verletzungen heraus dem:r Anderen neue Verletzungen zufügen, drehen sie immer weiter in der Eskalationsspirale. Sobald es aber gelingt, gemeinsam die Aufgabe anzupacken, die Kampfdynamik ihrer inneren Saboteure auszutricksen, eröffnet sich in zweifacher Hinsicht ein Ausweg aus der Spirale: Aus der Feindin wird eine Gefährtin – und aus dem einsamen Teufelskreis wird ein gemeinsamer Weg. »Liebe ist immer anfechtbar, auch und gerade von angeblichen Kleinigkeiten, über die wir sie erhaben wünschen«, schreibt Nils Pickert in seinem inspirierenden Buch *Lebenskompliz*innen* (Pickert, 2022, S. 15). »Anstatt diese universelle Anfechtbarkeit zu ignorieren, sollten Liebespaare sie anerkennen und sich gegen sie verschwören.« Ich mag die Vorstellung, Liebe als Lebenskompliz:innenschaft zu denken, die sich gegen die innere Sabotage verschwört. In dieser pragmatischen Haltung kann gelingen, woran die vermeintlich »romantische« Liebe zwangsläufig scheitern muss.

Wichtig: Die Sprechposition des Vermittler-Ichs ist keine neutrale Moderation! Sprich nicht für beide, sondern für dich. Denn sobald du versuchst, Konfliktpartei und Paartherapeut in Personalunion zu sein, drehst du die Konfliktspirale weiter an. Denn mit der Therapeuten- oder Moderatorenrolle entfliehst du den Niederungen des Streits und positionierst dich als sprichwörtlich »höhere« Instanz, die den Überblick hat. Damit lässt du nicht nur dein Gegenüber allein zurück, sondern erschleichst dir eine hierarchisch übergeordnete Position (die des »neutralen« Beobachters). Genau diese Höherstellung deiner Selbst wird dein Gegenüber zwangsläufig auf die Palme bringen. Dann seid ihr zwar wieder auf gleicher Höhe – aber eben noch lange nicht auf einem gemeinsamen Weg.

Ich selber musste im Lauf der Zeit ein Sensorium dafür entwickeln, wie sich die lähmende Erstarrung ankündigt, die mich in heftigen Konflikten ergreift. Dadurch kann ich Zeichen nahender Erstarrung bereits zu einem Zeitpunkt wahrnehmen, zu dem ich noch artikulationsfähig bin. Dank dem kann ich meiner Liebsten noch rechtzeitig die Information geben: »Jetzt beginne ich zu erstarren.« Durch diese Selbstmitteilung baue ich eine Notbrücke. Ohne viel sagen zu müssen, mache ich klar: Du bist nicht mein Feind (auch wenn mein emotionales Auseinanderfallen durch dich ausgelöst wurde). Und ich gebe ihr die Möglichkeit, in Verbindung mit mir zu bleiben, selbst wenn ich die Verbindung kappen sollte. Oft reicht aber bereits das beruhigende Wissen um diese kleine Notbrücke, damit die Hauptbrücke gar nicht erst einstürzt.

Wunderbarerweise taugt die Notbrücke zum Du gleichermaßen als Notbrücke zu mir selbst. Denn sie hält die Verbindung zwischen dem gekränkten Männlichkeits-Ich und dem ausgleichenden Vermittler-ich aufrecht. Dadurch reißt es mich nicht weg. Bildlich gesprochen: Aus der minimalen Distanz des Vermittler-Ichs kann ich dem Saboteur in mir in die Augen schauen. Indem ich mich ihm stelle, verliert er seine Kraft und Bedrohlichkeit.

Sensible Machtfragen

Um zu lieben, müssen wir (uns) Grenzen setzen. Das ist meine Botschaft in diesem Kapitel. Wir müssen den Saboteur in uns begrenzen, der Irritationen als Anlass für einen – kurzzeitigen oder langfristigen – Beziehungsabbruch missbraucht, statt sie als Einladung zu ehren, über Reibung Wärme und Verbindung wachsen zu lassen. Wir müssen auch den Pascha in uns begrenzen, der sich für wichtiger hält und Anspruch auf das größere Kuchenstück zu haben glaubt. Hier wird sichtbar, wie politisch das Private ist: Solange wir in einer Gesellschaft leben, die »Männliches« höher bewertet als »Weibliches«, wirst du nie ganz frei sein von mehr oder minder bewussten Anmaßungen und Selbstüberhöhungen. Das ist nicht dein Fehler, aber deine Baustelle.

Heterosexuelle Liebe auf Augenhöhe ist in einem patriarchalen System besonders anspruchsvoll. Denn in Mann-Frau-Beziehungen findet eine unvermeidliche Vermischung zweier Beziehungsebenen statt. (Das gilt übrigens nicht nur für Paarbeziehungen.) Auf individueller Ebene verlangen Liebe, Kompliz:innenschaft und Begegnung auf Augenhöhe nach absoluter Macht- und Verantwortungs-Symmetrie. Doch weil sich nicht in einem geschichtslosen und gesellschaftsfreien Raum vollziehen, kann dieser Anspruch nach Symmetrie gleichwohl nicht absolut gelten. Männer° sind gefordert, Frauen AUCH in ihrer historisch-strukturellen Benachteiligung wahrzunehmen – und eigene Ansprüche gegebenenfalls zurückzubinden, auch wenn sie sich so anfühlen, als seien sie in der konkreten individuellen Beziehungskonstellation total berechtigt. Dafür braucht man(n) kritische Distanz zu seinen eigenen Verletzungen und Benachteiligungsgefühlen. Auch diese Form der Selbstbegrenzung fällt vielen Männern° schwer. Viele, die es können, neigen umgekehrt dazu, sich mit eigenen Ansprüchen chronisch klein zu machen. Wir können nur versuchen, wachsam und nachsichtig diese Ungleichzeitigkeiten immer wieder aufs Neue auszubalancieren.

Umgekehrt gibt es Bereiche, in denen Frauen gesellschaftlich mehr Kompetenz und Bedeutung zugestanden werden als Männern. Dies gilt insbesondere für das weite Feld des (Zwischen-)Menschlichen: Liebe, Beziehungen, Erziehung beispielsweise. Qualitative sozialwissenschaftliche Untersuchungen zeigen, dass Frauen mit hoher Selbstverständlichkeit wertende Aussagen über die väterlichen Qualitäten ihrer Männer machen (z. B. Aunkofer et al. 2018). Selbst wenn diese Bewertungen positiv ausfallen, bleibt die Hierarchie problematisch. Denn bewerten kann ich nur, wenn ich mir selbst die Kompetenz zugestehe, das Bewertete einzuschätzen. Indem sich Frauen diese Bewertungskompetenz im häuslichen Bereich zuschreiben, zementieren sie – mutmaßlich unbewusst – das alte Bild der familiären Sphäre als Frauendomäne. Für den Mann bleibt dann nur noch die Rolle des Juniorpartners, Assistenten oder »schuldbewussten Schülers« (Kaufmann, 2005; ▶ Kap. 2.5). Das ist der Grund, weshalb weibliches Lob (»Er macht das toll«) über männliches° Engagement zuhause ebendieses lahmlegen kann. Während die Aussage bei oberflächlicher Betrachtung freundlich und ermutigend klingt, liegt ihr gleichzeitig ein Machtanspruch zugrunde, der auch eine klare Ansage beinhaltet: Die Macht daheim habe ich. Dasselbe wird wortlos mitgeteilt, wenn die Frau ihre Standards durchsetzt (z. B. indem sie die Wäsche nochmals »richtig« zusammenlegt).

Viele Männer° gehen in dieser Situation auf Tauchstation. Andere versuchen, es ihr recht zu machen. Nur Wenige wagen die eigentlich angezeigte Konfrontation. In der Männerarbeit und Väterbildung staunen wir immer wieder darüber, wie schwer es den meisten Männern° fällt, eigene Herangehensweisen zu verteidigen. Wer sich ein Herz fasst und über Hygiene und Ordnung zu diskutieren beginnt, tappt jedoch in eine Falle. Denn das Problem ist kein Sach-, sondern ein Beziehungsproblem. Damit der Austausch fruchtbar wird, müssen Männer° auf Beziehungsebene diskutieren und die (Definitions-)Machtfrage stellen. Dabei geht es eben nicht mehr darum, welcher Hygiene- oder Ordnungsstandard »richtig« ist oder auf welchen Kompromiss-Standard man sich verständigt. Sondern darum, was es braucht, damit unterschiedliche Standards und Herangehensweisen Platz haben dürfen. Bei beidseitiger Sorgfalt und Offenheit – Stichwort Arbeitsbündnis – geraten so auch von Frauen verinnerlichte Geschlechternormen in den Blick, die sie daran hindern, Definitionsmacht abzugeben. Dazu zählen insbesondere auch Reinlichkeits- und Ordnungsimperative, die ihre Mütter eingefordert hatten.

Ich möchte zum Abschluss dieses Unterkapitels den Blick weiten und die Nützlichkeit wachsender Begrenzungskompetenz in zwei anderen Feldern beschreiben.

Rücksichtslos, aber respektvoll im Beruf

Berufliche Zusammenhänge sind in der Regel hierarchisch organisiert. Vorgesetzte verfügen über ein funktionales Weisungsrecht: Sie erhalten dadurch kraft ihrer Position im Betrieb die Freiheit, Entscheidungen im Bereich ihres Einflussbereichs auch gegen Widerstreben durchzusetzen. Man kann kritisch fragen, ob das noch zeitgemäß und effizient ist. Solange sich ein Unternehmen so organisiert, müssen Mitarbeiter:innen diese Macht respektieren. Bei der Frage, was Respekt in diesem Zusammenhang meint, kommt es jedoch gern zu Verwechslungen. Respekt vor der letztendlich getroffenen Entscheidung wird gern verwechselt mit der Pflicht, im Prozess der Entscheidungsfindung auf Kritik und Konfrontation des:der Vorgesetzten zu verzichten.

Das ist für alle bedauerlich: Für das Unternehmen, weil auf diesem Weg nicht das ganze Potenzial aller Beteiligten ausgeschöpft werden kann. Für die Mitarbeitenden, weil sie sich so selbst ihrer Einflussmöglichkeiten berauben. Für den:die Vorgesetzte, weil er: sie allein gelassen wird. Ich leite seit 20 Jahren Teams. Am liebsten sind mir Mitarbeitende, denen es gelingt, eine Entscheidung loyal mitzutragen, aber die funktionale Hierarchie während des Entscheidungsfindungsprozesses auszublenden. Aussagen wie »Das kannst du so nicht machen« oder »Das finde ich jetzt aber ziemlich unlogisch« empfinde ich deshalb genau als Gegenteil der Respektlosigkeit, die sie bei oberflächlicher Betrachtung darstellen. Der Respekt besteht darin, mich ohne Rücksicht auf meine hierarchische Position zu konfrontieren. In allen erwachsenen Beziehungen verlangt Respekt gelegentlich nach (bezogener) Rücksichtslosigkeit.

Hass im Netz

*Manosphere ist der Oberbegriff für jene Räume des Internet, in denen sich Männer° gegenseitig in der Überzeugung bestärken, systematisch zu kurz zu kommen. Es gibt unzählige Foren und Diskurse. Ihnen gemein ist, dass am Ende immer irgendwie Frauen und Feminismus schuld an allem sind. Diese Diskurse schwappen auch auf Facebook, Twitter & Co. über. Mit verstörender Sorglosigkeit beschimpfen vornehmlich Mittelschichts-Männer° mittleren Alters – also die »Mitte der Gesellschaft« – alles, was ihnen Unbehagen verursacht. »Insbesondere Männer, die Unsicherheit in Bezug auf ihre Männlichkeit haben (*masculiniy anxiety*) neigen dazu, online Hass zu billigen oder auszuüben«, stellt eine Expertise für den dritten Gleichstellungsbericht der deutschen Bundesregierung fest (Frey 2020, S. 23). Ein Forschungsteam um Manoel Horta Ribeiro hat genau hingeschaut und 28 Millionen Beiträge aus der *Manosphere* analysiert. So können die Wissenschafter:innen eine doppelte Radikalisierungsdynamik nachweisen: Einerseits beobachten sie, wie User von eher gemäßigten Plattformen und Subkulturen (z. B. Pickup-Artists) abwandern und Anschluss in immer radikaleren Milieus (z. B. *Incels* und *MGTOW*) suchen. Andererseits werden die Tonalität der Beiträge und das Klima auf diesen Plattformen im Zeitverlauf immer toxischer. Man(n) lässt sich von der eigenen Wut mitreißen und fühlt sich von den anderen Mitgliedern der *Community* bestärkt und bestätigt, bis dass man(n) sich ganz dem Hass überlässt. Eine Fachkollegin von mir erhielt kürzlich folgendes (anonymes) Schreiben: »Du bist ein erbärmliches Miststück. Du säst Hass und wirst Hass ernten. Wann ziehst du endlich die Konsequenzen und bringst dich um? Ich helfe dir gerne. Zuvor würde ich dich aber noch einem 24-stündigen Dauer-Ficktest unterziehen.« Jede Frau, die im öffentlichen Leben steht, scheint Vergleichbares zu erleben. Es ist deshalb fraglich, ob man hier noch von einer »Spitze des Eisbergs« sprechen kann. Ja, Wut ist verständlich. Aber keine schützenswerte Meinung. Sondern ein zu begrenzendes Gefühl. Das ist eine Frage des Anstands, der Hygiene und der Lauterkeit.

Inneren Furor kennen wir alle. Ihr begrenzen zu lernen, ist kein Entwicklungshilfeprojekt, das wir kultivierten *neuen* Männer° den tumben Ewiggestrigen beibringen müssten. Es ist eine Verbundaufgabe aller Menschen, die in entfremdeten Systemen leben und von ihrer Angst und Ohnmacht manchmal fast erdrückt werden. Wir alle sind gefordert, dieser Wut über das erzwungene Exil Haltung entgegen zu setzen, damit daraus nicht Hass wächst. Das ist technisch nicht kompliziert: Es gilt, die Wut wahrzunehmen und sie anzunehmen. Solange du dir verbunden bleibst, verlierst du dich nicht in der Frage, was die Anderen alles falsch machen. Du wirst dich darauf konzentrieren, was du selbst tun kannst. Solange du das nicht vergisst, wird sich deine Wut nicht verselbständigen. Und solange bist du davor geschützt, selbst zum *Hater zu werden.

2.5 Dinge: Konsumiere mit Maß

Männer° haben im Schnitt größere Füße als Frauen. Deswegen müssten sie aber nicht unbedingt einen größeren ökologischen Fußabdruck hinterlassen. Dies tun sie jedoch. Einige Beispiele:

- Männer° in Deutschland verzehren im Durchschnitt etwa doppelt so viel Fleisch und Wurst pro Tag wie Frauen (Heinrich-Böll-

Stiftung 2021, S. 11). Männer° assoziieren Fleisch spontan viel ausgeprägter mit positiven Attributen als Frauen (ebd., S. 42). Je stärker sich Männer° mit gesellschaftlichen Männlichkeitsanforderungen identifizieren, umso mehr Fleisch essen sie – und umso weniger können sie sich Fleischverzicht vorstellen (Rosenfeld & Tomiyama 2021). Entsprechend finden sich unter zehn Veganer:innen oder Vegetarier:innen nur drei Männer° (Heinrich-Böll-Stiftung 2021, S. 35).

- Männer° legen in Deutschland im Durchschnitt jeden Tag 46 Kilometer zurück, Frauen 33 (Nobis & Kuhnimhof 2018, S. 29). Die mobilste Altersklasse ist die zwischen 40 und 59 Jahren; Männer ° in dieser Kategorie fahren täglich sogar über 20 Kilometer mehr pro Tag als Frauen (ebd., S. 52). Diese höhere Autonutzung liegt unter anderem daran, dass Männer° drei- bis viermal so häufig auf einen Dienstwagen zugreifen können wie Frauen (ebd., S. 64). Vier von fünf Autos mit über 2000 cm^3 Hubraum werden von Männern° gefahren (von Heesen 2022, S. 109). Je verunsicherter Männer° in ihrer Männlichkeit sind, umso stärker ist ihr Drang, ein schnelles Auto zu besitzen (Richardson et al. 2023).
- Männer° verbrauchen im privaten Wohnraum 23 % mehr Strom. Dies haben Forscher:innen der ETH Zürich festgestellt. Dass Männer° im Schnitt mehr verdienen und entsprechend größere Wohnungen bewohnen, wurde dabei bereits berücksichtigt (Bruderer et al. 2019).

Du merkst, worauf ich hinauswill: Die privilegierte Stellung von Männern° in der Gesellschaft ist auch mit dem Privileg verbunden, überdurchschnittlich viele materielle Güter zu beanspruchen und zu verbrauchen. Das bedeutet auch: Klimaschutz ist nicht geschlechtsneutral. Weil männlicher *Lifestyle* zu einer höheren Umweltbelastung führt, haben Männer auch ein größeres Einsparpotenzial als Frauen – und eine moralische Pflicht, es zu nutzen. Das geschieht in der Praxis aber nicht. Im Gegenteil: Das männliche »Vorrecht« auf umweltschädigendes Verhalten wird mit unglaublichem Eifer verteidigt. Die feministische Autorin Margarete Stokowski (2019) bemerkt polemisch, aber treffend: »Überall, wo es um Einschränkungen vermeintlich besonders männlicher Tätigkeiten geht, egal ob Fleischessen, Böllern oder schnelles Autofahren, stehen jedes Mal Bataillone von Politikern oder Journalisten bereit, die erklären, dass hier eine vermeintlich gottgegebene menschliche Freiheit mit völlig unvernünftigen, lustfeindlichen Beweggründen wegkastriert werden soll.«

Auf dieser Ebene der »Verteilungsgerechtigkeit im Großen« scheint mir die Schlussfolgerung sehr eindeutig: Männer° müssen sich einschränken. Lernen, weniger Ressourcen zu verbrauchen. Sich mit einem gerechten Stück vom Kuchen zufriedengeben. Ihren Konsum begrenzen. Und: Den inneren Berserker auch in klimapolitischen Fragen im Zaum halten. Ich kann verstehen, dass die Weltlage bedrohlich und verunsichernd wirkt, und ich kann verstehen, dass Verzicht nervt. Beides rechtfertigt aber nicht, in welcher Heftigkeit und mit welch blankem (Frauen-)Hass so viele Männer° etwa auf die Protagonistinnen der *Fridays for Future*-Bewegung oder grüne Politikerinnen reagieren.

Fairness im Haushalt

Wenn es um »Verteilungsgerechtigkeit im Kleinen« – die Hausarbeit – geht, sehe ich mehr Widersprüche und Bruchlinien. Als Grundlage einige Fakten:

- Es gibt kein »faules« Geschlecht: Männer und Frauen leisten insgesamt gleich viel Arbeit, wenn sämtliche Belastungen gezählt werden (Erwerbsarbeit, Familienarbeit, Hausarbeit, Freiwilligenarbeit). Täglich sind das rund elf Stunden Arbeit (Samtleben 2019, S. 142).
- Die Geschlechterarrangements bleiben sehr geschlechtstypisch: Frauen verbringen wochentags knapp 5,5 Stunden mit Erwerbsarbeit, Männer gut 8,5 Stunden. In der Kinderbetreuung engagieren sich Frauen im Schnitt zwei Stunden am Tag, Männer 50

Minuten. Für die restlichen Hausarbeiten (Waschen, Kochen, Putzen; Besorgungen und Administratives; Gartenarbeit und Reparaturen) verwenden Frauen täglich etwa 3,5 Stunden, Männer etwa zwei Stunden (ebd.). Auch an den Wochenenden leisten Frauen sowohl mehr in der Kinderbetreuung (drei Stunden gegenüber zwei Stunden) wie auch fürs Kochen, Waschen und Putzen (102 gegenüber 48 Minuten). Nur bei Reparaturen und Gartenarbeit haben Männer die Nase vorn.

- Der Anteil der von Männern geleisteten unbezahlten Arbeit steigt (für Deutschland von 31.4 % im Jahr 1992 auf 37.2 % im Jahr 2016 (ebd., S. 141). Aber: »Der wachsende Anteil von Männern an diesen unbezahlten Tätigkeiten im Paarkontext ist nicht etwa auf ihr gesteigertes Engagement im Haushalt zurückzuführen, sondern resultiert vor allem daraus, dass Frauen immer weniger Zeit für Hausarbeit und Kinderbetreuung aufwenden« (ebd.) und im Gegenzug immer mehr in der Erwerbsarbeit engagiert sind. Die offiziellen Zahlen des Schweizer Bundesamts für Statistik zeigen, dass Männer in den letzten 20 Jahren zwar effektiv 9.9 Stunden pro Woche mehr Zeit in die Haus- und Familienarbeit investiert haben (zit. nach Theunert 2022). Dies hat jedoch keinerlei Rückgang des zeitlichen Engagements der Frauen in der Haus- und Familienarbeit mit sich gebracht!

Insbesondere der letztgenannte Befund regt zum Nachdenken an. Wie kann es sein, dass Männer° jede Woche zehn Stunden mehr Haus- und Familienarbeit leisten, ohne dass dies zu einer Entlastung auf Frauenseite führt? Das Geschlechterklischee hat eine schnelle Antwort zur Hand: Weil die Männer° die so lausig ausführen, dass Frauen alles nochmals »richtig« machen müssen. Ähnlich, aber differenzierter ist die Vermutung: Männer° leisten zwar den Mehraufwand, entlasten aber ihre Frauen nicht von den damit verbundenen Managementaufgaben, dem bereits zitierten *Mental Load*. Eine dritte Deutung wäre: Es findet zwar Entlastung statt, die aber durch gestiegene Ansprüche – v. a. Bildung, Betreuung und Bespaßung der Kinder – sogleich wieder aufgefressen wird.

2 Grenzen setzen

Sensible Verstrickungen

Das berührt ein sensibles Feld: Traditionelle Weiblichkeitsanforderungen fordern von Frauen, auch dann perfekte Mutter und tüchtige Hausfrau zu bleiben, wenn sie beruflich Karriere machen. Es ist für moderne Frauen genauso schwierig, sich von diesen alten, aber stark verinnerlichten Botschaften abzugrenzen, wie es für moderne Männer schwierig ist, das ganze Männlichkeitsgedöns über Bord zu schmeißen. Doch wie sollen Männer° damit umgehen, wenn ihre Partnerinnen in alten Rollenvorgaben verstrickt bleiben? Sich einfach darauf hinauszureden, sie tue das ja alles »freiwillig«, ist meines Erachtens unlauter und unsolidarisch. Gleichzeitig macht es auch nicht wirklich Sinn, wenn Männer° in eine Art Care-Wettbewerb einsteigen und selbst versuchen, überholten Weiblichkeitsanforderungen nachzueifern. Es braucht eher komplementäre Solidarität, die dem geschlechterpolitischen Kontext und den je geschlechtsspezifischen Herausforderungen angemessen Rechnung trägt.

Franziska Schutzbach schreibt in ihrem Buch *Die Erschöpfung der Frauen*: Viele Frauen hätten von sich selbst das Bild, »sie müssten anderen zur Verfügung stehen, sie müssten Liebe und Fürsorge wider die Umstände einer rauen und egoistischen Welt gewährleisten – sie empfinden das oft auch dann, wenn andere das gar nicht von ihnen einfordern. Ihre Grenzen implodieren, weil sie es als ihre Aufgabe betrachten, die menschlichen Bedürfnisse nach einer Existenz jenseits von Leistung, Geld, Konsum und Konkurrenz zu stillen« (Schutzbach 2021, S. 243). Damit spricht sie sowohl die effektive Haus- und Familienarbeit ebenso an wie die emotionale Haus- und Beziehungsarbeit. Auf dieser Ebene sehe ich es als Aufgabe der heutigen Männer°generation, Mitverantwortung für die Befriedigung dieser immateriellen Bedürfnisse zu übernehmen – und durch die Übernahme von mehr emotionaler Haus- und Beziehungsarbeit und die Abnahme von *Mental Load* sowohl konkrete Entlastung wie auch ein Stück Befreiung von den internalisierten Ansprüchen zu ermöglichen. Die wohlwollende Unterstützung und auch Anleitung von Frauen ist dabei hilfreich (auch wenn sie nicht direkt eingefordert werden kann).

Auf Ebene der gemeinsam zu verhandelnden Care-Standards plädiere ich für die gegenläufige Bewegung. Gerade weil Frauen *gelernt* haben, hohe Ansprüche an Haushaltsführung und Sorgearbeit zu stellen – und unter diesen hohen Ansprüchen selbst leiden – kann es nicht wirklich zielführend sein, wenn Männer° diese Standards gedankenlos übernehmen oder gar zu *toppen* versuchen. Es braucht hier ein solidarisches Begrenzen von Ansprüchen, eine Verständigung auf die tiefstmöglichen Standards, die für beide gerade noch so akzeptabel sind. Und es braucht von Männer°seite notfalls auch die Bereitschaft zur Abgrenzung und Konfrontation, wenn dies nicht gelingt.

Damit eine solche Verständigung überhaupt möglich wird, gibt es Voraussetzungen: Männer° müssen unbezahlte Haus-, Familien- und Beziehungsarbeit als Bereiche verstehen, für die sie genauso Verantwortung tragen wie Frauen. Frauen müssen diese Bereiche als etwas verstehen, das gestaltbar ist und nicht perfekt sein muss. Und beide müssen ein Verständnis dafür entwickeln, wie der:die Andere trotz aller Modernisierung in alten Rollenerwartungen festgezurrt bleibt. Sonst landet man zwangsläufig in gegenseitigen Unterstellungen und Vorhaltungen. Am konkreten Beispiel der Arbeitsverteilung lässt sich jedoch wunderbar zeigen, wie irreführend die alltagsplausible Annahme ist, das eine Geschlecht profitiere auf Kosten des anderen. Denn die erwähnten Schweizer Zahlen belegen: Sowohl Männer° wie Frauen müssen heute gut fünf Wochenstunden mehr Arbeit leisten als vor 20 Jahren. Bei den Frauen ist es die mangelnde Entlastung bei der Haus- und Familienarbeit in Kombination mit einer Mehrbelastung in der Erwerbsarbeit. Bei den Männern° ist die Mehrbelastung in der Haus- und Familienarbeit (im Umfang von zehn Stunden), welche durch die Minderbelastung in der Erwerbsarbeit (im Umfang von fünf Stunden) nur teilweise kompensiert wird. Verlassen wir die Ebene gegenseitiger Unterstellungen, kommt das System in den Blick, das Männern° wie Frauen immer mehr Aufgaben überbürdet.

2 Grenzen setzen

In meinem persönlichen Lebensvollzug gelingt immerhin – aber auch nur – die Teilmodernisierung. Mir ist wichtig, das transparent zu machen, um keine unverdienten Lorbeeren einzuheimsen (inspirierend dazu: Moorstedt 2022). Während wir beide für unsere Tochter tatsächlich vergleichbar vertraute Bezugspersonen sind (und beispielsweise im Krankheitsfall je nach aktueller Arbeitslast entscheiden, wer gerade eher einspringen kann), leistet meine Frau eindeutig mehr im Management der Schnittstellen nach außen (Schule, Betreuungspersonen, medizinische Versorgung) sowie im Administrativ-Buchhalterischen. Fürs Einkaufen und Kochen übernehmen wir vergleichbar viel Verantwortung. Beim Ansprechen von Befindlichkeits- und Beziehungsfragen bin ich aktiver. Bei der Verteilung der sonstigen Hausarbeit wenden wir einen Kniff an: Ich bin allein zuständig für unseren Zweitwohnsitz mit seinem betreuungsintensiven Garten. Deshalb muss ich mich weniger an der Haushaltsführung am Erstwohnsitz beteiligen. Damit umschiffen wir auch die schwierige Klärung, welche Hygienestandards nun eigentlich gelten. Die Regel lautet: Am Erstwohnsitz definiert sie die Standards, am Zweitwohnsitz ich. Womit wieder einmal bestätigt wäre, dass privilegierte Lebensumstände hilfreich sind, um einvernehmliche Gleichstellungsarrangements zu vereinbaren. Übrigens, was mir hilft, um Hausarbeit Sinn zu geben: Haushaltspflege als Teil meiner eigenen Psychohygiene zu betrachten. Die Pflege des eigenen Heims wird so zu einer Form der Selbstsorge und damit zum Gegenentwurf zur seelischen Verwahrlosung. »Schöner wohnen« erhält so plötzlich eine doppelte Bedeutung.

Zum Abschluss von Kapitel 2 empfehle ich dir, das Blatt mit dem aufgezeichneten Dreieck hervorzuholen und in der Ecke unten rechts zu notieren, was für dich die Qualität des (dir und Anderen) Grenzensetzens ausmacht.

Mir persönlich wichtig ist, mich von meinen Empörungsimpulsen nicht vorschnell mitreißen zu lassen. Denn meistens merke ich durch dieses Innehalten, wie die Empörung von etwas ablenken wollte, das es wert ist, mir genauer anzuschauen.

3 Zulassen[22]

Kernbotschaft: *Du kannst nur deiner eigenen Bestimmung folgen, wenn du die Tricks durchschaust, mit denen du deine inneren Wegweiser zu ignorieren gelernt hast. Gelingt es dir, ihnen zu vertrauen, musst du dich nicht länger anstrengen, um Liebe und Geborgenheit zu finden und Vielfalt im Innen und Außen zuzulassen.*

Themen: *Vielfalt, Geschlechtsidentität, Kontrolle, Radikalisierung, Empfänglichkeit, Selbstausdruck, Selbstliebe, Versöhnung, Umgang mit Abhängigkeit, Emanzipation, Nachhaltigkeit*

»Im Nichtstun bleibt nichts ungetan«, schreibt Laotse (1985, Kap. 44) im vierten Jahrhundert vor Christus im Tao-Te-King, dem Lehrbuch des Taoismus.

Das klingt vielleicht ein bisschen nach Glückskeksweisheit. Doch töricht wäre, die Augen vor der offenkundigen Einsicht zu verschließen: Dass Zufriedenheit erarbeitet und Glück erkämpft werden muss, ist eine Vorstellung, deren westlich-kapitalistische Prägung leicht zu durchschauen ist. Demgegenüber scheinen so ziemlich alle Weltanschauungen, Religionen und spirituellen Lehren zum gegenteiligen Schluss zu gelangen: Glück und Zufriedenheit entstehen durch Hingabe und das Sich-fallen-Lassen in ein größeres Ganzes. Das ist für westlich und männlich sozialisierte Menschen eine doppelte Provokation.

---

22 Dieses Kapitel bezieht sich inhaltlich auf Modul 3 des Lehrgangs »Geschlechterreflektiert mit Jungen, Männern und Vätern arbeiten«. Die Referenten in dieser dritten Blockwoche sind Dag Schölper, Hannes Rudolph, Christoph Walser und Andreas Heilmann. Interessierte finden Literaturangaben im Literaturverzeichnis.

3 Zulassen

In Kapitel 1 stand die Frage im Zentrum, was du (gerade) brauchst. Dieses Kapitel fragt, was du (wirklich) willst. Das sind zwei sehr verschiedene Dinge. Denn damit wir das, was wir wollen, auch wirklich brauchen, müssen wir uns bereits sehr nah sein. Wir müssen aufgehört haben, unsere Gefühle durch Ablenkung und Konsum zu betäuben und gelernt haben, uns des Werts unserer menschlichen Existenz jenseits von Status und Besitz sicher zu sein.

Kapitel 3 vermittelt dir Werkzeuge, damit du diese Lebensaufgabe anpacken kannst. Als Grundlage dafür möchte ich dich verstehen lassen, weshalb du so viel Energie in die Kontrolle deiner Impulse investierst und gleichzeitig so wenig geschult bist in der Kunst des Zulassens. Das ist einmal mehr nicht individuelles Versagen, sondern logische Folge eines kulturell vermittelten Imperativs, der uns täglich in tausend Variationen um die Ohren gehauen wird: *You can get it if you really want!* Du bist deines eigenen Glückes Schmied! *Just do it!*

Diese Aufforderungen prasseln auf uns alle nieder. An Männer wenden sie sich jedoch nochmals mit einem ganz eigenen Dreh. Ich komme gleich darauf zurück.

Theorie kompakt zum Einstieg

Geschlechterpolitisch gibt es zwei treibende Kräfte: eine Bewegung aus der Mitte und eine Bewegung von den Rändern. Mir als nicht markiertem *weißen* Mittelschichtsmann stehen jene näher, welche die herrschende Geschlechterordnung aus der Mitte heraus aufbrechen und gerechter gestalten wollen. Gleichzeitig ist mir oft etwas unwohl, wenn ich beispielsweise auf Einladung staatlicher Gleichstellungsfachstellen mit lauter anderen gut ausgebildeten *weißen* Mittelschichtsfrauen (und einigen -männern) am Konferenztisch sitze und in die Klage darüber einstimme, wie zäh und langsam es mit der Gleichstellung vorwärts geht. Kein Wunder, denke ich mir dann. Denn natürlich mangelt es unseren Forderungen an Vehemenz und Radikalität, so satt wie wir sind und so viel zu verlieren, wie wir haben.

Als geschlechterpolitisch aktiver Mann erlebe ich eine zweite Schwierigkeit. Wenn ich den Stillstand fast nicht mehr aushalte und vor lauter Ungeduld feurig werde, fliehe ich in kämpferische Fantasien. »Wir müssen das Patriarchat stürzen«, denke ich mir dann. Manchmal sogar: »Wir müssen dem Patriarchat den Krieg erklären.« Natürlich meine ich das sinnbildlich. Ich spreche nicht von Gewalt, sondern vom Bruch mit Konventionen, dem Mut zur Verstörung, der Lust auf Erschütterung. In dieser Energie beginne ich jedoch genau das zu beleben, was ich ja eigentlich überwinden will: eine Männlichkeit, die ihre Anliegen ohne Rücksicht auf Verluste und auch gegen Widerstreben durchsetzt.

Impulse von den »Falschen«

In dieser Sackgasse bin ich extrem dankbar um diese andere Strömung, die »von den Rändern« kommt (wenn wir die Mitte der Gesellschaft als jenen Ort denken, in der die Gewissheit darüber hochgehalten wird, was eine »richtige« Frau und was einen »richtigen« Mann ausmacht). Denn diese vorherrschenden Geschlechterbilder sind ja nur für all jene eine Verführung, die eine halbwegs realistische Chance haben, ihnen zu genügen. Weil unsere Männlichkeits- und Weiblichkeitsnormen so eng sind, ist das ganz schön voraussetzungsreich: hetero, *weiß* und cis, das sowieso (und bitte möglichst eindeutig), gern aber auch jugendlich (oder zumindest jung geblieben), normschön und sportlich, angepasst und konsumstark. Das Gute daran: Weil die Anforderungen so eng sind, gibt es ganz schön viele Menschen, die gar nicht erst den Versuch unternehmen, sich in die vorgefertigte Schablone zu pressen. Das sind grob vereinfacht gesagt all jene, deren Körper und/oder Begehren aus der Perspektive der definitionsmächtigen Mehrheit »falsch« sind.

Zu Beginn meines geschlechterpolitischen Engagements fand ich sie irritierend, die Queeren, Non-binären, Transidenten und

Genderfluiden. Mein kleines Ich dachte: Dafür, dass ihr so wenige seid, macht ihr aber eine ganze Menge Lärm. Heute schäme ich mich, wenn ich daran zurückdenke. Ich schäme mich für meine Privilegienignoranz und meine Egozentriertheit, die zur strategischen Fehleinschätzung verleiteten, gerechte Geschlechterverhältnisse könnten mit gutem Willen und ebensolchen Argumenten allein aus der Mitte der Mehrheitsgesellschaft heraus erreicht werden. Daran glaube ich heute nicht mehr. Gerade wir Hetero-Cis-Männer sollten der LGBTQI+-Community viel dankbarer sein für die Öffnungsimpulse, die sie uns aufdrängen, viel wertschätzender sein für die Arbeit, die sie unter oft prekären Bedingungen und unter Einsatz persönlicher Risiken leisten.

Ich schäme mich aber auch für meine persönliche Ignoranz und meine Überforderung, mit geschlechtlicher Nicht-Eindeutigkeit umzugehen. Klar, es ist anfangs ein merkwürdiges Gefühl. Wir sind nun mal von Kindesbeinen an darauf konditioniert worden, ein Gegenüber *entweder* als Frau *oder* als Mann zu identifizieren. Logisch irrlichtert der innere Kompass, wenn verstörend widersprüchliche Signale eingehen: lange Haare, lange Beine, dunkle Stimme, breite Schultern, trotzdem Brüste. Da meldet sich dann eben der innere Spießbürger und fragt: Ja was jetzt?! Eine größere Leistung, als diesen Moment der Uneindeutigkeit auszuhalten, ist aber nicht zu erbringen, um anständig auf diesen Menschen zu reagieren, der sich meinem Bedürfnis nach Eindeutigkeit entzieht. Denn sobald die kognitive Dissonanz aufhört, nach Auflösung zu drängen, kann reale Begegnung stattfinden. Mit Alex, Lina, Stefanie, Henry, Myshelle, Hannes und allen anderen ganz normalen Menschen.

Hannes heißt Rudolph mit Nachnamen, ist Psychologe und hat von 2012 bis 2022 die Fachstelle für trans Menschen im Checkpoint Zürich[23] geleitet. In unserem Lehrgang »Geschlechterreflektiert mit Jungen, Männern und Vätern arbeiten« wirkt er als Dozent.

---

23 www.cpzh.ch

Im Zentrum seiner Intervention steht die Kritik an einer »genital determinierten binären Geschlechterordnung«. Das Wortgebilde ist komplex, der beschriebene Umstand eigentlich einfach: In unserer Kultur entscheidet das bei der Geburt sichtbare resp. zugewiesene primäre Geschlechtsorgan – also die Existenz eines Penis oder einer Vulva – über unseren Platz in der Welt. Und das ist tatsächlich ebenso erstaunlich wie verstörend, wenn man die Beliebigkeit des Kriteriums zur Tragweite der Auswirkungen in Beziehung setzt.

»Warum erkundigt sich die Buchhändlerin nach dem Geschlecht des Kindes, wenn ich mich für ein Geschenk beraten lasse?«, fragt Hannes einleitend. »Warum gibt es keine Kleiderabteilung für Kinder, sondern nur solche für Mädchen oder für Jungen? Warum werden Freundschaften zwischen Jungen und Mädchen anders kommentiert als gleichgeschlechtliche?«

Weil es einen tief verankerten Vereindeutigungszwang gibt, wenn es um Geschlecht geht. Das unausgesprochene *Agreement* lautet: Niemand soll die Geschlechterordnung gefährden dürfen, die unsere privaten und öffentlichen Lebensbereiche strukturiert. Das Bedürfnis nach Ordnung mag verständlich sein. Stoßend ist, dass offensichtlich unhaltbare Behauptungen herangezogen werden, um es zu erfüllen. Beispielsweise tun wir so, als könne das Geschlecht eines Kindes bei Geburt eindeutig zugeordnet werden. Das stimmt in vielen Fällen – in vielen aber auch nicht. Allein schon bei den äußeren Geschlechtsmerkmalen gibt es keine »natürliche« Grenze, wo die Riesenklitoris aufhört und der Mikropenis beginnt. Dasselbe gilt für die inneren Geschlechtsorgane wie auch für Hormone und Chromosomen. In der biologischen Wirklichkeit sind die Variationen der Natur unendlich. Es braucht eine soziale Wirklichkeit, die sich durch diese Vielfalt der Natur bedroht sieht, um eine *binäre Geschlechterordnung* zu etablieren, die maximal langweilig genau zwei Ausprägungen kennt: Jungs *oder* Mädchen.

Beziehen wir neben dem sichtbaren Geschlechtskörper auch die Dimension der persönlichen Geschlechtsidentität mit ein, entpuppt sich die »genital determinierte binäre Geschlechterordnung« noch stärker als grobschlächtiges Verbrechen am menschlichen Facettenreichtum. Denn so etwas schwer Fassbares wie »Geschlechtsidentität« ist im Konzept schon gar nicht vorgesehen. Die Annahme lautet vielmehr: Wer aussieht wie ein Junge, muss (sich) auch wie ein Junge fühlen. Wer aussieht wie ein Mädchen, muss (sich) auch wie ein Mädchen fühlen. Dabei leisten wir uns gleich zwei recht plumpe Denkfehler: Erstens die Annahme, Jungs und Mädchen unterschieden sich alle und eindeutig durch klar abgrenzbare, stabile Persönlichkeitseigenschaften und Interessen. Zweitens die Annahme, das Vorhandensein von Penis oder Vulva entscheide zweifelsfrei und letztgültig, welche Individuen sich welcher Gruppe zuordnen. Beides ist grober Unfug.

Der Irrsinn ist für jene Menschen jedoch sehr viel leichter zu durchschauen, die sich selbst nicht in den vorgesehenen Sammelschubladen – eine mit rosa und eine mit hellblauer Beschriftung – einordnen können und/oder wollen. Genau das macht ihre Erfahrung und die daraus wachsende aktivistische Energie so wertvoll.

Als Mensch, bei dem Geschlechtskörper und Geschlechtsidentität zufälligerweise in eins fallen, kann ich die Hürden und Belastungen nur ansatzweise erfassen, denen trans Menschen begegnen. Auch teile ich definitionsgemäß die Erfahrung eben gerade nicht, wie es sich anfühlt, wenn das innere Geschlecht nicht zum äußeren passt. Es scheint mir in dieser Situation ein Gebot des Anstands und des Respekts, deren Erleben prinzipiell mal als real anzuerkennen und zu verstehen versuchen, wie sich das anfühlen mag. Das ist auch das Anliegen der Betroffenen. Sie sagen uns deutlich: Geschlecht kann man nicht sehen. Maßgebend ist die subjektive Geschlechts*identität*, nicht der äußere Geschlechts*körper* – auch wenn das im Gegensatz zu allem steht, was uns bislang vermittelt wurde. Auf dieser Ebene bin ich als Angehöriger der Mehrheitsgesellschaft in einer Position der »Stärke«, von der aus ich Angehörige einer Minderheit unterstützen und in unterschiedlichsten Zusammenhängen Rückendeckung geben kann: indem ich mich möglichst respektvoll-unverkrampft verhalte (und beispielsweise bei Unsicherheit einfach frage, wie jemand angesprochen werden möchte); indem ich meine Tochter ermutige, transfeindliche Kommentare gegenüber dem »komischen« Kind in der anderen Klasse nicht unwidersprochen zu lassen; indem ich mir die Zeit nehme, meiner Mutter zu erklären, dass trans etwas anderes meint als die *Dragqueen, die in der Samstagabendshow auftritt.

Auf einer anderen Ebene erlebe ich es gerade umgekehrt: Denn Menschen, die sich nicht in die *heteronormativ-binäre Geschlechterordnung pressen lassen, müssen sich zwangsläufig mit der Frage auseinandersetzen, wie sie sich geschlechtlich verhalten und positionieren sollen. Für sie gibt es keinen Anzug, den sie ab Stange kaufen und sich ohne weitere Gedanken überstülpen können. Das ist verbunden mit einem Mehr an Arbeit und Freiheit. Denn es ist zwar anstrengender, den ganz persönlichen Geschlechtsausdruck – ich spreche von Körperhaltung, Gang, Mimik und Gestik, Körpergestaltung, Kleidung und Styling – individuell passend zu entwickeln. Aber es ist auch freier, kreativer, individueller.

Falls ich da etwas verkläre, bitte ich um Nachsicht. Vielleicht sollte ich eher meine eigene Sehnsucht nach mehr Freiheit im Gestalten meines Mannseins in den Vordergrund stellen. Die ist spürbar. Das beginnt ganz banal beim Shoppen, wenn ich ziemlich neidisch sehe, wie bunt und variantenreich die Auswahl in der Damenabteilung wäre. Das geht weiter mit der freundschaftlichen Körperlichkeit und Nähe, die minorisierte gesellschaftliche Gruppen viel selbstverständlicher zu lernen scheinen, während ich mich als heterosexueller cis Mann auf einer heiklen Gratwanderung zwischen *Homophobie und *homosozialer Kumpanei wähne. Oft vermisse ich auch die Solidarität und den Zusammenhalt feministischer und queerer Communities. Auf dieser Ebene bin ich als Angehöriger der Mehrheitsgesellschaft in einer Position der Unbedarftheit, von der aus ich von stärker an den Rand gedrängten Menschen lernen muss und profitieren kann. Auch darum wird es im Lauf dieses Kapitels noch gehen.

Anregung: Woher weißt du eigentlich so genau, dass du ein Mann bist? Versuch deine selbst erlebte Gewissheit (falls vorhanden) zu er-

gründen, OHNE dich auf körperliche Merkmale (Penis, Bartwuchs etc.) oder gesellschaftliche Zuschreibungen (durchsetzungsstark, selbstbewusst etc.) zu beziehen.

Auf den Punkt gebracht: Die Natur hat einen unendlichen Reichtum an geschlechtlichen Existenzweisen vorgesehen. Unsere Gesellschaft tut der Vielfalt der Natur Gewalt an, indem sie a) nur zwei Geschlechter anerkennt, b) mit dem Vorhandensein von Penis *oder* Vulva ein ziemlich willkürliches Kriterium zur Unterscheidung der Geschlechter wählt und c) diese körperlichen Eigenheiten ebenso willkürlich mit Erwartungen auflädt, wie Menschen je nach Geschlecht fühlen, denken, handeln und sich ausdrücken sollen. Dankbarkeit gebührt jenen, die nicht in diese Schubladen passen, weil sie der Mehrheitsgesellschaft damit vor Augen führen, was sie selbst nicht sehen kann.

Angst vor dem Lieben

Die »genital determinierte binäre Geschlechterordnung« durchdringt alle und alles. Die Folgen sind jedoch je nach Geschlecht unterschiedlich. In Kapitel 1 habe ich bereits ausführlich beschrieben, was Jungen während ihres Aufwachsens darüber lernen, wie »männlich sein« geht. An dieser Stelle möchte ich mich auf die Mechanismen konzentrieren, aufgrund derer sich Männer selbst verbieten, anders zu sein als es der Männlichkeitsnorm entspricht. Es ist die Geschichte einer zweifachen Entfremdung.

Weil Jungen dazu gehören wollen, verinnerlichen sie Männlichkeitsanforderungen (das habe ich im Theorieblock von Kapitel 1 ausgeführt; ▶ Kap. 1). Diese verlangen von ihnen nicht nur individuelle Stärke, Souveränität und Leistung in jeder Lebenslage, sondern auch kollektive Teilhabe an der wirtschaftlichen, politischen und kulturellen Macht, die Männern in unserer patriarchalen Geschlechterordnung zugesprochen wird. Mit Blick auf Frauen heißt dies: Männer verhalten sich »männlich«, wenn sie Frauen umwerben, verehren und begehren oder auch abwerten, verachten und benutzen. Aber wenn sie sie als Ebenbürtige lieben und respektieren, riskieren sie ihren Rang in der Männlichkeitshierarchie. Denn damit sabotieren sie eine binäre Geschlechterordnung, die Männer nicht nur als unterschiedlich, sondern eben auch als höherwertig betrachtet.

An dieser Stelle soll es nicht um die bereits erwähnte Perfidie gehen, dass Männer heute dafür kriminalisiert werden, wenn sie sich genau so verhalten, wie es von ihnen – in einer bis heute wirkmächtigen historischen Perspektive – erwartet wird. Vielmehr will ich zeigen, wie das Konstrukt der grundsätzlichen Andersartigkeit der Geschlechter in Verbindung mit dem Konstrukt der grundsätzlichen Höherwertigkeit des Männlichen eine dunkle Kehrseite hat, die wir beleuchten müssen, um die männliche Angst vor dem Sprengen einengender Geschlechtsrollenkorsette zu verstehen. Ich beziehe mich dabei auf Christoph Kucklicks These einer *negativen *Andrologie* (Kucklick 2008).

Der heutige Leiter der Henri-Nannen-Journalistenschule in Hamburg hat im Rahmen seiner Dissertation das Reden und Schreiben über Männlichkeit zwischen 1750 und 1850 untersucht. Das ist genau die Phase, in der sich im Zug der Industrialisierung das bürgerliche Familienmodell entwickelt und die bis heute geltende Rollenaufteilung zwischen Männern und Frauen – er sorgt außer Haus für die materielle Sicherheit, sie im Haus für die familiäre Geborgenheit – etabliert hat. Kucklicks Verdienst ist, einen Zusammenhang systematisch aufgearbeitet zu haben, der in der Geschlechterforschung zuvor kaum beleuchtet wurde. In Kurzform sagt er: Die gesellschaftliche Abwertung von Frauen wird im 18. Jahrhundert mit einer moralischen Überhöhung kompensiert, während die gesellschaftliche Aufwertung von Männern mit der Unterstellung ihrer grundsätzlichen moralischen Verdorbenheit einhergeht. Männer sind in dieser Perspektive zwar zu Recht an der Macht, weil nur sie im Krieg bestehen können. Im Krieg bestehen können sie aber nur, weil der männliche Charakter eben als natürlicherweise gewalttätig und triebhaft, hartherzig und unterdrückend gedacht wird. Um diese wilden Kerle zu domestizieren und ihrem Zerstörungstrieb etwas entgegen zu setzen, braucht es die Frauen. Erst indem die Frau dem Mann den moralischen weiblichen Spiegel vorhält, ermöglicht sie ihm, seine »selbstzentrierte Blindheit« (S. 280) zu überwinden und sein Gewalthandeln zu reflektieren.

Wir müssen Kucklicks These nicht zur alleinigen Wahrheit erklären. Denn natürlich gibt es gleichermaßen historische Beispiele, welche spiegelbildlich die moralische Verkommenheit der triebhaft-hysterischen Frau behaupten und den Mann in den Rang des moralisch überlegenen Vernunftwesens erheben. Auf das »Mischverhältnis« kommt es gar nicht an. Entscheidend ist die Bruchlinie: Die den Männern zugesprochene Position der Dominanz in der Moderne ist nicht mit einer Überhöhung des Männlichen in jeder Hinsicht verbunden. Vielmehr zeigen sich komplexe Wechselwirkungen, wie Weiblichkeit und Männlichkeit komplementär zueinander konstruiert werden. Dabei müssen wir hinter das vordergründige Bild männlicher Kraft, Stärke und Vernunft blicken, um die Abgründe dahinter zu erkennen: der Glaube an das »Böse«, das der männlichen Natur innewohnen soll und gesellschaftlich eingehegt werden muss, weil es sonst jederzeit durchbrechen kann.

Meine These: Uns Männern sitzt die Angst in den Knochen, in unserem Innersten laure das Böse. Diese Angst verhindert den vertrauensvollen Innenbezug und fördert die Selbstentfremdung, bis die seelische Verwahrlosung eingetreten ist, die aus der Angst vor dem Bösen eine sich selbst erfüllende Prophezeiung macht.

Anregung: Nimm ein Blatt und zeichne zwei Spalten ein. In der Spalte links notierst du alle »schlechten« Charakterzüge und Eigenheiten, die du dir zuschreibst. In der Spalte rechts sammelst du, woher du »weißt«, dass du so bist.

Anregung: Zeichne eine Vier-Felder-Tafel. Beschrifte die beiden Spalten mit »Junge« und »Mann«, die Zeilen mit »gut/lieb« und »schlecht/böse«. Nimm dir Zeit, um die vier Varianten auf dich wirken zu lassen und notiere in Stichworten, was du dabei erlebst? *Was löst der Begriff »lieber Junge« in dir aus, was der Begriff »böser Junge«? Passt das zu »lieber Mann« und »böser Mann«? Wenn nein, was ist anders?*

In dieser etwas kindlichen Formulierung vom »Bösen« schlechthin mag das überzeichnet wirken. Wir müssen aber nur den öffentlichen Diskurs über männliche Sexualität anschauen, um zu erkennen, wie lebendig die Vorstellungen einer widerwärtigen männlichen Natur sind. Denn noch immer wird männliche Sexualität mechanistisch-triebhaft nach dem Muster »ohne regelmäßige Entladung explodiert der Dampfkochtopf« gedacht. (Genau dieses Argument ist beispielsweise implizit unterlegt, wenn Prostitution damit legitimiert wird, dass sie Vergewaltigungen verhindere.)

Das ist natürlich Unsinn, wie jeder Mann leicht überprüfen kann, indem er einfach mal ein paar Wochen auf Sex und Masturbation verzichtet. Denn in der Konsequenz explodiert da gar nichts. Vielmehr weicht die innere Unruhe nach einigen Tagen einer durchlässig-verletzlichen Sinnlichkeit, die in krassem Kontrast zum Bild des schwanzgesteuerten Triebtäters steht, das so viele Männer selbst verinnerlicht haben.

Merkst du, worauf ich hinauswill? Ich zeichne ein Bild des modernen Mannes, der sich in einem unentrinnbaren doppelten Widerspruch lähmt. Nach außen muss er dominant sein, um sich seiner Zugehörigkeit zur Gruppe der »echten Männer« zu versichern. Nach innen muss er dominant sein, um einerseits seine »unmännlichen« Gefühle (Trauer, Angst etc.) und andererseits das vermeintlich »Böse« seiner männlichen Natur in Schach zu halten. »Zulassen« und »sich öffnen« sind in dieser Konstellation eine ziemliche Herausforderung (dazu auch ▶ Kap. 3.3).

In den letzten dreißig Jahren habe ich in Gesprächsrunden und Selbsterfahrungsgruppen mehrere hundert Männer erlebt, die sich mit ihrer Geschichte und ihrer Persönlichkeit, mit ihren Verletzungen und ihren geheimen Wünschen, ihren Süchten und ihren Sehnsüchten auseinandergesetzt haben. Kein Einziger hat als Problem benannt, dass er sich »von Natur aus böse« fühlen würde.

3 Zulassen

Kein Einziger hat es mir verunmöglicht, ihn umso mehr zu mögen, je mehr er von sich zu zeigen wagte. Natürlich haben ganz viele unerwünschte Gedanken und Gefühle. Natürlich sind auch Gewaltfantasien und andere »böse« Impulse dabei. Die bilden aber nicht die Wurzel des Problems, sondern sind die Folgen männlicher Selbstverlassenheit. Ihre ernsthafte Aufarbeitung bringt keinen Gewalttäter hervor, sondern führt zu einem verletzten Mann und/oder einem verlassenen Jungen. Wir müssen als Männer und als Gesellschaft lernen, an das Gute in der männlichen Natur zu glauben. Es braucht keine Umerziehung und kein Einpflanzen zivilisierter Ideale. Es braucht ein Freischaufeln jener großen Verletzlichkeit und Liebe, die allen Menschen und damit auch allen Männern gegeben ist, bevor sie glauben, sich davon abwenden zu müssen, um im Konzert der Großen mitspielen zu können.

Auf den Punkt gebracht: Männer lernen, das Liebe und Schwache in sich zu fürchten, weil es sie »unmännlich« erscheinen lassen könnte. Deshalb bauen sie Mauern in und um sich – und machen ihren Mitmenschen damit Angst. Denn eine Mauer braucht es ja nur, um das Böse einzuhegen. So konstelliert sich das männliche Drama: Die Gesellschaft fürchtet das Böse im Mann. Er selbst fürchtet seine Verletzlichkeit und Liebe.

Das 11. Gebot: Du sollst nicht spüren!

Als junger Mann habe ich meinen Hunger nach nährender Väterlichkeit ausgelebt, indem ich einen Mentoren suchte. Gefunden habe ich die eine oder andere männliche Leitfigur, die mich förderte, mir Vertrauen schenkte und Mut zusprach. Ich bin ihnen allen dafür dankbar. Eine Traurigkeit aber blieb. Denn letztlich war keiner in der Lage, meine Bewunderung und meinen Wunsch nach Zuwendung nicht zur Befriedigung der eigenen Eitelkeit oder zur Erfüllung eines anderen Nutzens zu instrumentalisieren. Vielleicht ist das auch einfach zu viel verlangt? Für mich persönlich halte ich an der Hoffnung fest, einmal diesen Punkt zu erreichen, an dem ich Wissen und Erfahrung verschenken kann, ohne eine Gegenleistung zu erbitten (vgl. die Ausführungen zur Generativität in ▶ Kap. 1.4).

Eine Sonderstellung in der Reihe meiner Mentoren nimmt Peter Schellenbaum ein. Älteren Lesern könnte sein Name bekannt sein: In den 1980er-Jahren sorgten seine Bücher mit Auflagen im sechsstelligen Bereich auch bei einem breiteren Publikum für Furore. Vom *Nein in der Liebe* (1984) schrieb er, über den *Abschied von der Selbstzerstörung* (1987) und die *Wunde der Ungeliebten* (1988). Ein Freund empfahl mir im Frühjahr 2008 seine Bücher. Im Sommerurlaub im Baskenland las ich das erste Buch. Und war erschüttert und erregt zugleich. »Ungeliebte meinen sich von aller Welt verlassen. Dass sie sich selber verlassen, wissen sie nicht« (Schellenbaum 1988, S. 169). Hatte er etwa recht? War ich selbst mein Problem? Sollte meine Suche nach der »perfekten Beziehung« tatsächlich die falsche Spur sein, weil ich mich vielmehr nach einer unverbrüchlichen Verbindung zu mir selbst sehnte?

Fünf Jahre später schloss ich die gruppentherapeutische Weiterbildung bei Peter Schellenbaum ab und verfasste gemeinsam mit der Religionswissenschafterin Katharina Waldner eine Einführung in sein Werk (Theunert & Waldner 2014). Für mein Verständnis von Entwicklung und Heilung ist Schellenbaums Philosophie und Methodik bis heute prägend.

Schellenbaum war ursprünglich Theologe und leitete später das C. G. Jung-Institut in Küsnacht am Zürichsee. Mitte der 1990er-Jahre gründete er das *Institut für Psychoenergetik* in Orselina (Tessin). Er ist ein Mann, der sich der ganz großen Themen annimmt: Eros, Energie und Existenz. Zum Methodischen schreibe ich mehr in Kapitel 3.3 (▶ Kap. 3.3). An dieser Stelle möchte ich in aller Kürze Schellenbaums Grunddiagnose skizzieren (zit. nach Theunert & Waldner 2014, Kap. 4.1). Sie beginnt mit der Feststellung: Menschsein macht Angst. Ungefragt werden wir ins Leben geworfen. Allein finden wir uns in der Welt wieder. Die Daseinsangst ist deshalb unser treuster Begleiter. Doch diese Angst können wir nur

3 Zulassen

schwer aushalten. So lernen wir, uns zu schützen, indem wir nicht spüren. Zerstreuung ist eine Möglichkeit, Abstumpfung, Erstarrung, Verschmelzung, Anpassung oder Abhängigkeit sind weitere. Ihnen gemein ist, dass sie unseren Lebensfluss bremsen, weil sie eben nicht Ausdruck unserer Selbst-Verwirklichung sind, sondern Formen der Selbst-Abwehr. Ihre Wurzel: die Unfähigkeit, mit unserer eigenen Vergänglichkeit und Unbedeutsamkeit umzugehen. »Die Rebellion gegen die nicht änderbare Wirklichkeit ist der Kern jeglicher menschlicher Destruktivität« (Schellenbaum 1994, S. 23).

Nicht spüren können wir nur, wenn wir die Brücke in unser Inneres kappen, wenn wir uns von unserem Eigensten abschneiden, wenn wir verlernen, unseren Impulsen zu folgen. Wir beginnen, ein Leben aus zweiter Hand zu führen. Wir tun so, als ob. Wir sind immer einen Schritt zu spät. Oder zu früh. So entwickelt sich dieses Grundgefühl fehlender Stimmigkeit: Wir stehen mitten im Leben – aber trotzdem neben den Schuhen. Wir spielen die Hauptrolle – aber im falschen Film. Wir holen uns, was wir wollen – aber bekommen nicht, was wir brauchen.

Es ist das Bild des rastlosen Menschen im digitalen Spätkapitalismus, der alles unternimmt, um nicht innehalten zu müssen. Er sucht im Außen, weil er die Zuwendung zum eigenen Inneren nicht aushält. Doch weil er am falschen Ort sucht, kann er nicht finden. Weil wir aber auch den Schmerz ob der eigenen Selbstverlassenheit nicht ertragen können, suchen wir immer verzweifelter am immer gleichen falschen Ort. Hier gärt, was Peter Schellenbaum Daseinswut nennt: »Die Daseinswut ist radikal in ihrem Ursprung, nämlich der traumatischen Verzweiflung über die verhinderte Entfaltung der Gefühlswelt, und in ihrem Ziel, nämlich der Zerstörung von Leben in der Außen- und Innenwelt« (Schellenbaum 1994, S. 22).

Diese Daseinswut äußert sich im dumpf-diffusen Gefühl, immer zu kurz zu kommen, immer etwas zu verpassen, »geladen« zu sein oder »rotzusehen«, ohne genau zu wissen, gegen was sich die Aggression richtet: Daseinswut macht »blindwütig«. Die Daseinsscham ist das ruhigere Geschwister der Daseinswut. Sie bezeichnet das schwer fassbare Gefühl, die eigene Existenz rechtfertigen zu müssen, den eigenen Lebenswert nur über die Erfüllung bestimmter Ansprüche – Leistung, Anpassung, Unterordnung, Pflichterfüllung – verdienen zu können.

Ohne spürendes Wissen um die eigene erotische Spur des inneren Kompasses entledigt, kann der blockierte Mensch nur noch das tun, was ihn zuverlässig ablenkt. So dreht er sich zwar im Kreis. Aber solange er sich im Kreis dreht, weiß er immerhin stets, wie es weitergeht. Das Leben im Gefängnis, dessen Wächter ich selbst bin, ist zumindest eins: sicher, todsicher. Daraus leitet sie sich ab, die »... Aufgabe, äußeren Druck in inneren Drang zu wandeln, und die in der Abwehrpose gefrorene Energie in Lebendigkeit zu verflüssigen« (Schellenbaum 1988, S. 101). »Die Intensität des Drucks, unter dem wir gerade stehen, ist der Gradmesser für die Intensität des Dranges, der sich aus uns befreien will« (ebd., S. 105).

Ich werde in Kapitel 3.3 Schellenbaums Entwicklungsperspektiven näher ausführen. An dieser Stelle – auch als Überleitung von der Problembeschreibung hin zu den Auswegen – belasse ich es bei der grafischen Darstellung eines einfachen Persönlichkeitsmodells. Es hilft bei der Veranschaulichung. Grundgedanke ist, dass Selbstentfremdung bedeutet, das Zentrum der eigenen Persönlichkeit zu verlassen (▶ Abb. 3.1). Dort, wo unsere Heimat und unser sicherster Hafen sein sollten, errichten wir eine Art Sperrzone. Wir sind dann nicht selbst-bewusst sondern ich-zentriert. Begegnung wird zur Bedrohung. Um uns zu schützen, müssen wir uns gegen außen panzern. So entwickeln wir eine Existenzweise, die stets etwas im Ungefähren, Blutleeren bleibt: weder verwurzelt im Eigenen noch berührt vom anderen.

Ich werde im Folgenden zeigen, wie die Umkehrbewegung gelingen kann in Richtung einer Existenzweise, die zentriert ist im Eigenen und gerade deshalb das Risiko eingehen kann, durchlässig zu sein für den Anderen und für das Fremde (▶ Abb. 3.2).

3 Zulassen

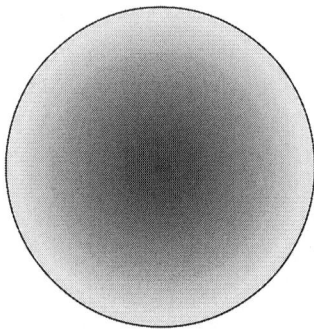

Abb. 3.1: Gegen außen abgeschlossene Existenzweise (Theunert & Waldner 2014, S. 81)

Abb. 3.2 Offene und zentrierte Existenzweise (Theunert & Waldner 2014, S. 81)

> **Auf den Punkt gebracht:** Existenzielle Einsamkeit ist die Konstante menschlichen Daseins. Unsere Kultur stellt wenig Unterstützung zur Verfügung, um sie aushalten zu lernen, offeriert aber uferlose Möglichkeiten, um sie nicht mehr spüren zu müssen. Entscheiden sich Männer für den Weg zu sich selbst, müssen sie nicht nur individuelle Emanzipationsschritte wagen, sondern auch den Konflikt mit den kulturellen Erwartungen riskieren.

Der dritte Theorieblock ist geschafft. Übergeordneter Gedanke ist: Damit du Mann werden konntest, durftest du nicht fragen, was du wirklich willst. Da sitzt jetzt ein Platzhalter oder es klafft eine Lücke. Um wach(er) und lebendig(er) zu werden, musst du sie füllen. Wichtig: Du suchst keinen Ort, sondern eine Existenzweise, eine Lebenshaltung. In einem Satz: Lerne, mit dir zu wachsen.

3.1 Haltung: Folge deinem Hunger (nicht dem Appetit)

Zur Zeit, als ich die Arbeit an diesem Buch begann, beschäftigte ich mich als Koordinator eines internationalen Projekts mit der Frage, weshalb Männer in antidemokratischen und radikalisierten Milieus zahlenmäßig so stark übervertreten sind. Aktuell geworden war die Frage durch das Erstarken rechtspopulistischer Parteien und rechtsextremer Gruppierungen. Dazu kam der Eindruck im Zug der Corona-Pandemie gelänge es diesen Kreisen, immer weiter in die »bürgerliche Mitte« vorzudringen und den Schulterschluss mit Kräften aus dem ökologisch-esoterischen Spektrum zu schaffen. Im Sommer 2021 genoss ich den Luxus, während mehrerer Wochen fachlich nach Antworten forschen zu dürfen.

Kampfzone Männlichkeit

Jetzt, da ich diese Zeilen schreibe, herrscht Krieg in Europa. Am 24. Februar 2022, hat der russische Diktator Wladimir Putin die gewaltsame Eroberung der Ukraine begonnen. Roger Köppel, ein rechtsnationalistischer Propagandist, der auch Mitglied des Schweizer Parlaments ist, schreibt gleichentags in seiner Wochenzeitung »Weltwoche« folgende Zeilen: »Für die Mehrheit der Deutschen ist Putin kein Feind, wohl aber für den medialen Betrieb der Journalisten und Intellektuellen. Sie hassen den russi-

3 Zulassen

schen Präsidenten von Herzen, weil er für all das steht, was sie ablehnen, verteufeln und was deshalb nicht sein darf: Tradition, Familie, Patriotismus, Krieg, Religion, Männlichkeit, Militär, Machtpolitik und nationale Interessen. (...). Machtpokerer Putin ist das Gegenteil, eine wandelnde Kriegserklärung an den Zeitgeist, an die ›Woke‹- und ›Cancel-Culture‹. (...) Vielleicht, hoffentlich ist Putin der Schock, den der Westen braucht, um wieder zur Vernunft zu kommen« (Köppel 2022).

Ich komme gleich zu erfreulicherem, empfinde es aber als meine Pflicht, zuerst eine unmissverständliche Einordnung vorzunehmen: Die westliche Welt befindet sich an einem Scheidepunkt, an dem wir uns bereits schuldig machen, wenn wir unsere Werte nicht aktiv verteidigen gegen die autoritären Herrscher und Systeme, die unsere Ideale von Gleichheit und Freiheit, Vielfalt und Demokratie verachten und bekämpfen. Geschlechterfragen sind dabei mehr als ein Nebenschauplatz. Sie stehen mitten im Zentrum des symbolischen Schlachtfelds. Die Journalistin und Politikberaterin Susanne Kaiser hat diese Zusammenhänge in ihrem Buch *Politische Männlichkeit* messerscharf herausgearbeitet. Sie verdichtet die extrem komplexe Problematik in einer einfachen Formel: »Die Gleichung Feminismus = verweichlichte Männer = Aussterben der ›weißen Rasse‹ findet sich überall, von Australien über Nordamerika bis nach Europa und weiter nach Russland« (Kaiser 2020, S. 50).

Tatsächlich ist es offensichtlich: Alle autoritären Regime und Kräfte pflegen eine systematische Abwertung und Verfolgung all jener Menschen, die sich nicht in eine binäre Geschlechterordnung zwingen lassen und sich einer autoritären Männlichkeitsideologie verweigern. Der Kampf gegen Vielfalt, Feminismus und Emanzipation eint die Despoten dieser Welt. Sie fürchten jede Infragestellung ihrer Männlichkeit wie ein Vampir den Knoblauch. Allein das Sprechen über Männlichkeit ist für sie bedrohlich. Denn »männliche Herrschaft muss nicht gerechtfertigt werden (...). Anstelle einer Erklärung tritt ein Prinzip: ›Es ist und war so‹« (Vogel Campanello 2021, S. 124).

3.1 Haltung: Folge deinem Hunger (nicht dem Appetit)

Um eine persönliche Entscheidung zu treffen, auf welcher Seite wir stehen, sollten wir uns vor Augen halten: Alle autoritären Glaubens- und Herrschaftssysteme, die den Weltfrieden bedrohen, bauen ihre Ideologie auf dem gleichen Fundament auf (zit. nach Theunert et al. 2022).

a) Historische Entwicklungen und soziale Konventionen werden als natur- und/oder gottgegeben betrachtet. Das gilt für Vorstellungen von Weiblichkeit und Männlichkeit ebenso wie für die Vorstellungen von Volk, Rasse, Nation etc.

b) Die Mitwelt wird schwarz-weiß in Freunde und Feinde aufgeteilt. Der Zwischenraum wird eliminiert: Wer nicht für uns ist, ist gegen uns – und wer gegen uns ist, wird abgewertet und in seiner Existenzberechtigung hinterfragt. Das Fremde dient als Feindbild und wird zum Sündenbock und Blitzableiter für die eigenen Ängste.

c) »Der« Feminismus wird pauschal als mächtige und bedrohliche Größe gedacht. Forderungen nach geschlechtlicher Vielfalt und Chancengleichheit werden als widernatürliche und damit gewaltsame Manipulationen dargestellt. Jede Kritik an (toxischer) Männlichkeit wird zur Gotteslästerung.

In der Umsetzung sind die Kulturkämpfer natürlich raffinierter. Naja, zumindest ein bisschen. Ein wunderbares Beispiel für die politischen Projektionen, die rechte Männlichkeiten stabilisieren, liefert *Weltwoche*-Journalist Michael Bahnerth (Bahnerth 2019). Er beklagt nicht weniger als das »Artensterben (...) des *homo sapiens masculinus*« und richtet mit der großen Kelle an: »Es ist das Wesen des Mannes, das seiner Lebensgrundlage beraubt wird, und das Wesen des Mannes ist seine Männlichkeit.« Damit können wir Punkt a) abhaken: Der Mann ist in dieser Optik mit seiner Männlichkeit identisch, und diese Männlichkeit ist sein »Wesen«, also eine universelle Konstante. Mannsein ist reine Biologie.

Nun machen diese in ihrer Natur bedrohten Männer »einen wirklich kapitalen Fehler; sie beginnen in diesem ihnen aufgedrängten Prozess der Introspektion, den Fehler bei sich selber zu suchen.« Der Mann verlässt also »seine instinktive Ebene, seine genetische Selbstverständlichkeit« und – welch ein Drama –»stellt sich selbst in Frage«. Doch halt: Nicht alle Männer sind so »dumm«. Es sind nur die »verweichlichten Männer«, also die Nicht-Männer. »Es gibt den Satz, dass Männer, die jammern, eigentlich Mädchen sein wollen (...), und er stimmt.« Der Autor »kennt« auch die Keimzelle der Verweiblichung: »Die Jammerer sind meist Männer aus dem akademischen oder semiakademischen Dunstkreis, die eine starke Frau zu Hause haben und mittags Cola Zero trinken, obwohl sie vielleicht Lust auf ein Bier hätten. Handwerker, Secondos, Landwirte und so weiter jammern kaum.« Wir machen ein Häkchen bei Punkt b): Die Spaltung der Gemeinschaft in gut versus böse resp. männlich versus unmännlich wird eifrig gefördert. Sie geht – kein Zufall – mit der Abwertung von Gesundheitsbewusstsein und Selbstsorge ebenso einher wie mit der Abwertung des Intellektuellen und Akademischen. Subtext: Weshalb braucht es Universitäten, wenn es doch gesunden Menschenverstand gibt?

Nun kommt noch etwas Nähkästchen-Psychologie zwecks Erkundung männlichen Entfremdungserlebens dazu. »Jene, die jammern, beklagen im Geist eines Schwächlings, dass sie nicht mehr genug sind, dass sie nicht sein dürfen, wie sie glauben zu sein, dass sie sich unverstanden fühlen, dass ihre Instinkte unpassend geworden sind.« Das ist Punkt c), allerdings mit originellem *Twist*: Nicht der Feminismus selbst ist schuld an der Verweiblichung der Männer, sondern die Männer, die doof genug sind, sich ernsthaft mit feministischer Kritik auseinanderzusetzen. Die antifeministische Denkfigur tippt der Autor so nur an. Trotzdem ist sie unmissverständlich, denn die Auseinandersetzung mit feministischer Kritik ist ja nur dann ohne weitere Begründung komplett überflüssig, wenn die Kritik keinerlei bedenkenswürdige Aspekte enthält.

In der Essenz kommt der Autor zu einem grauenhaft menschenverachtenden Schluss: »Wenn ein Mann in sich reinhört, muss er ein Gebrüll hören, kein Wehklagen«. Jede:r Psycholog:in kann bestätigen: Das stimmt nicht. Das ist brandschwarz gelogen. Und echt kein guter Rat. Wenn ein Mann in sich reinhört und Gebrüll hört, dann braucht er dringend Hilfe. Genau die darf er sich aber nicht suchen, wenn er dem Autor auf den Leim gegangen ist. Denn wenn ein Mann sich mit seiner Persönlichkeit und seiner Männlichkeit auseinandersetzt, ist er ja kein Mann mehr. Sondern ein Frauenversteher. Also ein Verräter. Das ist etwa so logisch und empathisch, wie wenn man einen Raucher warnt, er werde an Lungenkrebs sterben, falls er mit Rauchen aufhört. Diese Doppelzüngigkeit ist das Gefährliche, Brutale und Verachtende an der Ideologie (r)echter Männlichkeit.

Mein Anliegen dürfte deutlich geworden sein: Die Frage, wie du dein Mannsein lebst und wie du mit gesellschaftlichen Männlichkeitsanforderungen umgehst, ist mehr als deine ganz persönliche Entscheidung. Klar, du bist frei und kannst machen, was du willst. Aber deine Entscheidung betrifft nicht nur dich, sondern entscheidet ein kleines Stück darüber mit, ob auch deine Frau und deine Kinder in Freiheit und Sicherheit leben können. Diese Verantwortung kann dir keiner abnehmen. Ich komme für mich persönlich zum Schluss: Solidarität mit der LGBTQI+-Community bräuchte gar keinen weiteren Grund als die nackte demokratische Bürgerpflicht. Auf einer Ego-Ebene möchte ich dir einfach ans Herz legen: Trau keinem, der stärken will, worunter du bereits leidest. Trau keinem, der will, dass du dich mit eiserner Hand führst. Trau keinem, der dir ambivalenzfreies Mannsein verspricht.

Geschmeidig und beweglich

In Kapitel 1 habe ich dir empfohlen, eine vermittelnde Instanz zu entwickeln, die dir dabei hilft, mit dem Spannungsfeld zwischen harten Männlichkeitsimperativen und deinen weicheren Bedürftigkeiten umzugehen. Damit gewinnst du Stabilität und Beweglichkeit. Denn wenn du dich nur an gängigen Männlichkeitsanforderungen orientierst, hast du zwar eine klare Ausrichtung, aber nur wenig Halt. Du kannst körperlich erlebbar machen, was ich vermitteln möchte, indem du kurz aufstehst und dich kerzengerade aufrichtest. Du wirst dafür deine Füße eng nebeneinanderstellen, Beine und Rücken durchstrecken sowie Schultern und Kopf in die Höhe recken: So bist du maximal aufrecht – aber eben auch maximal instabil und irritierbar. Ein leichter Schubs genügt, um dich aus dem Gleichgewicht zu bringen. Versuch doch auch das Gegenteil und stelle dich so hin, dass du trotz heftigster Windböen fest am Boden verwurzelt bliebest. Du wirst die Füße instinktiv etwas weiter auseinanderstellen, leicht in die Knie gehen, in der Hüfte weich und wippend bleiben und die Schultern entspannen. Jetzt bist du bereit, schnell, wach und agil auf äußere Einflüsse zu reagieren.

Die körperliche Erfahrung lässt sich übertragen: Wer sein Mannsein an starren Männlichkeitsvorgaben ausrichtet, dem fehlt es an Flexibilität, mit inneren und äußeren Impulsen geschmeidig umzugehen. Abprallen lassen ist seine einzige Handlungsoption. Der verkrampfte Mann wird so zur Karikatur seiner selbst: ein Soldat in Rüstung, eine Marionette in Zwangsjacke. Unbeweglich. Steif. Unsexy.

Wenn du dieses Buch liest, gehörst du höchstwahrscheinlich nicht zu dieser Kategorie Mann, zumindest nicht idealtypisch. Wenn du dieses Buch bis hierhin gelesen hast, teilst du aber höchstwahrscheinlich mit mir und der Mehrheit unserer Geschlechtsgenossen das Unbehagen, noch immer stark von Männlichkeitsimperativen durchdrungen zu sein und dadurch behindert zu werden. Auf einer Haltungsebene ist meines Erachtens die Bewerkstelligungsillusion das einflussreichste Männlichkeitsprodukt. Ich bezeichne mit diesem Begriff die automatisierte Tendenz, beim Auftauchen jedwelchen Problems sogleich nach Lösungsmöglichkeiten zu suchen. Versteh mich nicht falsch: Ich habe hohe Achtung vor Männern, die – »selbst ist der Mann« – mit Sachverstand, Pragmatismus und Geschick alles Mögliche basteln und flicken. Meine eigenen Möglichkeiten sind diesbezüglich eher begrenzt, weshalb stets auch Bewunderung mitschwingt, wenn Nachbarn ganze Terrassen zimmern oder ihre Autos selbst reparieren. Ich möchte diese Hand-

3.1 Haltung: Folge deinem Hunger (nicht dem Appetit)

lungsorientierung auch mit Blick auf feinstofflichere Prozesse – Gespräche und Beziehungen – nicht abwerten. Aber ... Männliche Sozialisation mündet in der Selbstverpflichtung, in jeder Lebenssituation souverän zu reagieren (Theorieblock in ▶ Kap. 1). Das führt zu einer Lebenshaltung, in der ich beim Auftauchen eines »Problems« zu Aktivismus neige: Es macht mich männlich, wenn ich blitzschnell erfasse, was das Problem ist und wie ich es lösen kann. Das mag in vielen Lebens- und vor allem Berufssituationen total funktional und effizient sein. Im Umgang mit sich und seinen Liebsten – oder generell gesagt: im zwischenmenschlichen Austausch – ist der Weg vom Aktivismus zur Übersprungshandlung aber kurz. Die Wahrscheinlichkeit ist hier verdammt groß, dass du *zu schnell* bist und mangels angemessener Problemerfassung bei einer untauglichen Lösung landest. Deshalb möchte ich die Einladung aussprechen, es mal mit einer alternativen Strategie zu versuchen. Die ist weniger aktiv, aber deswegen noch lange nicht passiv. Es ist – ganz ähnlich wie bei der Körperübung oben – eine Haltung wachsamer Empfänglichkeit. Die Körperspannung bleibt hoch. Doch es ist nicht der gepanzerte Tonus im Angesicht eines bevorstehenden Angriffs, sondern die fokussierte Gespanntheit offener Beweglichkeit.

Meine Empfehlung lautet: Versuch, für dein Vermittler-Ich eine (Körper-)Haltung zu finden, in der du empfänglich, vertrauensvoll, bejahend und geduldig anzunehmen bereit bist, was auch immer kommt. Das ist sozusagen die körperliche Seite deiner »Werkseinstellung«, in die du jederzeit zurückkehren kannst, wenn du die *Reset*-Taste drückst.

Wachsame Empfänglichkeit

Menschsein ist eine merkwürdige Aufgabe. Wir haben viele Gestaltungsmöglichkeiten und müssen gleichzeitig mit unzähligen Gegebenheiten umgehen, die wir nicht verändern können. Ich meine nicht nur die Tatsache unserer Endlichkeit. Ich meine Begrenzungen und Demutsübungen aller Art. Dass wir noch so viel leisten können und trotzdem nie alles erledigt haben. Dass wir noch so viel reisen können und trotzdem nie alles gesehen haben. Dass wir noch so viel Geld verdienen können und uns trotzdem nie alles leisten können. Dass wir mit noch so vielen Menschen schlafen können und trotzdem immer noch einsam sind. Menschsein heißt, sich mit dem eigenen Ungenügen anzufreunden.

Männer neigen dazu, schwierigen Gefühlen (wie dem Unbehagen angesichts der eigenen Begrenztheit und letztlich der Angst vor dem Tod) durch Aktivität zuvor kommen zu wollen. Die Marathonläufer gesetzteren Alters stehen sinnbildlich für diesen ebenso verständlichen wie sinnlosen Versuch, dem Alterungsprozess davonzurennen. Daran ist auch nichts falsch. Aber an einem bestimmten Punkt reicht es nicht mehr. Du merkst es: An der inneren Leere, wo Befriedigung sein sollte; an der Gier nach mehr, wo du Erfüllung suchtest. Dann ist Aushalten deine Aufgabe. Spätestens jetzt ist es an der Zeit, die beschriebene Haltung wachsamer Empfänglichkeit einzuüben.

Anregung: Bestimmt kennst du das Kinderspiel, bei dem es darum geht, sich möglichst lang möglichst ernst in die Augen zu schauen, ohne lachen zu müssen. Versuch, dieses Spiel in deinen Alltag zu übertragen. Du musst auch gar keinen direkten Augenkontakt suchen. Das Ziel ist es, in sozialen Situationen das Empfänglichsein auszuhalten. Deine einzige Aufgabe ist, möglichst wertungsfrei wahrzunehmen, was auch immer es gerade wahrzunehmen gibt. Betrachte es nicht als Kampf, sondern als Training: Das Ziel ist nicht, möglichst lange durchzuhalten. Das Ziel ist eher, so lange durchzuhalten, wie es dir wohl ist, damit du beim nächsten Mal bereits etwas länger durchhalten kannst und es dir trotzdem wohl bleibt dabei.

Diese Haltung wachsamer Empfänglichkeit kannst du in verschiedensten Größen denken: von ganz klein und auf einen einzigen Moment bezogen bis hin zu ganz groß und auf das ganze Leben bezogen. Die Maxime, welche diesem Kapitel 3.1 ihren Titel gibt, illustriert das schön: Folge deinem Hunger, nicht deinem Appetit.

3.1 Haltung: Folge deinem Hunger (nicht dem Appetit)

Dazu gehört, bis zum Eintreten eines Hungergefühls auch mal Fasteneifer an den Tag zu legen. Es ist eine Maxime, die sich ganz banal auf deine nächste Mahlzeit beziehen kann. Dann lautet die Empfehlung: Frag deinen Bauch, was er braucht, und nicht deinen Gaumen, wonach ihn kitzelt. Es ist eine Maxime, die sich aber auch auf die großen Lebenszusammenhänge anwenden lässt. Dann lautet die Empfehlung: Frag dein Herz, was deine Bestimmung ist, und nicht dein kleines Ich, nach welcher Zerstreuung es gerade dürstet.

Das ist ein Akt *radikaler Selbstfürsorge*. Svenja Gräfen (2021) arbeitet in ihrem gleichnamigen Buch schön heraus, wie politisch und letztlich rebellisch diese ist in einem System, das uns permanent Ablenkung anbietet, einfordert und belohnt. »Selbstfürsorglich zu sein, bedeutet, genau hinzusehen und deine Bedürfnisse besser kennenzulernen. Dir überhaupt zuzugestehen, Bedürfnisse zu haben und diese erfüllen zu dürfen – auch wenn dir gesellschaftliche Normen, unterdrückende Strukturen oder vergangene Erfahrungen das Gegenteil einreden. Indem du lernst, deine Bedürfnisse einzuordnen und auf eine Art und Weise auf sie zu reagieren, die dir guttut, bekämpfst du diese Normen und Strukturen – im Kleinen, ja, sicher, aber immerhin bekämpfst du sie.«

Vor vielen Jahren hatte ich einen Unfall mit dem Kajak. Übermütig war ich geworden im Lauf des Kurstages auf dem tosenden Vorderrhein im bündnerischen Versam. Ich wollte ausprobieren, wie knapp ich frontal auf den nächsten Felsen zusteuern könnte, so dass es mir mit ein paar kräftigen Paddelschlägen trotzdem grad noch reichen würde, ihn zu umkurven. Zumindest habe ich erfahren, wo die Grenze liegt. Unter Wasser geriet ich in Panik, weil ich mich im Kajak eingeklemmt wähnte. Als ich mich endlich befreien konnte, schlug meine Stirn in der Aufwärtsbewegung trotz Helm mit Wucht an den Felsen. Als ich auftauchte, war alles schwarz, obwohl ich die Augen geöffnet hatte. Ein lautes Pochen an den Augen ließ mich erzittern. »Jetzt bin ich blind«, durchzuckte es mich.

Die Geschichte hat ein *Happy-End* in zwei Teilen. Erster Teil: Der Kursleiter zog mich aus dem Wasser, fuhr mich nach Illanz in die

3 Zulassen

Ambulanz, wo die geplatzten Augenbrauen und der Riss in der Stirn genäht wurden. Das Auge selbst war unbeschadet geblieben.

Zweiter Teil: So schnell wie möglich buchte ich einen nächsten Kurs, damit meine Angst vor dem Wildwasser nicht chronisch werden würde. Sicherheitshalber organisierte ich eine Privatlehrerin. Sie weigerte sich, mit mir sogleich wieder aufs Wasser zu gehen. Stattdessen »zwang« sie mich, während Stunden auf einem Felsen am Wasser zu sitzen und dem Fluss zuzuhören. Sie wusste genau, was sie tat: Sie wollte mein Gehör den Klang des Flusses aufschlüsseln lernen lassen. Nachdem ich mich etwas beruhigt hatte (»Was soll das schon bringen?!«, »Und dafür zahle ich jetzt viel Geld?!«), begann ich, mich auf die Übung einzulassen. Tatsächlich: Das Rauschen und Tosen der sich brechenden Wellen auf der Oberfläche des Wassers hat einen ganz anderen Klang als der Tiefenstrom im Flussbett, der sich wuchtig ins Tal hinabschiebt. Die didaktische Auflösung liegt wahrscheinlich auf der Hand: Die Kajaktrainerin wollte mir ermöglichen, meine Angst vor der sich unablässig wandelnden Oberfläche zu verlieren, indem ich der Beständigkeit des Tiefenstroms zu vertrauen lernte. Sie hat mir damit eine Lektion fürs Leben erteilt, die ich dir hiermit weitergeben möchte.

Mein freundschaftlicher Rat ist: Entwickle eine Lebenshaltung, in der du in blindem Vertrauen mit dem Tiefenstrom deiner Existenz verbunden bist *und* in wachsamer Empfänglichkeit auf die unablässigen Veränderungen an der Oberfläche reagieren kannst. In dieser Haltung gelingt es dir am ehesten, deiner tieferen Bestimmung zu folgen, ohne die Herausforderungen und Freuden des Alltags zu banalisieren.

3.2 Körper: Sei in dir daheim

In Kapitel 3.1 habe ich eine Lebenshaltung umschrieben, die zugleich eine Körperhaltung ist. Damit habe ich Kapitel 3.2 bereits

3.2 Körper: Sei in dir daheim

etwas vorgegriffen. Hier möchte ich einsteigen mit einer Erkundung deiner Gestaltungsmöglichkeiten im Selbstausdruck.

Auch der Selbstausdruck ist straff an Männlichkeitsvorgaben geknüpft:

- Ein »richtiger« Mann geht aufrecht, zielstrebig, möglichst schwankungsarm und temporeich, auf keinen Fall mit ausgeprägtem Hüftschwung.
- Ein »richtiger« Mann sitzt eher breitbeinig, lässig, aufrecht, aber anstrengungslos.
- Ein »richtiger« Mann tanzt energisch, aber nicht ausladend, bleibt bodennah und verzichtet auf Hüpfbewegungen, hält den Kopf stabil und hebt die Arme niemals über Brusthöhe.

Wie viel *Doing Gender* im körperlichen Ausdruck steckt, beobachten Menschen besonders genau, die sich nicht klar der Kategorie Frau *oder* Mann zuordnen lassen wollen. Beispielsweise Gabriel. Er ist 30 Jahre alt und hat vor sechs Jahren seine *Transition begonnen. Er erzählt: »Als Frau habe ich oft gehört, ich solle mehr lächeln. Jetzt, als Mann, lächle ich zu viel und werde deshalb als schwul wahrgenommen. Wenn Männer stehen, ruhen jeweils 50 Prozent ihres Gewichts auf einem Bein. Bei Frauen ist es eher eine 70-30-Verteilung. Wenn Frauen die Straße entlanggehen, halten sie den Blick eher gesenkt und konzentrieren sich auf den Meter vor ihnen. Männer gucken 15 bis 20 Meter voraus und merken gar nicht, dass ihnen alle aus dem Weg gehen. Überhaupt: Raum einnehmen ist typisch männlich« (Russ 2022). Eine trans Frau hat auf Social Media dazu folgenden Kommentar platziert: »Wenn Frauen mich für eine Frau halten, begegnen sie mir in einer Offenheit, Freundlichkeit und Zugewandtheit, wie ich es nicht erfahre(n habe), wenn sie mich für einen Mann halten – denn als Frau bin ich kein potenzieller Vergewaltiger mehr ... Heftige Erkenntnis ...«.

Die Liste ließe sich fortsetzen: Es gibt für jeden Lebensbereich Orientierungspunkte und Vorgaben, wie man(n) sich zu kleiden, zu sprechen, zu interagieren und sonst wie zu geben hat. Er muss einen »männlichen Habitus« pflegen, um dazu zu gehören. Mit dem Begriff *Habitus* bezeichnet die Geschlechtersoziologie den »Körper als Produkt sozialer Praxis« (Brandes 2001, S. 9). Wer mit den Erwartungen bricht, macht sich nicht strafbar. Aber er läuft Gefahr, als unmännlich abgewertet zu werden – meist von anderen Männern, zuweilen auch von Frauen (aber kaum von queeren Menschen). Sofern die Vorgaben für männliches Gehen/Sitzen/Kleiden/Sprechen etc. zu deinen individuellen Vorlieben passen, ist alles in Ordnung. Die Wahrscheinlichkeit ist einfach nicht besonders groß. Weshalb sollte aus der unendlichen Vielfalt aller menschlichen Ausdrucksmöglichkeiten ausgerechnet der schmal gehaltene Katalog »erlaubter« männlicher Verhaltensweisen optimal auf dich zugeschnitten sein? Höchstwahrscheinlich hast du als Junge einfach gelernt, wie man(n) sich nun mal so verhält als Junge – und es von da an nicht mehr weiter hinterfragt. Vielleicht ist jetzt ein geeigneter Moment dafür?

Mir liegt es fern, dich zu einem totalen Wandel deiner äußeren Erscheinung motivieren zu wollen. Interessanter – und realistischer – scheinen mir die kleinen Schritte. Als meine Tochter klein war, habe ich mir beispielsweise manchmal aus Spaß ihre glitzernde Haarspange in Schmetterlingsform in meine Kurzhaarfrisur geklemmt. Ich habe gestaunt, wie ein solch kleines Ding meine Gesamterscheinung verändert hat – und wie heftig die Leute auf der Straße reagiert haben (überraschend oft skeptisch-abwertend). Ein anderes Beispiel: Im letzten Sommerurlaub habe ich – auf der Suche nach einem Geschenk für die mittlerweile größer gewordene Tochter – in einer kleinen Bijouterie an der dänischen Nordseeküste ein hübsches Armband mit schlichten runden braunen Natursteinen entdeckt. Es gefiel mir. Als Schmuckstück für mich. Aber ich habe es nicht geschafft, das zierende Accessoire für mich selbst zu kaufen. So doof es klingt: Ich konnte meine Freude an solchem Zierrat, der bloß hübsch, aber ansonsten nutzlos ist, nicht bis zu einem Kaufentscheid stärken. Meine Frau hat das bemerkt.

Das Armband als Geschenk von ihr annehmen: Das ging dann zum Glück. Seither trage ich es täglich. Und erfreue mich daran. Nicht ums Prinzip geht es mir, sondern darum, dass Männer weniger Freuden verpassen, nur weil sie nicht ins männliche Selbstbild passen. Zulassen heißt in diesem Zusammenhang: einfach mal ausprobieren. Prüfen, wie es sich anfühlt. Mit den Möglichkeiten spielen. Welche Räume gibt es denn hier zu erkunden? Folgende Tabelle zeigt sie in der Übersicht (▶ Tab. 3.1). Die biologischen Gegebenheiten – äußere Genitalien, Hormone, Reproduktionsorgane und Chromosomen – lassen wir mal außen vor, auch wenn selbst diese theoretisch veränderbar wären.

Tab. 3.1: Gestaltungsdimensionen geschlechtlichen Selbstausdrucks (erweiterte Darstellung auf Basis des Beitrags von Hannes Rudolph im Rahmen des Lehrgangs »Geschlechterreflektiert mit Jungen, Männern und Vätern arbeiten« vom 8. Februar 2022)

Dimensionen des geschlechtlichen Selbstausdrucks	Erkundungsräume	Beispiele für (Hetero-Cis-)Männer
Körperhaltung und Bewegungsmuster	Ich könnte meine Körperhaltung und Bewegungsmuster verändern, ohne mich an geschlechtliche Normen zu halten.	Stretchingübungen machen, um die Beweglichkeit zu verbessern; Hüftschwung üben; gehen als würde ich hohe Schuhe tragen; ausprobieren, sich übertrieben »männlich«/»weiblich«/»schwul« etc. zu bewegen.
Styling	Ich könnte mein Styling verändern, ohne mich an geschlechtliche Normen zu halten.	Ausprobieren, wie ich mich mit längeren Haaren, farbenfrohen Kleidern, Schmuck, Schminke oder lackierten Nägeln fühle und wie mein Umfeld darauf reagiert.

Tab. 3.1: Gestaltungsdimensionen geschlechtlichen Selbstausdrucks (erweiterte Darstellung auf Basis des Beitrags von Hannes Rudolph im Rahmen des Lehrgangs »Geschlechterreflektiert mit Jungen, Männern und Vätern arbeiten« vom 8. Februar 2022) – Fortsetzung

Dimensionen des geschlechtlichen Selbstausdrucks	Erkundungsräume	Beispiele für (Hetero-Cis-)Männer
Interessen	Ich könnte mich für Dinge interessieren, die mir bisher als »für andere Geschlechter« reserviert erschienen.	Beispielsweise für Yoga, Poesie, Beauty, Mode, (gesunde) Ernährung, Psychologie, Spiritualität …
Charakter/ Eigenschaften	Ich könnte Charakterzüge betonen, die untypisch für Menschen meines Geschlechts sind.	Beispielsweise gefühlvoll, zurückhaltend, einfühlsam, zärtlich, unsicher, fragend, verspielt …
soziale Rolle	Ich könnte Rollenerwartungen unerfüllt lassen, die an mein Geschlecht gerichtet werden.	Fragen stellen statt Meinung kundtun; das Wort nicht als Erster ergreifen; eigene Unsicherheiten thematisieren statt überspielen etc.
sexuelle Orientierung	Ich könnte überprüfen, ob ich bislang Attraktion übersehen habe.	Sich ganz offen fragen, zu wem oder was ich mich auch noch hingezogen – das meint mehr als »sexuell erregt« (!) – fühle. Das muss ja nicht gleich ein ganz anderes Geschlecht, sondern könnte auch etwas ganz Spezifisches sein (ein besonderer Stoff, ein Geruch, eine Geste etc.).

Dein Entwicklungshorizont geht über das spielerische Ausprobieren, wie du dich selbst präsentieren magst, weit hinaus. Letztlich geht es um die noch größere Frage, ob dir dein Körper Heimat ist. Ob du eins bist mit deinem Körper. Ob du wirklich Körper bist oder »nur« einen Körper hast.

Körper sein vs. Körper haben

In Kapitel 1.2 habe ich dargestellt, wie Männer lernen, einen funktionalen Körperbezug herzustellen: Ich und mein Körper sind dann zwei verschiedene Dinge. Das »Ich« ist gedacht als Steuerungsinstanz, der Körper als notwendiges Instrument, um die Steuerungsbefehle umzusetzen. Das ist dann zwar schon eine symbiotische Beziehung. So wie auch der Baggerfahrer eine symbiotische Beziehung mit seinem Bagger hat. Er wird sein Arbeitsinstrument nähren und pflegen, es vielleicht sogar lieben. Aber es bleibt ein Arbeitsinstrument, eine von ihm losgelöste mechanische Apparatur. Weshalb ist das ein Problem?

Die Frage ist nicht rhetorisch gemeint. Die innige Bindung von Männern zu ihren Fahrzeugen ist ja ein Klischee, das gerade dafür bemüht wird, um zu illustrieren, wie groß männliche Zuwendungsfähigkeit sein kann (wenngleich meistens, um sie zu belächeln). Weshalb nehme ich das nicht als Modell und fordere: Liebe und pflege deinen Körper so wie dein Auto?

Erstens: Weil dein Körper nun mal keine Maschine ist. Leib und Seele sind untrennbar miteinander verbunden. Versuch mal, zu weinen, ohne traurig zu werden. Geht nicht. Weil Weinen mehr ist als eine mechanische Ausschüttung von Tränenflüssigkeit. Untrennbar damit verbunden sind biochemische Prozesse: Tränen spülen das Stresshormon Cortisol aus dem Körper und aktivieren körpereigene Endorphine, die uns nach dem Weinen irgendwie erleichtert fühlen lassen. Anderes Beispiel: Bestimmt kennst du die Situation, in der du deinem Penis den Befehl erteilt hast, hart zu werden oder ihm »verboten« hast, zu erschlaffen. Hat es funktioniert? Höchstwahrscheinlich nicht. Weil dein Penis eben keine mechanische Blutpumpe ist, deren Druck du mit roher Willenskraft erhöhen oder absenken kannst. Viel eher passiert das Gegenteil: Weil du deine Aufmerksamkeit vom Penis weg in die kortikale »Schaltzentrale« lenkst, wird dort auch das Blut hinfließen, das du in die Lenden lenken wolltest. Je vehementer du Gehorsam einforderst, umso bockiger wird sich dein Penis in zivilem Ungehorsam üben. Erst wenn du dich beruhigst, wieder ruhig zu atmen beginnst und dich körperlich entspannst, kehrt das Blut in den Penis zurück.

Zweitens: Weil die Wartung einer Maschine wissens- und verstandesgeleitet erfolgt. Über Wissen zu verfügen und den eigenen Verstand einsetzen können, ist zwar auch in Bezug auf Gesundheit und Körperpflege sehr nützlich, aber nicht sonderlich effizient, weil die wichtigsten Informationsquellen ausgeblendet bleiben: Intuition und Gespür. Ich möchte die Ernährung als Beispiel und Beleg für diese Aussage anführen. Natürlich können wir nach Plan essen. Wir werden dann Nährwertvorgaben analysieren und versuchen, die optimale Menge an Fetten, Proteinen, Kohlenhydraten, Ballaststoffen, Vitaminen, Mineralien und weiteren essenziellen Stoffen zu verzehren. Das ist jedoch ziemlich anstrengend, zeitaufwändig und fehleranfällig. Wesentlich naheliegender ist, der eigenen Intuition zu folgen und den Körper zu fragen, was er gerade braucht. Vorsicht, da besteht Verwechslungsgefahr: Je mehr wir uns angewohnt haben, unseren Körper als Instrument zu benutzen, umso weniger sind wir in der Lage, einen direkten Dialog mit unserem Körper zu unterhalten. Vielmehr neigen wir dann dazu, unseren Verstand nach seiner Vermutung zu fragen, wonach unser Körper wohl verlange. Dann ist das Resultat mit hoher Wahrscheinlichkeit wenig hilfreich, da der Verstand die einfachere Frage »Worauf habe ich Lust?« beantworten wird. Das ist aber eine ganz andere Frage als »Was braucht mein Körper?«. Nicht die Gaumenfreude entscheidet, sondern das Bauchgefühl (▶ Kap. 3.1). Versuch mal, deinen Bauch ganz direkt anzusprechen – oder noch besser: dein Bauch zu sein. Frag jetzt als Bauch: Was brauche ich? Das ist die verlässliche Information, die du nur erhalten kannst, wenn du nicht nur einen Körper hast, sondern Körper bist.

Drittens: Weil die Beziehung zwischen Steuerungsinstanz und Körper störungsanfällig ist. Es ist wie mit jeder schwierigen Bezie-

3.2 Körper: Sei in dir daheim

hung: Wenn die Rahmenbedingungen optimal sind, funktioniert es schon. Im Urlaub beispielsweise hast du Zeit und bist entspannt. Wenn du dich dann fragst, was du für deinen Körper tun kannst, dürftest du brauchbare Antworten erhalten. Fehlen dir Zeit und Ruhe, hast du mit diesem Körpermanagementansatz aber kein Regulativ: Du kannst die Frage einfach skippen, ohne dass etwas passiert. Dein Körper ist zäh und hart im Nehmen. Wahrscheinlich fordert er deine Aufmerksamkeit erst dann mit der notwendigen Vehemenz ein, wenn die Vernachlässigung bereits eine ganze Weile angedauert hat. Noch heikler: Die Beziehung zum Körper kann nicht nur vernachlässigt, sondern auch aktiv zerstörerisch gestaltet werden. Vermutlich kennst du das auch: Dass du dich »bestrafst«, indem du deinem Körper etwas zuleide tust. Du lebst dann eine Aggression dir selbst gegenüber aus, die eigentlich nach außen gerichtet gehörte. Das macht aber irgendwie gefühlsmäßig trotzdem Sinn, weil dein Körper in deinem Erleben etwas »Äußeres« oder zumindest etwas von dir selbst Abgrenzbares ist. Essstörungen und selbstverletzendes Verhalten (sich schneiden, sich schlagen) sind Steigerungsformen dieser Dynamik. Sie haben einen widersprüchlichen Effekt: Indem ich mir schade, gewinne ich Kontrolle. Indem ich mir Schmerz zufüge, kann ich mich spüren.

Ich will das nicht grundsätzlich abwerten: Das können vorübergehend durchaus funktionale Bewältigungsstrategien sein. Ich erinnere mich an einen Klienten, der sich immer dann einen schmerzhaften Boxstoß in den Oberschenkel verpasste, wenn er sich als Versager erlebte. Der Boxstoß ins Bein löste die Spannung. Er konnte sich in der Folge beruhigen und aus einer gewissen Distanz die Dynamik einordnen: »Ok, da hat sich wieder mal diese alte Stimme gemeldet, die mir immer Ungenügen vorwirft. Gut, vielleicht hätte ich mich wirklich mehr anstrengen können. Aber ein Versager bin ich deswegen noch lange nicht!« Die Beratung suchte dieser Mann deswegen auf, weil der Boxstoß ins Bein seiner neuen Freundin Angst machte. Sie las das als Ausdruck einer Gewaltneigung, die sich jederzeit auch gegen sie selbst richten könnte. Das scheint mir zwar eher unwahrscheinlich, weil selbstverlet-

175

zendes Verhalten in der Regel mit einer Aggressionshemmung im Außen einhergeht. Trotzdem war der Boxstoß ins Bein für das frisch verliebte Paar – und damit auch für meinen Klienten – ein Problem geworden. Was eben noch eine funktionale Bewältigungsstrategie war, drohte nun etwas kaputt zu machen, das ihm am Herzen lag: seine Beziehung. Nun hatte er einen Grund, eine Verhaltensänderung zu erarbeiten und packte das Thema offensiv an.

Mit sich eins sein

Im großen Lebenshorizont wünsche ich allen Männern, sich nicht mit tauglichen Bewältigungsstrategien zufrieden zu geben, sondern echte Versöhnung anzustreben: die Verbindung von Seele und Leib.

Nun ist die Entscheidung dafür, diese Verbindung einzugehen, nicht das Ende dieses Prozesses, sondern sein Anfang. Dich von innen zu beleben, dauert länger und will erlernt sein. Ich will mich auch in diesem Punkt nicht als Meister der leib-seelischen Ganzheit aufspielen. Ich kann dir aber einige Hinweise geben, wo du ansetzen kannst und was dich etwa dabei erwarten dürfte.

Der Kern ist banal: Mit dir eins zu sein, heißt, spürbewusst zu sein. Und dich bewusst zu spüren lernst du, indem du dich bewusst spürst. Die Empfehlung lautet ganz generell: Bring so viel Sinnlichkeit in deinen Alltag, wie es nur geht. Das soll kein Wettbewerb werden. Auch dieses Neue beginnt im Kleinen. Du kannst beispielsweise am Morgen nach dem Aufstehen auf die Hausschuhe verzichten und barfuß zum Fenster gehen. Du kannst das Fenster nicht einfach aufreißen, sondern einige Sekunden lang die frische Luft auf deinem Gesicht bewusst wahrnehmen. Du kannst vor dem Aufschneiden der frischen Frucht die Struktur ihrer Haut ertasten oder dich einen Moment lang am Geruch des frisch gebrühten Kaffees erfreuen. Du kannst dich dafür entscheiden, die Frucht ohne Ablenkung durch Tablet oder Zeitung zu genießen und dir erlauben, deine Zunge bewusst von ihrer süßlichen Säure kitzeln zu lassen. Selbst auf dem Klo kannst du spüren lernen, indem du

3.2 Körper: Sei in dir daheim

den Kot nicht rauspresst, sondern deinem Darm die Zeit schenkst, um seinen Inhalt in natürlichen Pressbewegungen Richtung Kloschüssel zu befördern. Ich verschone dich mit weiteren Beispielen. (Es gibt mittlerweile auch jede Menge Achtsamkeitsliteratur, die dich mit unzähligen Tipps versorgen).

Die Botschaft sollte klar geworden sein: Jeden, wirklich jeden Moment deines Alltags im Wachzustand kannst du sinnlich gestalten, wenn du magst. Du kannst insbesondere auch Leerzeiten nutzen – Besprechungen, Bahn- oder Autofahrten, Wartezeiten etc. –, um empfinden zu üben. Sinnlichkeit bedeutet ja auch nicht unbedingt Wohlbehagen. Sinnlichkeit bedeutet, deinen Sinnen Aufmerksamkeit zu schenken, statt dich bloß abzulenken. Wie schon in Kapitel 1.3 erwähnt: Neben den fünf klassischen Sinnen (Gesichts-, Gehör-, Geruchs-, Geschmacks- und Tastsinn) gibt es den Temperatur-, Schmerz-, Bewegungs-, Gleichgewichtssinn sowie Sinnesrezeptoren in unseren inneren Organen. Da gibt es eine ganze Menge wahrzunehmen! Vielleicht verkürzt es die Zeit nicht so sehr wie dein Smartphone. Dafür fühlt es sich nicht wie totgeschlagene, sondern wie gelebte Zeit an. Selbst der Besuch beim Zahnarzt wird leichter, wenn du den Schmerz nicht abwehrst, sondern ihn annimmst und erkundest. Wachsame Empfänglichkeit (▶ Kap. 3.1) ist auch auf körperlicher Ebene die gute Maxime.

»Wahre Schönheit kommt von innen«, heißt es. Doch wie kommst du hinein? Genau so! Indem du dich von innen belebst. Einmal mehr gilt es zu betonen: Auch das ist nicht nur eine individuelle, sondern auch eine kulturelle Leistung. Denn sowohl Christentum wie Aufklärung haben uns nicht nur einen Dualismus von Geist und Körper eingetrichtert, sondern dabei auch eine klare Rangfolge etabliert: das Seelische und Geistige (das »Männliche«) ist das Hohe und Reine, das Körperliche und Leibliche (das »Weibliche«) ist das Niedere und Schmutzige. Wenn wir unseren Körper von innen her zu beleben lernen, lösen wir uns aus einer jahrhundertealten Tradition. Ich finde diese Kontextualisierung immer dann besonders tröstlich, wenn ich merke, wie langsam und wellenförmig solche inneren Versöhnungsprozesse vonstattengehen.

3 Zulassen

Mir persönlich hilft es als »Technik«, das spürende Beleben des Innen als Gegenbewegung zum wertenden Beobachten von außen zu denken – und deshalb die Beobachtung meiner Selbst von außen bewusst einzuschränken (▶ Kap. 1.2). »Wer sich ansieht, der leuchtet nicht«, schrieb Laotse im 4. Jahrhundert vor Christus (1985, Gedicht 24). »Sei das Licht, nicht die Motte«, schrieb der venezianische Frauenverführer Giacomo Casanova in der Mitte des 18. Jahrhunderts. Beide meinen dasselbe: Solange du dich von außen beobachtest, bist du gespalten: einerseits Beobachtender, andererseits Beobachteter. Sogar wenn du dich im Beobachten nicht kritisch abwertest (wozu die meisten neigen), ändert das nichts an der Grundproblematik deiner inneren Getrenntheit. Das kann man dir ansehen. Du bist energetisch nicht zentriert, sondern zerfleddert. Dein Gegenüber kann dich trotzdem toll finden. Aber du erschwerst ihm seine Herzenszuwendung.

Anregung: Ich möchte dieses Kapitel abschließen mit einer Übung, die einfach zu erklären, aber womöglich ziemlich schwierig umzusetzen ist. Die Instruktion: Nimm dein Lieblings-Liebesgedicht hervor (oder such dir eins) und ersetze die Worte du/dich durch ich/mich.

Zu der Zeit, als ich das zum ersten Mal ausprobiert habe, war »Dich« von Erich Fried meine Vorlage:

Dich dich sein lassen, ganz dich.
Sehen, dass du nur du bist, wenn du alles bist, was du bist, das Zarte und das Wilde, das was sich losreißen und das was sich anschmiegen will.
Wer nur die Hälfte liebt, der liebt dich nicht halb, sondern gar nicht, der will dich zurechtschneiden, amputieren, verstümmeln.
Dich dich sein lassen, ob das schwer oder leicht ist? Es kommt nicht darauf an mit wie viel, Vorbedacht und Verstand, sondern mit wie viel Liebe und mit wie viel offener Sehnsucht nach allem – nach allem, was du bist
Nach der Wärme und nach der Kälte, nach der Güte und nach dem Starrsinn, nach deinem Willen und deinem Unwillen, nach jeder deiner Gebärden, nach deiner Ungebärdigkeit, Unstetigkeit, Stetigkeit.
Dann ist dieses dich dich sein lassen vielleicht gar nicht so schwer.

3.3 Psyche: Nimm an, was (hoch-)kommt

»Learning to wear a mask (that word already embedded in the term ›masculinity‹) is the first lesson in patriarchal masculinity that a boy learns. He learns that his core feelings cannot be expressed if they do not conform to the acceptable behaviors sexism defines as male. Asked to give up the true self in order to realize the patriarchal ideal, boy learn self-betrayal early and are rewarded for these acts of soul murder.«[24] (hooks 2004, S. 153)

Selbstbetrug und Seelenmord: In diesen harschen Worten benennt die Schwarze feministische Autorin bell hooks das Drama und Trauma, das Jungen auf dem Weg zum Mann angetan wird. Der Grundgedanke ist nicht neu und zieht sich auch durch dieses Buch. Ich habe das Zitat aus zwei Gründen ausgewählt. Erstens, weil es die seelische Abspaltungsleistung des heranwachsenden Jungen so anschaulich zum Ausdruck bringt: Unerwünschte Gefühle dürfen nicht sein. Sie wegzudrücken, wird belohnt. Eine Maske kaschiert von nun an den Mangel an emotionaler Authentizität. Fürs Maskentragen gibt's Belohnung. Und irgendwann fühlt sich die Maske nicht mehr nach Verkleidung an. Zweitens, weil bell hooks in diesen Zeilen subtil und doch unmissverständlich andeutet, wie die Pflicht zur Selbstentfremdung Geschlechternorm und Zivilisationskrankheit zugleich ist. Wir alle lernen, »unerwünschte« Empfindungen zu unterdrücken und abzuspalten. Letztlich baut unsere ganze abendländische Kultur auf einer großen Spaltung: hier der »liebe Gott«, dort der »böse Teufel«.

---

24 »Eine Maske zu tragen ist die erste Lektion in patriarchaler Männlichkeit, die ein Junge lernt. (Das Wort ›Maske‹ steckt ja bereits im Begriff ›Maskulinität‹). Er lernt, dass er seine innersten Gefühle nicht ausdrücken darf, wenn sie nicht in den Rahmen passen, den das patriarchale System als ›männlich‹ definiert. Er muss sein wahres Selbst verleugnen, um dem Männlichkeitsideal zu genügen. So lernt er früh, sich selbst zu betrügen – und für diesen Akt des Seelenmords belohnt zu werden« (Übers. d. Verf.)

3 Zulassen

Hermann Hesse widmet diesem Motiv seinen Roman *Demian*. Die titelgebende Hauptfigur sagt dort zum jüngeren Emil: »Dieser ganze Gott (...) ist zwar eine ausgezeichnete Figur, aber nicht das, was er doch eigentlich vorstellen soll. Er ist das Gute, das Edle, das Väterliche, das Schöne und auch das Hohe, das Sentimentale – ganz recht! Aber die Welt besteht auch aus anderem. Und das wird nun alles einfach dem Teufel zugeschrieben, und dieser ganze Teil der Welt, diese ganze Hälfte wird unterschlagen und totgeschwiegen. Gerade wie sie Gott als Vater alles Lebens rühmen, aber das ganze Geschlechtsleben, auf dem das Leben doch beruht, einfach totschweigen und womöglich für Teufelszeug und sündlich erklären! Ich habe nichts dagegen, dass man diesen Gott Jehova verehrt, nicht das mindeste. Aber ich meine, wir sollen alles verehren und heilig halten, die ganze Welt, nicht bloß diese künstlich abgetrennte, offizielle Hälfte! Also müssen wir dann neben dem Gottesdienst auch einen Teufelsdienst haben. Das fände ich richtig. Oder aber, man müsste sich einen Gott schaffen, der auch den Teufel in sich einschließt« (Hesse 1925/1974, S. 72/73).

Ich versuche ein Bild zu zeichnen, das der Komplexität unserer emotionalen Besetzungen halbwegs gerecht wird. Die Spaltung von Körper und Geist haben wir im vorhergehenden Unterkapitel bereits behandelt. Sie ist zweifach überlagert: von der Spaltung des Menschlichen in »weiblich« und »männlich« und von der Spaltung in »gut« und »böse«. Logisch werden wir zu fragmentierten Persönlichkeiten, die kaum noch wissen, wer sie »eigentlich« sind!

Ich kann dir – in Orientierung an Peter Schellenbaum (1984, 1987, 1988, 1992, 1994) – drei Entwicklungsperspektiven aufzeigen, bei denen ich so richtig sicher bin: Die Richtung stimmt.

Wertungsfrei wahrnehmen

Erstens: Versuch, dir so wertungsfrei wie möglich zu begegnen. Klar, manche Impulse, Gefühle, Fantasien mögen weniger erwünscht oder auch so richtig schwer verdaulich sein. Trotzdem wird das Unterwünschte eher größer als kleiner, wenn du deswe-

3.3 Psyche: Nimm an, was (hoch-)kommt

gen mit dir schimpfst. Ich meine diese Empfehlung sehr grundsätzlich: Selbst wenn du gesellschaftlich und/oder gesetzlich geächtete Wünsche hast, bringt es dir wenig, wenn du dich dafür einen Schweinehund schimpfst. Statt den Wunsch zu bekämpfen, solltest du deine Energie besser darauf fokussieren, den Wunsch nicht in die Tat umzusetzen. Moralphilosophisch ist die Sache klar: Gedanken, Gefühle und Affekte können wir nur bedingt steuern und deshalb auch nur bedingt dafür verantwortlich gemacht werden. Unsere Taten aber können wir steuern und deshalb auch dafür belangt werden.

Sich selbst zu vertrauen ist anspruchsvoll. Es ist aber die einzig sinnvolle Option. Denn wenn du dir selbst misstraust und dich abwertest oder beschimpfst, manövrierst du dich in ein Geflecht innerpsychischer Dynamiken, aus denen du nur schwer wieder rauskommst. Du riskierst beispielsweise einen Teufelskreis, in dem du dich dann plötzlich beschimpfst fürs Dich-Beschimpfen etc. Möglicherweise mobilisierst du auch eine Gegenstimme, die sagt: »Ich lass mich doch von dir/mir nicht beschimpfen!« und riskierst einen innerpsychischen Machtkampf. Vielleicht sackst du auch einfach zusammen, weil du es nicht aushältst, dass der dir nahestehendste Mensch – du selbst – auch noch auf dir herumtrampelt. All dem kannst du entweichen, indem du immer dann schlichtend intervenierst, wenn du in einen negativen Dialog mit dir selbst gerätst. Sprich zu dir selbst, auch wenn sich das komisch anfühlen mag. Am besten mit ruhiger, klarer Stimme: »Nein, ich möchte mich nicht abwerten. Ich finde es auch nicht toll, was ich da gemacht/gedacht/gefühlt habe. Aber es gehört auch zu mir.«

Ein Schlüsselmoment im Annehmen meiner Selbst erlebte ich während einer Geschäftsreise in Amsterdam im Alter von 30 Jahren. Ich war damals soeben zum Generalsekretär eines großen nationalen Berufsverbands befördert worden und durfte zum ersten Mal beruflich ins Ausland. Nach dem Meeting spazierte ich spätabends zum Hotel und fand mich in den Gassen mit den vielen roten Leuchten wieder. Ich hatte bis dahin noch keine einschlägigen Erfahrungen gesammelt und wähnte mich – mit dem Selbstbild als reflektierter, progressiver Mann – auf der sicheren Seite des nüchternen Zaungasts. Und stand plötzlich trotzdem im schummrigen Zimmer hinter dem großen Fenster. »Suck and Fuck – 50 Euro«, sagte die junge Prostituierte weder unfreundlich noch einladend. Sie – oder die Situation – hatte etwas in mir berührt, das nicht sexuell, aber trotzdem erregend war. Ich genoss die Verheißung. Und meine Machtposition. Ich mein, 50 Euro, um mir das »Recht« zu erkaufen, ihr einfach so an den Po zu fassen. Das faszinierte mich. Und noch »schlimmer«: Es machte mich total an, dass sie nach Sex mit anderen Männern roch.

Auch jetzt, zwanzig Jahre später, bin ich nicht frei von Beschämung, wenn ich daran zurückdenke – und dennoch mit mir im Reinen. Ja, ich verstehe mein Handeln als Ausdruck jener inneren Heimatlosigkeit, die droht, wenn Männer ihr Leben an Männlichkeitsimperativen ausrichten – und in der Folge den Schmerz ob ihrer Selbstverlassenheit mit einem Sex- und Machtkick kurzzeitig zu betäuben suchen. Doch auch wenn es meinem Selbstbild nicht entspricht: Es war in diesem Moment das, was ich tun wollte, was ich getan habe. Dafür muss ich die Verantwortung tragen. Das tue ich so gut ich kann, indem ich mich auch in diesem Unverträglichen ungeschminkt anschaue und annehme. Das gilt genauso für das zweite schwierige Gefühl, das ich mit dieser Erinnerung verbinde: den Stolz, es gewagt zu haben. Ich schäme mich für diesen Stolz. Und nehme auch das an, die Scham und den Stolz.

Anregung: Such nach einer Begebenheit in deinem Leben, für die du dich (bis) heute schämst. Probier, die Scham und alle anderen Gefühle, die aufkommen mögen, möglichst wertungsfrei auszuhalten. Selbstabwertungen trittst du freundlich, aber bestimmt entgegen.

Fühlen trainieren

Zweitens: Fühlen, fühlen, fühlen! Über Gefühle und Gefühlsabwehr (wie auch über den Unterschied zwischen Fühlen und Spüren)

3.3 Psyche: Nimm an, was (hoch-)kommt

habe ich bereits in Kapitel 1.3 (▶ Kap. 1.3) kurz gesprochen. Wenn die große Überschrift dieses Kapitels »Zulassen« heißt, muss das an dieser Stelle vertieft werden. Die Empfehlung ist einfach: Fühl so viel wie möglich. Lerne das Alphabet der Emotionen. Das ist dein Weg aus der erlernten Hilflosigkeit.

Diesbezüglich stehen wir in der Männerarbeit auf festem Boden. Der Begründungszusammenhang lautet: Männlichkeit verlangt nach Abspaltung aller »unmännlichen« Gefühle. Im Lauf des Aufwachsens automatisieren sich die entsprechenden Gefühlsabwehrmechanismen. Irgendwann fühlt man(n) gar nichts mehr. Und hat nichts als einen leeren Kopf, wenn die Chefin, der Kumpel, die Ehefrau fleht: »Sag mir doch, wie es dir wirklich geht?!«

In dieser ungemütlichen Situation gibt es zwei Wege: davon rennen oder stehen bleiben. Die Flucht kann verschiedenste Formen annehmen: Die einen entwickeln ein psychosomatisches Leiden, die anderen trinken, rauchen oder kiffen zu viel, wieder andere werden verbittert, manche verlieren die Lebensfreude, einige geben Frauen die Schuld an allem und werden zu Antiferministen, viel zu viele kombinieren mehrere Strategien miteinander. Ach Männers, ich kann verstehen, dass Flucht manchmal das Einzige ist, was geht. Verdammt schade bleibt's. Zumal die Alternative doch wirklich nicht so schwer scheint: einfach stehen bleiben. Nichts tun. Aushalten. Zulassen. Wohin auch immer es dich treibt.

Denk dran: Es gibt unangenehme Gefühle, schmerzhafte Gefühle, schwer auszuhaltende Gefühle, das schon. Aber: Solange du das Gefühl zulässt, wird es vorüberziehen wie die Wolke am Horizont. Das Gefühl meint es nämlich gut mit dir. Es braucht bloß deine Aufmerksamkeit. Bekommt es die nicht, wird es störrisch. Und krallt sich fest. Kommt immer wieder. Besonders in den dümmsten Momenten. Und glaub mir, es hat den längeren Atem als du. Diesen Kampf kannst du nicht gewinnen. Aber du kannst dich sorglos freiwillig geschlagen geben. Um zu merken, dass der vermeintliche Gegner dein Freund ist, der dir den Weg nach Hause weist.

3 Zulassen

Einige praktische Anregungen:

- Du könntest versuchen, das Spüren-und-Fühlen-Üben sportlich anzugehen. Es sind auch tatsächlich Fertigkeiten, die du trainieren musst wie einen Muskel. Wenig reicht schon. Am wichtigsten ist die Regelmäßigkeit: am besten jeden Tag ein bisschen. So wächst du langsam ganz organisch in deinen Körper hinein und mit deiner Seele zusammen.
- Du könntest dir dein Inneres als Gebäude vorstellen: als Haus, als Burg, als Schloss – was auch immer passt. Mach zuerst eine Bestandsaufnahme: Welche Zimmer sind schon bewohnt oder bewohnbar, welche sind verlassen? Kennst du überhaupt schon alle Räume? Dann entwickle einen Plan, genauso wie du ein reales Gebäude wohnlich machen würdest, wenn du allein auf dich gestellt wärst. Würdest du zuerst mal alles grob durchfegen oder einen ersten Raum gründlich reinigen und schön einrichten?
- Mir persönlich hilft der Gedanke, dass ich mit meiner Aufmerksamkeit meine Innenwelt wärme und behaglich mache – so wie nach einem längeren Urlaub die eigene Wohnung zuerst wieder durch die eigene Anwesenheit belebt und »gewärmt« werden muss, bis ich mich darin wieder heimisch fühle.

Anregung: Finde dein eigenes Bild, wie du das Einüben von Spüren und Fühlen zu einem sinnvollen und selbstverständlichen Teil deines Alltags machen kannst. Du könntest Spüren und Fühlen beispielsweise als alltägliche Pflegeroutine wie das Zähneputzen betrachten? Oder wie Singen: Jeder kann's, aber mit Übung (und allenfalls Unterstützung) wird's präziser, schöner und befriedigender?

Innere Versöhnung suchen

Drittens: Such die innere Versöhnung. Im Theorieteil zu diesem Kapitel habe ich in einem Nebensatz Männer als Wächter und Gefangene in Personalunion beschrieben. In dieser Metapher steht »der

3.3 Psyche: Nimm an, was (hoch-)kommt

Gefangene« für »das Gefangene«: die abgespaltenen »unmännlichen« Wünsche und Empfindungen, die unerwünschten Persönlichkeitsanteile, das ungelebte Leben. Die Figur des Wächters entspricht dem, was ich in Kapitel 1.1 das »Männlichkeits-Ich« genannt habe (▶ Kap. 1.1). Ich meine jene innerpsychische Instanz, welche die gesellschaftlichen Männlichkeitsanforderungen verinnerlicht hat und über ihre Einhaltung wacht: der innere Beobachter und Zensor.

Deine Aufgabe ist es, eine Verbindung herzustellen zwischen Gefangenem und Wächter. Welche Möglichkeiten fallen dir ein? Kann der Gefangene allenfalls den Wächter dazu bringen, die Gefängnistür freiwillig aufzuschließen? Hat er eine Chance, sie mit Gewalt einzutreten? Oder gibt es eine Fluchtmöglichkeit nach draußen? Der einfachste Weg wäre, wenn eine dritte Instanz interveniert und dem Wächter ruhig, aber bestimmt erklärt, dass ein Justizirrtum vorliegt und der Gefangene deshalb unverzüglich freizulassen sei. Diese dritte Instanz ist dein Vermittler-Ich. Du hast die Macht, sie ins Spiel zu bringen. Und weil du selbst der Wächter bist, hast du auch die Macht, die Tür einfach aufzuschließen. Aber klar, das ist leichter gesagt als getan. Schließlich wurde dir jahrzehntelang gesagt, dass du die Befreiung des Gefangenen um jeden Preis verhindern musst. Deshalb kostet das Aufschließen des Kerkertors einiges an Mut. Vielleicht musst du dich erst daran herantasten.

Dringend ans Herz legen möchte ich dir, einen friedlichen Weg der Befreiung zu suchen. Wenn du einseitig Partei ergreifst für den Insassen und ihm hilfst, den Wächter zu überlisten, zu knebeln oder gar zu töten, findest du dich in der Rebellion wieder. Das mag besser sein als Anpassung, ist aber definitiv noch keine Freiheit, weil du im Kampf gebunden bleibst. Es geht also eher darum, aus der Position des Vermittler-Ichs zur Aussprache zwischen Gefangenem und Wächter einzuladen. Das Ziel ist Versöhnung und Integration, nicht neuerliche Spaltung. Vielleicht kannst du als Vermittler eine Art »Familienrat« einberufen. In folgender Ansage möchte ich auf jeden Fall klar sein: Nachhaltige Männeremanzipation heißt, die Aussöhnung zwischen dem Wächter und dem Insassen zu befördern und als Vermittler diesbezüglich eine unmissverständliche Haltung einzunehmen. Das Ziel ist, Frieden zu schließen. Und du leitest diesen Prozess an. Mit liebevoller Strenge. Schritt für Schritt. In der Bereitschaft, Rückschritte zu verzeihen. Im Willen, Versöhnung zu schaffen.

Ich habe in diesem letzten Abschnitt einen Kniff angewandt. Hast du ihn bemerkt? Ich habe die Rolle des »Vermittlers« stillschweigend verändert: Zuerst war er ein Außenstehender, der noch gar nicht Teil der Szenerie ist; dann tritt er auf die Bühne als drittes Element neben Wächter und Gefangenem; zuletzt übernimmt er die Hauptrolle und Regie zugleich. Das ist die Persönlichkeitsentwicklung, die ich dir ans Herz legen möchte. In dieser Perspektive nimmst du alles mit, was du bisher gelernt hast und dir wichtig war. Es braucht keine Gewalt, um dich krampfhaft von Altem loszusagen. Es braucht »nur« die Bereitschaft, die inneren Machtverhältnisse zu verändern. Der Einfluss deines Männlichkeits-Ichs – des Wächter-Anteils –gehört begrenzt. Vieles, was der Wächter kann, wird nützlich bleiben. Es macht Sinn, sein Wissen und seine *Skills* verfügbar zu halten. Aber die Machtverhältnisse sollen sich verändern: Nicht du sollst bestimmt werden durch deine verinnerlichten Männlichkeitsimperative, sondern du sollst bestimmen, in welchen Situationen du dem alten Männlichkeits-Ich Gehör schenken willst. Damit bist du nicht mehr dein Männlichkeits-Ich, sondern hast nur noch ein Männlichkeits-Ich, das sich in deinen Dienst zu stellen hat. Dasselbe gilt für dein Bedürftigkeits-Ich: Du bist nicht mehr ein Bedürftiger, sondern du hast Bedürfnisse. Du entscheidest, in welchen Situationen du welchem Anteil wie viel Macht und Raum geben möchtest. Dadurch schlägt es dich nicht mehr dauernd hin und her, weil du nicht mehr ganz auf die eine oder ganz auf die andere Seite kippen musst. Es reicht, wenn du stabil in der Mitte stehst und die Anliegen deines Männlichkeits-Ichs und deines Bedürftigkeits-Ichs ausbalancierst.

Damit ist auch gesagt: Diese Verschiebung schafft Raum für ein »neues Ich«. Wobei das spektakulärer klingt, als es ist. Denn du kennst dein »neues Ich« bereits. Es ist dein Vermittler-Ich, die innere Leitstimme, die in deinen inneren Kämpfen vermittelt. Sie ist dein Anker. Mit ihr verbündest du dich. Diese Vermittler-Stimme bist du. Mit ihr als Leitinstanz kannst du nachhaltig wachsen.

3.4 Menschen: Verbinde und verbünde dich

53 % der 18- bis 25-Jährigen kennen Menschen, die sich nicht eindeutig der Kategorie Mann oder Frau zuordnen lassen wollen. Mit dem Alter sinkt der Anteil stetig: Schon bei den 26- bis 35-Jährigen sind es nur noch 35 %, bei den über 70-Jährigen 21 % (Hermann et al. 2021, S. 14).

Wie vielfältig ist dein Freundeskreis? Hast du Menschen in deinem Umfeld, deren Geschlechtsidentität queer ist?

Anregung: Erstelle eine Liste mit den zehn bis 20 Menschen, die du am besten kennst. Nimm dann ein Blatt Papier, lege es im Querformat hin und zeichne eine horizontale Achse in die untere Hälfte Blattes. Schreib deinen Namen in die Mitte der Achse. Geh nun die Liste deines Umfelds durch und suche nach den Personen, die dir selbst am ähnlichsten sind. Schreibe ihren Namen nahe zu deinem und suche die verbleibende Liste nach jenen Personen durch, die dir am unähnlichsten sind. Wiederhole das Ganze, bis die Liste abgetragen ist. Lass das entstandene Bild auf dich wirken. Verteilen sich die Namen über die ganze Breite des Blatts oder klumpen sie sich? Sind die Abstände zwischen den einzelnen Namen regelmäßig oder gibt es Ausreißer? Was fühlst du, wenn du an die Person denkst, die am weitesten weg ist von deinem Namen? Wie fühlt sich das an im Vergleich zur Person, die dir am ähnlichsten ist?

3 Zulassen

Es ist ganz normal, sich unter Menschen am wohlsten zu fühlen, die ähnlich ticken. Vertrautheit lindert Einsamkeit und schafft Geborgenheit. Die Gefahr eines Umfelds, in dem alle ähnlich sind wie du, besteht aber darin, das Gespür für die unendliche Vielfalt von Charakteren und Lebenslagen zu verlieren. Dann riskierst du, zu einem provinziellen Kleinkrämer zu werden, der sich durch alle bedroht fühlt, die anders sind. Vor allem aber beraubst du dich ganz vieler Inspirationsquellen, die dich in deiner Entwicklung weiterbringen können. Versuch doch mal bewusst, Kontakte zu Menschen zu stärken, die möglichst anders sind als du. Ganz besonders viel lernen kannst du von den Personen, die dich stressen und provozieren.

In diesem Kapitel möchte ich nun drei Entwicklungspfade vertiefen:

- wie du in Beziehungen und Begegnungen Verantwortung übernehmen kannst für dich;
- wie du mit Abhängigkeit von anderen Menschen umgehen kannst;
- wie du männliche Emanzipation als Gemeinschaftsaufgabe verstehen kannst.

Verantwortung übernehmen

Kommunikation zwischen Menschen ist eine komplexe Sache. Denn nur vordergründig sind bloß zwei Personen daran beteiligt. Faktisch sind es eine Vielzahl unterschiedlicher Persönlichkeitsanteile, die miteinander in Kontakt kommen. Die Transaktionsanalyse – eine vom US-amerikanischen Psychiater Eric Berne in der Mitte des 20. Jahrhunderts begründete Psychotherapie-Richtung – veranschaulicht dies mit einem einfachen Modell. Es geht davon aus, dass in uns allen neben der eigentlichen Ich-Funktion (dem Erwachsenen-Ich, vgl. auch Kap. 1.4) zwei weitere Anteile lebendig sind: das (regressive) Kind-Ich und das (regressive) Eltern-Ich. In

3.4 Menschen: Verbinde und verbünde dich

der zwischenmenschlichen Kommunikation läuft alles rund, solange der Austausch auf der gleichen Ebene stattfindet:

- Von Kind-Ich zu Kind-Ich begegnen wir uns verspielt, albern, neckend.
- Von Erwachsenen-Ich zu Erwachsenen-Ich begegnen wir uns einfühlsam, respektvoll, vernünftig.
- Von Eltern-Ich zu Eltern-Ich begegnen wir uns wohlmeinend, fürsorglich, grenzsetzend.

Schwierig wird es, wenn die Symmetrie verrutscht. Ein typisches Beispiel ist, wenn ich die Bitte meiner Partnerin als mütterliche Anweisung interpretiere und in der Folge in die Rolle des rebellischen Kindes rutsche. Ebenfalls schwierig wird es, wenn ich meine Partnerin zu einer übermütigen Aktion zu verführen suche und sie mich zurechtweist, ich solle mich nicht wie ein Kindskopf benehmen. In solchen Situationen verpassen wir uns. Das ist in der Regel Beziehungsgeschehen, in dem beide ihren Anteil an der unglücklichen Dynamik haben. Die Versuchung ist jedoch groß, dem anderen die Schuld dafür zu geben (v. a. im Kind-Ich). Das erweist sich kaum je als hilfreich. Denn die Schuldzuweisung erzeugt Widerstand. Die Gefahr, sich in gegenseitigen Schuldzuweisungen zu verkeilen, ist riesig (▶ Kap. 2.4).

Daraus ergibt sich eine erste Regel, die in jeder Konfliktsituation hilfreich ist: Wann immer dich jemand oder etwas nervt oder ärgert, frag erstens nach deinem Anteil daran und zweitens nach den Beeinflussungschancen, über die du allein verfügen kannst. Aufgepasst: Du übernimmst in dieser Situation nicht die ganze Schuld. Du übernimmst aber die ganze Hälfte deiner Verantwortung: eben genau die, die du beeinflussen kannst. Auch dafür brauchst du dein Vermittler-Ich. Denn dieses Vermittler-Ich ist letztlich dasselbe wie das Erwachsenen-Ich der Transaktionsanalyse: jene innere Instanz, die sich so verhält wie du es dir von allen Menschen wünschen würdest – weitsichtig, ruhig, beherzt, fair. Diese vermittelnde, reife Instanz sollte deine Rückfallposition sein, wann immer du genervt, wütend oder sonst wie aufgewühlt bist.

Je spürender dir die Verankerung im Vermittler-Ich gelingt, umso leichter wird es dir fallen, in sozialen Kontakten intuitiv angemessen zu handeln. Denn dein Spüren liefert dir alle Informationen, die du brauchst. Wenn du spürend in Beziehung bist, kannst du dir alle Gedanken und Interpretationen darüber schenken, was du jetzt tun oder sagen könntest oder solltest. Wie die Saite eines Instruments nur klingen kann, wenn ihre beiden Enden fest verankert sind, kommt eine Beziehung erst ins Schwingen, wenn die Verbindung zwischen den Beteiligten in ihrem je eigenen spürenden Da-Sein verankert ist. Der Fachbegriff dafür heißt Resonanz (▶ Kap. 4). Sie schützt dich nicht zuletzt auch wirksam vor ungewollten Fehltritten und Grenzverletzungen. Resonanz ist der Gegenentwurf zur narzisstischen Einsamkeit.

Umgang mit Abhängigkeit

Narzissmus ist zur Modediagnose geworden. Dafür gibt es gute Gründe: Tatsächlich leben wir in einer Welt, in denen narzisstische Neigungen eher hilfreich als hinderlich sind, um es im Leben zu etwas zu bringen. Deshalb verlangt die Zerstörungskraft, die von narzisstischen Menschen und Beziehungen ausgeht, nach einer erhöhten Sensibilität für die Problematik. Jedoch orientiert sich das populäre Verständnis von Narzissmus zu stark an der Idee, der Kern des Narzissmus seien Eitelkeit und Selbstverliebtheit. Das ist bereits in der Entstehung des Begriffs angelegt: Narziss ist eine Figur der griechischen Mythologie, der sich in sein eigenes Spiegelbild verliebt. Dahinter verbirgt sich jedoch eine tiefere Tragik: Der schöne Jüngling ist nicht in der Lage, sich mit seinem Herzen einem anderen Menschen zuzuwenden. Er steckt fest im Kerker übersteigerter Selbstgenügsamkeit. Dass er als Mensch angewiesen ist auf andere, will er nicht wahrhaben. Seine Tragik liegt insofern weniger in seiner eitlen Selbstverliebtheit. Diese ist Folge, nicht Ursache seines eigentlichen Schicksals: der Unfähigkeit, sich auf

3.4 Menschen: Verbinde und verbünde dich

andere Menschen zu beziehen, Abhängigkeit auszuhalten, zu lieben.

In dieser Perspektive steht Narziss durchaus als Symbol für moderne Männlichkeit, die – wie bereits an mehreren Stellen herausgearbeitet – einhergeht mit der Pflicht zu Gefühlsabwehr und Selbstentfremdung. Ohne liebenden Selbstbezug fehlt es uns Männern aber am Fundament, um das Risiko Liebe auf uns nehmen zu können. Denn das Wesen der Liebe besteht ja gerade darin, die Begrenzung des eigenen Ichs in der intimen Begegnung mit dem Du ins gemeinsame Wir aufzulösen (um jenseits der Symbiose gereift »wiedergeboren« zu werden). Grenzüberschreitende Zweisamkeit aber ist eine Bedrohung für Menschen, die sich ihres Selbst nicht sicher sind. Sie haben berechtigten Grund zur Furcht, sie könnten sich selbst verlieren, wenn sie sich ins Wir des Liebespaars fallen lassen.

Deshalb neigen Männer dazu, beziehungslos oder beziehungsarm zu leben. Die Beziehungslosen bilden eine mutmaßlich wachsende Gruppe, die aus ihrer Einsamkeitserfahrung teilweise eine ganze Weltanschauung konstruieren. Ich spreche von der Gruppe der selbsterklärten *Incels, den *Involuntary Celibates* (also unfreiwillig Beziehungs-/Sexlosen). Sie glauben, Frauen würden von Natur aus nur die allerheißesten Typen begehren können (die sogenannten *Chads*) – und geben sich in der Folge null Chancen auf dem Beziehungsmarkt. Angelika Kracher (2020) arbeitet in ihrem Grundlagenwerk schön heraus, in welch krude Denkfiguren und Radikalisierungsdynamiken sich die Betroffenen in der Folge versteigen. Das Problem ist leicht durchschaubar: Die darwinistische Grundannahme, wonach sich Frauen nur von den männlichsten aller Alphatiere begatten lassen, ist nicht nur sexistisch, sondern schlicht und einfach falsch. Denn andernfalls müssten die weniger feschen und begabten in der Gesamtheit der Männer höchstens in Ausnahmefällen eine Familie gründen und Väter werden können. Überall, wo Väter sich aufhalten, lässt sich leicht das Gegenteil beweisen.

Psychologisch scheint mir die eigene Versagensangst das Relevante in der *Incel*-Ideologie. Diese mehrheitlich jungen Männer haben einen eklatanten Mangel an Selbstvertrauen und -liebe. Weil sie sich selber nicht mögen, halten sie es für unmöglich, dass dies jemand anderem gelingen könnte. Sie sind vergiftet von der Idee, liebens- und begehrenswert zu sein, sei eine Leistung, sei Lohn für einen hohen Rang im Männlichkeitsranking. Dass nicht harte Fassade, sondern gelassenes Einverstandensein mit sich selbst Männer attraktiv macht, können sie nicht sehen. Denn sie betrachten sich selbst mit den abwertenden Augen ihrer männlichen Mitkonkurrenten. So verachten sie sich für ihren vermeintlichen Mangel an »Männlichkeit« – und lassen ihre größten Ängste als sich selbst erfüllende Prophezeiungen wahr werden. Mangels Kontakt mit realen Frauen können sie ihr vergiftetes Welt- und Frauenbild auch keinem Realitätscheck unterziehen. In einer repräsentativen Studie sagen 66 % der Männer, Männer mit »weiblichen« Seiten seien voll unattraktiv. Es ginge ihnen besser, wenn sie wüssten: Gerade diese »weiblichen« Seiten machen Männer für 64 % der Frauen attraktiv (Hermann et al. 2021, S. 21).

Zahlreicher als Männer ohne Beziehung dürften noch immer jene Männer sein, die Beziehungen eingehen, ohne sich wirklich einzulassen. Sie lieben mit angezogener Handbremse, um die Kontrolle nicht zu verlieren und die Angst vor dem Verlust des geliebten Menschen im Rahmen des Bewältigbaren zu halten. Das kann eine taugliche Strategie sein, wird aber die Liebeserfahrung begrenzen und schlimmer noch: mit einiger Wahrscheinlichkeit im Sinn einer sich selbst erfüllenden Prophezeiung dafür sorgen, tatsächlich die Erfahrung des Verlassenwerdens zu machen. Es droht ein hässlicher Teufelskreis.

Unglücklicherweise bestärken die gesellschaftlichen Megatrends unserer Zeit eine »Ich bin mir selbst genug«-Haltung. Ich meine gleichermaßen:

- den spätkapitalistischen Individualismus, der uns glauben lässt, dass Liebe aus Leistung wächst;
- den spätkapitalistischen Materialismus, der uns glauben lässt, dass man Liebe verdienen, kaufen und besitzen kann;

3.4 Menschen: Verbinde und verbünde dich

- den spätkapitalistischen Postmaterialismus, der uns glauben lässt, dass der Wunsch nach Liebe überschätzt wird und ihm das Konzept der Selbstliebe entgegensetzt, die sich dank spiritueller Selbstoptimierung erarbeiten lässt. Der Psychologe Scott Barry Kaufman erfasst das Phänomen passenderweise mit dem Begriff des »spirituellen Narzissmus« (Kaufman 2021).

Versteh mich nicht falsch: Ich möchte ganz bestimmt keinen romantischen Imperativ postulieren und behaupten, erfülltes Leben bedürfe einer traditionellen Zweierbeziehung. Ich sage aber: Selbstliebe ist sowohl die Voraussetzung für die Liebe zu einem anderen Menschen wie auch die Voraussetzung für jedes andere Liebes-, Lebens- und Familienmodell. Das heißt letztlich: Du kannst nur mit dir allein glücklich sein, wenn das deine freie Wahl ist – und nicht bloß die einzige Option, die deine Ängste zulassen. Der Weg zu dir ist deshalb derselbe wie der Weg zu »ihr«. Ich habe ihn in Kapitel 3.3 beschrieben (▶ Kap. 3.3): spüren, spüren, spüren – fühlen, fühlen, fühlen.

Männliche Emanzipation als Gemeinschaftsaufgabe

Ich möchte in diesem Unterkapitel, in dem es ums Bezogensein auf andere geht, auch die Frage des Bezogenseins zu anderen Männern ansprechen. Wissenschaftlich werden die Beziehungen unter Männern unter dem Stichwort *Homosozialität* abgehandelt. Der Begriff lässt bereits erahnen: Wir betreten ein spannungsreiches Feld. Den einen Pol markieren starke Bilder männlicher Konkurrenz, Abwertung und Distanzierung (damit bloß niemand denkt, wir sind schwul). Den anderen Pol markieren starke Bilder männlicher Gefährtenschaft:

- Männerfreundschaften, die als »brüderliche Bande« gedacht werden und damit eine familienähnliche Qualität erhalten (wie es in der neudeutschen Wortschöpfung der *Bromance* schön zum Ausdruck kommt);

3 Zulassen

- Kameradschaften, die besonders im militärischen Kontext beschworen werden. Das 1934 erschienene *Handbuch für den deutschen Soldaten* (zit. nach Kühne 1996, S. 509) bezeichnet Kameradschaft etwa als »das unentbehrliche Bindemittel«, das »nächst der Mannszucht eine Armee zusammenhält. Ohne Mannszucht würde sie zu einem zügellosen Haufen herabsinken, ohne Kameradschaft das Soldatenleben ein unerträgliches Dasein bilden.«
- Burschenschaften und Studentenverbindungen als »Prototypen politisch-militärischer Männlichkeit« (Martschukat & Stieglitz, 2008, S. 118).
- Seilschaften und Männerbünde im wirtschaftlich-politischen Kontext, die der Gruppe oder einzelnen Gruppenmitgliedern Macht und Einfluss sichern und ein Strukturmerkmal patriarchaler Gesellschaften darstellen (Engelniederhammer 1998, S. 167).
- Bruderschaften, Logen und Geheimbünde (wie z. B. die Freimaurer) als Verbindungen, die bewusst auf den Kreis *weißer* bürgerlicher Männer beschränkt bleiben (Martschukat & Stieglitz, 2008, S. 119).

Diese widersprüchlich anmutende Gleichzeitigkeit von Gefährtenschaft und Konkurrenz hat System. Für Pierre Bourdieu sind Männer deshalb stets »Partner-Gegner« (Bourdieu 2005, S. 83). Er arbeitet in seinem Werk über die männliche Herrschaft heraus, wie sich Männlichkeit überhaupt erst »konstruiert und vollendet (...) in Verbindung mit dem den Männern vorbehaltenen Raum.« (Bourdieu 1997, S. 203). In diesen Räumen, in denen Männer unter sich sind, werden sie ausgefochten, »die ernsten Spiele des Wettbewerbs«. Frauen sind dabei »auf die Rolle von Zuschauerinnen oder, wie Virginia Woolf sagt, von *schmeichelnden Spiegeln* verwiesen, die dem Mann das vergrößerte Bild seiner selbst zuückwerfen, dem er sich angleichen soll und will« (ebd.).

Der Geschlechtersoziologe Michael Meuser kommt auf dieser Basis zum Schluss, dass »Wettbewerb ein zentrales Mittel männlicher Sozialisation ist und dass, so paradox das möglicherweise erscheinen mag, der Wettbewerb Männer nicht (oder nicht nur) voneinander trennt, sondern dass er zugleich, in ein- und derselben Bewegung, ein Mittel männlicher Vergemeinschaftung ist« (Meuser 2008, S. 5172). Diese »Simultaneität von Gegen- und Miteinander ist kennzeichnend für zahlreiche Männlichkeitsrituale.« Diese Rituale seien für Männer Risiko und Rettung zugleich: »Männer sind einerseits ständig gefordert, ihre Männlichkeit unter Beweis zu stellen – insofern ist ihre Männlichkeit fragil –; sie wissen aber andererseits und werden darin durch die Gruppe bestärkt, was sie tun müssen, um sich als Mann zu beweisen – insofern gibt es eine habituelle Sicherheit.«

Die etwas umständliche Formulierung des Soziologen meint letztlich: Nur wer im Wettbewerb unter Männern besteht, gilt als richtiger Mann. Genau deswegen ist das Zusammensein unter Männern nie ganz entspannt, wenn männlicher Wettbewerbszwang nicht bewusst reflektiert und ausgehebelt wird. Denn man (n) muss immer auf der Hut bleiben. Jederzeit kann die Vertrautheit durch ein Wettbewerbssignal beendet werden. Das ist auf die Dauer nicht nur verdammt anstrengend, sondern verhindert vor allem echte Intimität. Denn jede Information, die ich in einem Moment der Vertrautheit von mir preisgebe, kann im Moment des Wettbewerbs gegen mich verwendet werden. Es scheint mir eine zentrale Tragödie männlichen Aufwachsens, der Erfahrung eines bedingungslosen Aufgehobenseins unter Männern beraubt zu werden. Das hinterlässt bei den meisten Männern Wunden, Ängste, Misstrauen.

Die Frage ist: Wie kann eine Kultur des Umgangs von Männern untereinander aussehen, welche die Polarität von Seilschaft und Wettbewerb aufzulösen vermag? Ein solch Neues muss sich auf den kleinsten gemeinsamen Nenner besinnen, der alle Männer verbindet, wenn es nicht neue Ausschlüsse hervorbringen soll. Dieser kleinste gemeinsame Nenner ist (vgl. Intro) die Erfordernis, sich zu gesellschaftlichen Männlichkeitsanforderungen verhalten zu müssen. In dieser einen Anforderung ist »das große Wir« keine Illusion (vgl. Scheele 2012). Deshalb mag ich den Begriff »Mit-

3 Zulassen

männlichkeit«, den Olaf Jantz im jungenpädagogischen Kontext geprägt hat (z. B. Jantz & Grote 2003, S. 85).

»Männer werden darauf trainiert, sich in einer Welt der Über- und damit auch der Unterordnung zurecht zu finden. ›Männliches‹ Kontaktverhalten geschieht meist zunächst durch Rivalität, Konfrontation und Kräftemessen. Diesem Geschehen immanent ist die prinzipielle Abwertung des Anderen, die Aufwertung der eigenen Person«, schreibt Wolfgang Rosenthal (Rosenthal 2010, S. 10), der in Oldenburg den Verein Männer-Wohn-Hilfe e. V. mitbegründet hat. »Mitmännlichkeit steigt aus diesem Prinzip aus (...). Mitmännlichkeit setzt einen grundlegenden Mechanismus traditioneller Männlichkeit außer Kraft: Du musst Dir deine Daseinsberechtigung nicht verdienen, erwerben. Du musst nichts tun, Du bist auch als Mann ein liebenswertes Geschöpf, dem Grundrechte zu stehen.«

Männern einzureden, das Scheitern an Männlichkeitsanforderungen sei nicht strukturell gewollt, sondern Ausdruck individuellen Versagens, ist aus meiner Sicht – wie bereits verschiedentlich dargelegt – ein zentrales Herrschaftsinstrument des Patriarchats. Diese (un)heimliche Waffe sichtbar zu machen und anzuprangern, ist deshalb sowohl für die individuelle Emanzipation wie auch für die kollektive Befreiung von einengenden Männlichkeitsnormen unerlässlich. Das geht aber letztlich nicht im stillen Kämmerlein. »Es braucht die Kraft des emanzipatorischen Männerkreises«, sagte Christoph Walser im Lehrgang. »Erst dadurch merke ich: Ich bin nicht allein. Anderen geht es ähnlich. Ich bin weder komisch noch abnormal oder krank!«

Deshalb spricht der Titel dieses Buchs auch nicht den einzelnen Mann an, sondern die Gesamheit der Männer: »Jungs, wir schaffen das«. Wir schaffen es, den Mut aufzubringen, uns mit anderen Männern zu verbinden und zu verbünden. Wir schaffen es, den Mut aufzubringen, uns in der eigenen Verletzlichkeit zu zeigen und die Verletzlichkeit der anderen Männer zu sehen. Und wir schaffen es, den Respekt, die Stärke und die Weisheit zu zeigen, um diese Verletzlichkeiten zu schützen vor den »ernsten Spielen des Wettbewerbs«. (Hierfür bieten Angebote der Männerarbeit –

moderierte Männergruppen, geführte Gruppenworkshops, geschlechterreflektierte Männerberatung – besonders geeignete Schutzräume. Ganz am Ende des Buchs findest du im Serviceteil Hinweise auf Plattformen und Angebote).

»Wenn Männer ihre Emanzipation aus destruktiven Männlichkeitsritualen miteinander teilen, so ist dies zugleich auch *Initiation* in konstruktivere Verhaltensweisen«, formulierte Christoph Walser im Lehrgang. Dies gelingt in einer Haltung konkurrenzfreier Solidarität unter Menschen, die durch das Erfordernis miteinander verbunden sind, einen Umgang mit Männlichkeitsnormen zu finden. Das verstehe ich unter Mitmännlichkeit. Dafür braucht es gar nicht so viel. Wenn ich beispielsweise erstmals mit einer Gruppe von Männern zu arbeiten beginne, habe ich mir angewöhnt, meine Ängste offensiv auf den Tisch zu legen. Damit bin ich nicht nur Eisbrecher, sondern auch Rollenmodell. Ich nutze meine Leitungsfunktion, um einen Standard des Umgangs untereinander zu verankern und schaffe damit einen Raum, der für den Nächsten bereits viel leichter betretbar wird.

3.5 Dinge: Lebe nachhaltig

Die Lage ist ungemütlich: Als westliche Gesellschaft müssen wir unseren Ressourcenverbrauch massiv einschränken, um Klimawandel und ökologischen Kollaps abzuwenden oder zumindest zu verzögern. Als Männer in der westlichen Gesellschaft müssen wir uns dabei überdurchschnittlich einschränken, weil wir überdurchschnittlich viele Ressourcen verbrauchen (▶. Kap. 2.5).

Weniger ist mehr

Wenn in diesem Kapitel die Frage im Zentrum steht, welche Beiträge Männer leisten können, damit wir nachhaltig(er) mit Natur und

Gütern umgehen, verknüpfen sich zwei große Diskursstränge und zivilgesellschaftliche Bewegungen: *Degrowth-* und Nachhaltigkeitsbewegung einerseits, Gleichstellungs- und feministische Bewegung andererseits. Diese thematische Überlappung macht die Aufarbeitung der Thematik anspruchsvoll – umso mehr als der Austausch und die Verbindung dieser Bewegungen noch in den Anfängen steckt. So hat beispielsweise das *MenEngage*-Netzwerk – es vereint weltweit männlichkeitskritische Organisationen – die Umweltfrage erst 2017 zu einer strategischen Priorität erklärt (van der Heyden 2021, S. 4).

Klar ist: Einfach Männern den schwarzen Peter zuschieben, ist keine taugliche Antwort. Denn der übermäßige Ressourcenverbrauch von Männern ist ja nicht die Wurzel des Problems, sondern bloß ein Ausdruck davon. Die eigentliche Wurzel der drohenden Katastrophe ist das männlich geprägte Herrschaftssystem, das es als unumgängliche Selbstverständlichkeit darstellt, natürliche wie auch soziale Ressourcen schamlos auszubeuten. Oder mit den Worten der Geschlechterforscherin Andrea Maihofer gesprochen: »Bürgerlich-patriarchale Männlichkeit« ist »für das Vorantreiben der neoliberalen Transformationsprozesse – und damit für die Fortsetzung der kapitalistischen Wachstumslogik sowie für die Ausbeutung der Natur – essenziell« (Maihofer 2019, S. 74). Deshalb ist »die Überwindung der bürgerlich-patriarchalen Männlichkeit« auch »für das Ende der kapitalistischen Wachstumslogik unabdingbar« (ebd.).

Im Vordergrund steht also die Frage, wie eine fundamentale Neugestaltung unseres Verständnisses von Männlichkeit gelingen kann, die einhergeht mit einer fundamentalen Neugestaltung unseres Verständnisses von Wirtschaft und Gesellschaft, letztlich von »gutem Leben«. Weil die herrschende Männlichkeitsideologie auf Männer zurückwirkt und unser männliches Selbstverständnis durchdringt (s. a. Heilmann & Scholz 2017), geht es logischerweise trotzdem nicht ohne Veränderung von Männern. Davon handelt ja auch dieses Buch. Auf einer Haltungsebene scheint mir die Differenzierung trotzdem essenziell: Es macht einen Unterschied, ob wir Männer *oder* Männlichkeit als Bedrohung unserer Lebensgrundlagen identifizieren. Sachlich angemessen ist es, Ausbeutungslogiken des Patriarchats anzuprangern – und Männer einmal mehr als Profiteure UND Opfer dieses Systems in die Verantwortung zu nehmen.

Martin Hultman und Paul M. Pulé (Hultman & Pulé 2018; Pulé & Hultman 2021) gehören zu den ersten Forschern, welche die Frage gestellt haben, wie »ökologische Männlichkeit« zu denken wäre. Sie unterscheiden dafür drei Männlichkeitskonstruktionen und deren Verständnis der Beziehung zwischen Mensch und Natur:

- *Westlich-industrielle Männlichkeiten* mit dem klassischen Ernährermodell betrachten den Menschen als Krönung der Natur, der befugt ist, sich die Erde Untertan zu machen. Die westlichen Wachstumsgesellschaften basieren auf diesem Modell. Umweltverschmutzung und Zerstörung der natürlichen Lebensgrundlagen werden in dieser Perspektive als bedauerliche, aber unvermeidliche und – angesichts der Segnungen des gesellschaftlichen Wohlstands – in Kauf zu nehmende Kollateralschäden betrachtet.
- *Grün eingefärbte Männlichkeiten* (*eco-modern masculinities* oder auch *ego-logical masculinities*) sind verankert im ersten Modell, modernisieren sich aber. Sie anerkennen die problematischen Umweltfolgen, sind aber überzeugt, dass die dank technischer Innovation schon irgendwie wieder unter Kontrolle gebracht werden können. In dieser Perspektive braucht es keinen grundsätzlichen Systemwandel, sondern – im Gegenteil – Vertrauen in die Kräfte des Marktes und den technologischen Fortschritt.
- *Ökologische, nachhaltige Männlichkeiten* (*eco-logical masculinities*) wagen grundsätzlichere Kritik: Ihnen ist bewusst, dass Patriarchat und Kapitalismus untrennbar miteinander verflochten sind – und stellen auf Basis dieser Diagnose die Frage, wie lebensdienliche Geschlechterverhältnisse und Männlichkeiten resp. Naturverhältnisse und Wirtschaft ausgestaltet sein könnten/müssten.

3 Zulassen

Mir scheint diese Differenzierung wertvoll. Sie erleichtert mir, mein Unbehagen zu verstehen, wenn ich die vielen wichtigen Leute bei den vielen internationalen Konferenzen zur Rettung des Weltklimas sehe, die im patriarchalen Machtpoker versuchen, ein Problem zu lösen, dessen Wurzel genau dieser patriarchale Machtpoker ist...

Es wird dich nicht überraschen: Ich plädiere für den dritten Weg. Doch was heißt das für dich und mich in unserem konkreten Lebensvollzug? Erste Empfehlungen habe ich in Kapitel 2.5 aus dem Prinzip der Selbstbegrenzung hergeleitet (▶ Kap. 2.5). Ich möchte es dabei aber nicht bewenden lassen, weil es einmal mehr nicht darum gehen soll, progressives Mannsein als reines Verzichtsprojekt zu gestalten. Es liegt mehr drin.

Postwachstumssubjekte?!

Die Soziologen Dennis Eversberg und Matthias Schmelzer (2019) zeichnen das Bild eines solchen »Postwachstumssubjekts« und benennen drei erstrebenswerte Attribute nachhaltiger Männlichkeit. Sie nutzen dafür die in der *Degrowth*-Philosophie verankerten Begriffe relational, konvivial und resonant. Was sie damit meinen, ist bodenständiger als es klingen mag:

- *Relational* ist das Gegenstück zu individualistisch: Es brauche »ein Menschenbild, das die fundamentale *Abhängigkeit* aller Menschen von anderen und von der Natur betont und das androzentrische Autonomie-Ideal der Wachstumsgesellschaft als hohle Fiktion entlarvt« (ebd., S. 178). Dafür müsse das Ideal persönlicher Selbstbestimmung nicht samt und sonders über Bord geworfen werden. Vielmehr brauche es eine inhaltliche Neubestimmung von »Autonomie«, die dem Umstand Rechnung trägt, dass wir Menschen – Männer sind explizit mitgemeint – von der Wiege bis zur Bahre existenziell auf andere angewiesen sind. Für Männer erwachsen daraus zwei Herausforderungen: Sie müssen selbst die Kompetenz des Sich-um-andere-Kümmerns stärker kultivieren und in ihr Selbstbild integrieren. Sie müssen aber auch das eigene Abhängigsein akzeptieren. Ich teile die Einschätzung von Eversberg und Schmelzer, wenn sie sagen: »Mit Blick auf Männlichkeiten dürfte die größere subjektive Herausforderung weniger in dem Aspekt des aktiven Sorgens liegen (...) als in der Anerkennung und Bejahung der eigenen Sorgeabhängigkeit« (S. 178).

- *Konvivial* (lat. *convivere* = zusammenleben) ist das Gegenteil von egoistisch. Indem Kapitalismus das Begehren fördert, sich so viel wie nur irgend möglich leisten zu können, verankert er eine strukturelle Unzufriedenheit in den Menschen, die selbst die Superreichen erfasst: Es gibt immer noch etwas, das ich mir nicht kaufen kann, und immer noch jemand, der oder die mehr hat als ich. *Konvivialität* bietet eine andere Perspektive an: »Zufriedenheit in einer Praxis, die darauf gerichtet ist, zusammen mit anderen und auf gerechte und nachhaltige Weise gemeinsame Bedürfnisse und Wünsche zu realisieren« (ebd., S.179). Das bedeutet nicht zwingend eine Orientierung an Reduktion, wohl aber eine Verschiebung der Maßstäbe, etwa im Umgang mit Technik. »Aus *Degrowth*-Perspektive geht es darum, herrschaftsförmige und entfremdende Technologien zurückzudrängen und durch solche zu ersetzen (...), die demokratisch kontrollierbar, risikoarm und autonomiesichernd sind« (ebd., S.180). Ein ganz praktischer Schritt könnte darin bestehen, anstelle der herkömmlichen »Datenkraken« (Facebook, Google & Co.) auf Anbieter umzustellen, die sich den Prinzipien von Datenschutz und Demokratie verpflichten (beispielsweise Threema als WhatsApp-Alternative oder Mastodon als Twitter-Ersatz).
- *Resonant* ist das Gegenteil von entfremdet. Resonanz ist da oder sie ist nicht da – und entzieht sich so der kapitalistischen Steigerungslogik. Nicht die maximale »Weltreichweite« (Rosa 2019, S. 595) ist die Perspektive, sondern eine andere, bezogenere Qualität von Weltbeziehungen. Kapitel 4.1 vertieft, was das heißt.

Versuch, dich an deine letzte Naturerfahrung zu erinnern. Bei mir ist es eine Wanderung um den Kinzigsee im Schwarzwald. Weil man vom letzten Parkplatz bis zum See 20 Minuten gehen muss, ist der fast immer menschenleer. Das erleichtert mir, ganz da zu sein, das Rascheln und Rauschen zu hören, mir vorzustellen, was diese Bäume wohl schon alles erlebt haben, mich zu erden. Vielleicht bin ich einfältig, aber ich glaube: Diese spezifische Qualität in ihrer Verbindung von Empfänglichkeit und Tun ist die Haltung, die zeitgemäße, nachhaltige Männlichkeit auszeichnet. Nein, nicht saftloses Herumgeschubstwerden ist die Alternative zum Mitturnen im Männlichkeitszirkus, sondern Präsenz in Verbindung. Durchlässigkeit in Abgrenzung. Liebe in Demut. Naturerfahrungen lehren uns, was wir in unseren privaten, beruflichen, gesellschaftlichen und politischen Alltag übertragen können. (Wobei Natur natürlich nicht bloß schützenswert ist, weil sie diesen Nutzen stiftet.)

Was ökologischen Anstand betrifft, wähne ich mich noch immer sehr am Anfang (m)einer eigenen Entwicklung. Die Richtung aber kenne ich:

- Ich will nachhaltig leben und nicht mehr verbrauchen als nachwächst.
- Ich will solidarisch leben und nur so viel verbrauchen, dass es für alle reicht.
- Ich will mutiger leben, damit ich seltener Mangel an Sinn und Sinnlichkeit ersatzbefriedigen »muss«.
- Ich will sorgfältiger konsumieren, also weniger, dafür hochwertig und langlebig.
- Ich will sorgsamer umgehen mit Dingen, sie besser pflegen und länger nutzen.

Und du?

Zum Abschluss von Kapitel 3 empfehle ich dir, das Blatt mit dem aufgezeichneten Dreieck hervorzuholen und in der Ecke oben rechts zu notieren, was für dich die Qualität des Zulassens ausmacht.

Mir persönlich wichtig ist, im Zulassen auf Wertungen zu verzichten, auf die Unterscheidung von erwünschten und unerwünschten Gefühlen/Gedanken/Bedürfnissen. Ich muss mich ja nicht für alles verantwortlich machen, was sich in mir gerade regt. Ich bin so vielen verschiedenen *Ein*flüssen ausgesetzt. Es reicht, wenn ich mich für die *Aus*flüsse verantwortlich mache: mein Handeln.

4 Masterclass

Kernbotschaft: *Die Anwendung des Kompasses ermöglicht dir, als Mann ganz Mensch zu werden. Das ist ein heilsamer Prozess, der sich vollzieht, wenn du dir gleichzeitig und gleichermaßen Beistand leistet, Grenzen setzt und Zulassen lernst.*

Themen: *Entfremdung, Resonanz, Vertrauen, Umgang mit Ambivalenz*

Einen Kompass habe ich versprochen, der den Weg zu einem zeitgemäßen Mann- und Menschsein weist. Dieser Kompass orientiert sich an drei »Magnetfeldern«, denen ich je ein Kapitel gewidmet habe. In Kapitel 1 hatte ich bereits vorweggenommen: »Zeitgemäßes, nachhaltiges Mannsein – das die Kernaussage dieses Buches – gelingt in der tänzerischen Ausgleichsbewegung. Vielleicht ist es am einfachsten, wenn du dir das Dreieck als Holzdreieck vorstellst, in dessen Mitte ein Gummiball eingelassen ist. Deine Aufgabe ist es, balancierend so auf dem Holzdreieck zu stehen, dass es auf keine Seite kippt.«

Das ist an sich schon die ganze Geschichte. Abbildung 4.1 liefert das Bild dazu (▶ Abb. 4.1).

»Dir beistehen« meint: Du gibst dir (selbst), was du gerade brauchst. »Grenzen setzen« meint: Du lernst, Privilegien, Ängste und Ansprüche zu begrenzen. »Zulassen« meint: Du entdeckst und erlaubst, was du wirklich willst.

Das sind meines Erachtens die drei Kernkompetenzen, die Männer im 21. Jahrhundert benötigen, um in Würde vom Sockel zu steigen, den zu besteigen das Patriarchat sie gezwungen hat. Um sich ihrer historischen und ihrer biografischen Verantwortung zugleich zu stellen. Um frei zu werden von Scham und Schuld, Angst und Ausbeutung, Krieg und Kränkung.

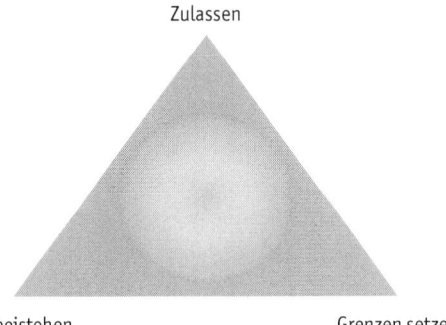

Abb. 4.1: Kompass für nachhaltiges Mannsein (in Weiterentwicklung von Theunert & Luterbach 2021, S. 117)

Du siehst: Das Dreieck ist weder ein statisches noch ein inhaltliches Modell. Hier gibt es keine Gewissheiten, an denen du dich festhalten kannst, und keine Vorgaben, die du erfüllen musst. Außer der einen: Lerne, in Bewegung zu bleiben, Spannungsfelder auszubalancieren, Widersprüche auszuhalten und Widerstrebendes zu integrieren. Leben ist kein Zustand, sondern ein Prozess. Das Dreieck taugt als Instrument, damit du selbst überprüfen kannst, ob du ausgewogen lebst.

Achtung: Das bedeutet nicht, dass du in jedem Moment genau in der Mitte des Dreiecks stehst. Natürlich gibt es Phasen, in denen eine Kompetenz besonders gefordert ist. Du »darfst« in eine Ecke gehen. Zuweilen gehört es zum Leben, eine Ecke des Dreiecks bis ins Letzte auszuloten oder gar sich darin zu verlieren. Solange dir das bewusst ist, gibt es kein Problem. Aber wenn die Schieflage chronisch und/oder unabänderlich wird, ist das schon ein Zeichen, dass dein Leben nicht im Lot ist. Dann lohnt es sich, die noch unbelebte(n) oder unterentwickelte(n) Ecke(n) zu stärken.

Das wird anschaulicher, wenn wir uns idealtypisch vorstellen, was es bedeutet, nur eine der drei Qualitäten zu kultivieren.

- Leben wir ganz im Modus des Sich-selbst-Beistehens, regiert unser Bauch. Bedürftigkeit ist unser Motor. Es ist ein ich-zentriertes Dasein, in dem stets ein Mangel herrscht, den es zu beheben oder zu beklagen gibt. Wir sehen vielleicht den traumatisierten Menschen, der immer und immer wieder um das erlittene Leid kreist, der hadert und sich in Wenn-doch-nur-dann-würde-ich-Fantasien flüchtet. Wir sehen vielleicht die Figur des *Puer Aeternus*, des »ewigen Jünglings«, der nach dem Lustprinzip lebt und sich im Zustand der Selbstverwöhnung wohnlich eingerichtet hat. Wir sehen vielleicht den Alkoholiker, den das heulende Elend überfällt, wenn er dran denkt, was er seines liebsten Freundes wegen alles verbockt hat. Wenn Mangel allein den Mittelpunkt meiner Welt bildet, bleibe ich in einem kindlichen Denken verhaftet, hoffe auf Erlösung oder zumindest zeitweilige Befriedigung, scheitere aber daran, meine Kräfte für eine strukturelle Verbesserung meiner Lage zu mobilisieren.

- Leben wir ganz im Modus des Grenzensetzens, regiert unser Verstand. Wir brauchen die Kontrolle gegen innen und außen, um uns wohl zu fühlen. Der Kontrollierbarkeit ordnen wir alles unter – auch unsere Lebendigkeit. Vielleicht sehen wir den disziplinierten Asketen, der nach (Trainings-)Plan lebt und sich selbst mit eiserner Hand führt. Vielleicht sehen wir den braven jungen Mann, der glaubt, für Sex zu nett zu sein – und nicht merkt, dass seine Kontrolliertheit verbaut, was seine Nettigkeit ermöglichen würde. Vielleicht sehen wir die Figur des überangepassten Biedermanns, der es allen recht machen will und dabei Kraft und Profil verliert. Vielleicht treffen wir auch auf den schuldbeladenen Klimaaktivisten, der ob der Kurzsichtigkeit seiner Mitmenschen verzweifelt und sich von seiner Ohnmacht auffressen lässt. Wenn Begrenzung allein den Mittelpunkt meiner Welt bildet, bleibe ich in einem rigiden Denken verhaftet, in dem ich mein Handeln an der Frage ausrichte, was richtig und was falsch ist. Das bringt mir Bestätigung und befriedigt mein Kontrollbedürfnis, verhindert aber jenes demütige Ringen um das Ja zum Nein, das Reifung eben auch braucht.
- Leben wir ganz im Modus des Zulassens, regiert unser Herz. Das macht es anderen leicht, uns zu mögen. Es ist ein visionäres Da-

sein, in dem es schwer fällt, Boden unter die Füße zu bekommen. Wir sehen vielleicht den charismatischen Weltverbesserer, der gegen alle Widerstände seiner Bestimmung folgt und nervt, weil er alle anderen zwingen will, seine Bestimmung auch zu ihrer zu machen. Wir sehen vielleicht den rücksichtslosen Tech-Visionär, der die Welt als Spielplatz betrachtet und alles verachtet, was man »hacken« kann. Wir sehen vielleicht die Figur des seligen Yogi, der den Zumutungen der Wirklichkeit entrückt immer auf der Suche nach etwas Neuem ist – und immer nur solange bleiben kann, wie er auch wieder gehen darf. Wenn Entfaltung allein den Mittelpunkt meiner Welt bildet, bleibe ich in einem narzisstischen Denken verhaftet, in dem ich meinen Egoismus spirituell überhöhe und Gefahr laufe, mich von der realen Welt zu entkoppeln. Mein Glaube an Fügung und Vorhersehung steht meinem weltlichen Engagement im Weg. Es geschieht, was geschieht. Überlasse ich mich einem totalitären Streben nach Entfaltung verliere ich mich im Fatalismus.

In Entwicklung und Vermittlung dieses Dreiecks habe ich es in etlichen Räumen und Sälen sichtbar gemacht, indem ich mit Klebeband ein überdimensioniertes Dreieck ausgezeichnet habe. So kann man das Dreieck ganz leiblich erfahren und begehen. Ich kann dir nur empfehlen, das auch mal zu versuchen. So kannst du spüren, wie es sich in der geometrischen Mitte des Dreiecks steht. Du kannst mit Gewichtsverlagerungen und Positionsverschiebungen spielen. Du kannst aus einer Ecke des Dreiecks auf die jeweils anderen schauen. Du kannst die drei Außenlinien abschreiten. Und du kannst aus verschiedenen Positionen Antworten auf dieselbe Frage suchen.

Ich mache ein Beispiel: der Umgang mit der Angst vor Ungenügen.

- Positionierst du dich in der Ecke des Sich-Beistehens wird es darum gehen, dich deines Genügens zu versichern. Hier entwickeln sich im inneren Dialog Sätze wie: Es reicht, auf der Welt zu sein, um auf der Welt sein zu dürfen. Ich muss mir meine Existenzberechtigung nicht erst erarbeiten. Ich bin liebenswert, so wie ich bin. Oder in einem Satz: Ich genüge.

- Positionierst du dich in der Ecke des Grenzensetzens wird es eher darum gehen, Versöhnung mit dem Umstand zu finden, dass wir Menschen nun mal Mängelwesen sind – und uns deshalb Ungenügen auch verzeihen müssen. Hier entwickeln sich im inneren Dialog Sätze wie: Ich strenge mich an, es so gut wie möglich zu machen, auch wenn ich weiß, dass es immer noch besser ginge. Ich entlaste mich vom Anspruch, der Beste sein zu müssen und auch von der Größenfantasie, der Beste sein zu können. Oder in einem Satz: Ich bin sowieso ungenügend.

- Positionierst du dich in der Ecke des Zulassens wird es darum gehen, die Frage nach »Genügen« grundsätzlich zu überprüfen. Hier entwickeln sich im inneren Dialog Sätze wie etwa: Wer kann schon entscheiden, was Genügen oder Ungenügen ist? Wer will sich schon anmaßen, Kriterien für das Genügen zu bestimmen? Lernt man nicht am meisten, wenn man scheitert? Ist Ungenügen nicht das, was uns zu Menschen macht? Oder in einem Satz: Es ist egal, ob ich genüge.

In der dynamischen Mitte des Dreiecks bist du mit allen drei Aussagen verbunden: »Ich genüge« – »Ich bin sowieso ungenügend« – »Es ist egal, ob ich genüge«. Du weißt um die Richtigkeit aller drei Aussagen, auch wenn sie sich diametral zu widersprechen scheinen. Diese Gleichzeitigkeit von Widersprüchlichem auszuhalten und fruchtbar zu gestalten: Das ist das Lernziel hier im Kurs für Fortgeschrittene.

4.1 Resonanz – Leben in der Vertikalachse des Daseins

Hartmut Rosa ist ein deutscher Soziologe. Er hat sein Fachgebiet in den letzten Jahren inspiriert und herausgefordert, indem er den Begriff der »Resonanz« in die soziologische Theorie eingeführt hat (Rosa 2012, Rosa 2019). Beschleunigung und Entfremdung charakterisieren gemäß Rosa das Dasein in der digitalisierten spätkapitalistischen Wachstumsgesellschaft. Alles ist möglich, alles verfügbar, alles erreichbar – und genau dadurch eine Überforderung. Rosa geht nun hin und fragt mit hoher analytischer Tiefenschärfe, wie es kommen kann, dass wir trotz, wegen und/oder in allem Wohlstand und aller Wahlfreiheit so unglücklich sind, uns so fremd und unverbunden fühlen, uns selbst abhanden zu kommen scheinen. Dabei setzt er den Begriff der »Entfremdung« als Anker. Entfremdung definiert er ausdrücklich nicht bloß als Mangel an Chancen oder Anerkennung (wie dies sozialpolitisch gern getan wird), sondern viel grundsätzlicher und umfassender als »einen Modus der Weltbeziehung (...), in dem die (subjektive, objektive und/oder soziale) Welt dem Subjekt gleichgültig gegenüber zu stehen scheint (Indifferenz) oder sogar feindlich entgegentritt (Repulsion). Entfremdung bezeichnet damit eine Form der Welterfahrung, in der das Subjekt den eigenen Körper, die eigenen Gefühle, die dingliche und natürliche Umwelt oder aber die sozialen Interaktionskontexte als äußerlich, unverbunden und nichtresponsiv beziehungsweise als *stumm* erfährt« (Rosa 2019, S. 306).

Mich persönlich spricht das total an, weil es mein persönliches Unbehagen so treffend abbildet. Ich bin gesund, gebildet, eingebunden, abgesichert, Vater einer wunderbaren Tochter, werde geliebt, geachtet, geschätzt, habe einen sinnstiftenden, erfüllenden Job: alles da. Und doch habe ich ein Leben lang mit diesem Gefühl existenzieller Einsamkeit ringen müssen, das durch den Umstand menschlicher Endlichkeit allein nicht erschöpfend erklärt wird. Dieses Gefühl als Folge eines Mangels an *Responsiveness* zu deuten, finde ich total hilfreich. Ich kann das unmittelbar mit meiner eigenen Lebensrealität verbinden. Es knüpft beispielsweise an der gewachsenen Gewissheit an, dass ich auch mit ganz schwierigen Situationen – Abschied, Trennung, Tod – gut umgehen kann, wenn damit eine leibhaftige und lebendige Erfahrung verbunden ist. Meinen Vater in den Tod zu begleiten, war eine extrem traurige, aber eben auch extrem berührende, nährende, stärkende Erfahrung für mich. Das hat mich wenig »gekostet«. Unendlich viel schwerer wäre mir der Abschied gefallen, wenn ich nur über seinen Tod informiert und der Chance auf diesen ganz unmittelbaren Prozess des Abschiednehmens beraubt worden wäre.

> *Anregung: Erstelle zwei Kolonnen. Notiere in Stichworten je zwei bis drei schwierige Lebenssituationen und -erfahrungen. Sie sollen sich weniger in ihrer Tragweite unterscheiden als in ihren Folgen: Schreib in der einen Kolonne jene Erfahrungen auf, an denen du hart zu tragen hattest, in der anderen Kolonne jene Erfahrungen, die du relativ gut verarbeiten und verdauen konntest. Überleg dir, ob du einen Zusammenhang siehst zwischen der persönlich erlebten Schwere der Situation und der (Non-)Responsiveness der beteiligten Personen.*

Rosas Entfremdungsbegriff hat nicht nur diagnostischen Wert, sondern weist gleichzeitig eine Perspektive: die Resonanzerfahrung als Gegenentwurf zum Entfremdungserleben. Resonanz – auch im Werk Peter Schellenbaums (▶ Kap. 3) das Schlüsselkonzept – ist ein vielschichtiger Begriff. Ausgangspunkt ist eine physikalische Beobachtung. Christian Huygens, ein holländischer Wissenschaftler, hat im Jahr 1665 notiert, »dass zwei Pendeluhren, die man nebeneinander an die Wand hängt, in genau demselben Rhythmus schlagen. (...) Es ist, als ob sie im selben Rhythmus schlagen ›wollten‹« (zit. nach Stephanides 2001). Tatsächlich gibt es eine Gesetzmäßigkeit, wonach physikalische Systeme ihre unterschiedlichen Schwingungsfrequenzen annähern. Dieses *Einpendeln* in eine gemeinsame Schwingung vollzieht sich im zwischenmenschlichen Bereich genauso, leicht beobachtbar beispielsweise

4.1 Resonanz – Leben in der Vertikalachse des Daseins

in der Bewegungs- und Haltungssymmetrie zweier Menschen im Gespräch. Auch die Formulierung des »ansteckenden Lachens« oder die Volksweisheit »Geteiltes Leid ist halbes Leid« macht Resonanzphänomene anschaulich. Dieses Phänomen kann auch in einem kleinen Experiment direkt erfahrbar gemacht werden (Schellenbaum 1992, S. 237; zit. nach Theunert & Waldner 2014, S. 38): Wenn die Teilnehmenden einer Gruppe aufgefordert werden, ihren Pulsschlag mit einem hörbaren *tak...tak...tak* zu signalisieren, synchronisieren sich ihre Herzschläge binnen einer Minute. Diese Schwingungsangleichung geschieht immer und überall, unbewusst und jenseits der Kontrollfunktionen des Ich. Das heißt: Es entzieht sich unserer Kontrolle, mit wem und was allem wir in Resonanz sind. Resonanz vollzieht sich – oder eben nicht.

Auch in Rosas soziologischer Theorie ist Resonanz ein »strikt relationaler Begriff« (Rosa 2019, S. 285). »Resonanz« meint dabei nicht einfach »Gleichklang«, ist keine kitschige Konsonanz frei jeder Dissonanz, kein kritikloses Geborgensein frei jeder Verantwortung. Resonanz meint waches Bezogensein, das durchlässig und verankert zugleich ist. Oder in den Worten von Hartmut Rosa: »Gelingende Weltbeziehungen sind solche, in denen die Welt den handelnden Subjekten als ein antwortendes, atmendes, tragendes, in manchen Momenten sogar wohlwollendes, entgegenkommendes oder ›gütiges‹ ›Resonanzsystem‹ erscheint« (Rosa 2012, S. 9). Das macht auch klar: Resonanz ist »etwas kategorial anderes als ein Gefühl« (Rosa 2019, S. 287). Resonanz ist ein »Modus des *In-der-Welt-Seins*, das heißt eine spezifische Art und Weise des In-Beziehung-Tretens zwischen Subjekt und Welt (aus der (...) beide erst ihre Gestalt gewinnen)« (S. 285). Die Klammerbemerkung ist wichtig: Resonanz ist weder Ping-Pong noch Echo, sondern eine Synchronizitätserfahrung, in der Begegnung stattfindet, die deshalb »echt« ist, weil sie Spuren hinterlässt, nachwirkt, ja, letztlich alle Beteiligten verändert.

Die Pointe: Indem ich selbst durchlässig, empfänglich, verbunden – eben in Resonanz – bin, wird auch die Welt um mich herum durchlässig, empfänglich, verbunden. Resonanz ist in dieser Perspektive ein total ermächtigendes Konzept, denn ich kann kraft meiner Resonanzfähigkeit (die in jedem Menschen angelegt ist) selbst beeinflussen, wie responsiv mir die mich umgebende Welt begegnet.

Und wie »geht« Resonanz? Wie lässt sie sich »herstellen«? Ich habe eine gute und eine schlechte Nachricht. Die schlechte zuerst: Allen Resonanzerfahrungen wohnt »ein unaufhebbares Moment der Unverfügbarkeit inne« (Rosa 2019, S. 295). Sprich: Indem du in Resonanz kommen *willst*, nutzt du die Energie für dein *Wollen*, die du bräuchtest für dein *Sein* – und wirfst dich damit selbst aus dem Rennen. Die gute Nachricht: Im Verweis auf die Unverfügbarkeit von Resonanzerfahrungen steckt ein ordentliches Stück Koketterie. Natürlich ist Resonanz weder Leistung noch Pflicht, sondern ein Geschenk. Aber trotzdem ist Resonanz auch einfach Technik. Handwerk. Etwas, das sich trainieren lässt. Rosa formuliert die »Gebrauchsanweisung« selbst, wenn auch etwas schwurbelig: »Resonanzerfahrung lässt sich (...) als ein momenthafter Dreiklang aus konvergierenden Bewegungen von Leib, Geist und erfahrbarer Welt verstehen. Die Bewegung kann von allen drei Elementen initiiert und begünstigt, aber zugleich auch blockiert und gehemmt werden« (Rosa 2019, S. 290).

Ich kann es dir einfacher machen: Resonanz ist das, was passiert, wenn du mit deiner Aufmerksamkeit gleichzeitig bei dir (1), beim Gegenüber (2) und im Zwischenraum bist, den ihr konstelliert (3). Dasselbe gilt für Resonanz mit Dingen. Dann ist Resonanz eben das, was passiert, wenn du mit deiner Aufmerksamkeit gleichzeitig bei dir, beim Baum/See/Stein/Berg wie auch im Zwischenraum bist. Abbildung 4.2 (▶ Abb. 4.2) veranschaulicht das.

Ich kann dir nur empfehlen, diesen Modus dreifacher Achtsamkeit als Grundbaustein eines resonanten Selbst- und Weltbezugs einzuüben, wo immer du kannst. Es ist die Fortgeschrittenen-Übung zur Anregung, Momente des bewussten Spürens und Fühlens wo immer möglich in deinen Alltag einzubauen (▶ Kap. 3). Vielleicht musst du dir zu Beginn einen Ruck geben, weil es sich doch leicht bescheuert anfühlt, sich vor einen Baum zu stellen und

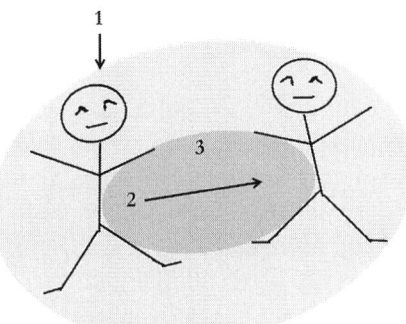

Abb. 4.2: Resonanz »herstellen« – das Dreifache des Resonanzgeschehens (Theunert & Waldner 2014, S. 134)

nicht nur achtsam darauf zu sein, wie deine Füße im feucht-weichen Laub einsinken, sondern dich gleichzeitig in den Baum selbst einzufühlen und zu erspüren, was in diesem Raum zwischen dir und dem Baum geschieht. Trau dich. Es lohnt sich. (Vertiefte Anregungen und Hinweise für Fachleute zur Resonanz im beraterisch-therapeutischen Kontext: s. Theunert & Waldner 2014, Kap. 5).

Mir persönlich hilft als »Resonanz-Anker«, an einer Erfahrung anzuknüpfen, die ich im Rahmen meiner Weiterbildung bei Peter Schellenbaum gemacht hatte. Nach einem intensiven Übungstag lag ich abends in meinem Bett hoch über dem Lago Maggiore. Zum Denken zu müde, zum Schlafen zu wach, hing ich meinen Gedanken und Empfindungen nach, fühlte meinen Körper und spürte, wie ich atmete. Wobei der Begriff nicht wirklich passt. Eher: Wie es mich atmet. Oder: Wie ich geatmet werde. Ein ... und Aus ... Ein ...und Aus ... Es fühlte sich an, wie wenn ich in die große Pulsation des Weltganzen eingebettet wäre. Wie wenn der Weltkörper anstelle meiner Muskulatur dazu übergegangen wäre, meine Bauchdecke anzuheben und wieder sanft absinken zu lassen. Ohne jedes Zutun und ohne jede Anstrengung. Die leibliche Erinnerung an diese Resonanzerfahrung kann ich bis heute nutzen, um mich in Momenten der Unruhe oder Unverbundenheit zu fokussieren und mich im Weltganzen zu beheimaten.

»Resonanz – Leben in der Vertikalachse des Daseins« habe ich dieses Unterkapitel überschrieben. Ich möchte zur Auflösung kommen, was Resonanz mit der »Vertikalachse des Daseins« zu tun hat. Die Antwort ist denkbar einfach: Resonanz ist Spürbewusstsein im Raum – und damit dasselbe wie »Leben in der Vertikalachse des Daseins«.

Die Idee einer Vertikalachse des Daseins ist weder neu noch originell. Du findest das Motiv in unzähligen Lehren und Methoden. Es ist ja auch keine krass originelle Idee, die räumliche Aufrichtung des Menschen in einen größeren Bedeutungszusammenhang zu bringen. Ich belasse es bei einem praxisnahen Beispiel: Aus der Körperarbeit ist mir die Instruktion vertraut, mich im Stehen einerseits ganz tief im Boden zu verwurzeln, als ob mich die Schwerkraft magnetisch ins Erdinnere ziehen wollte, und mich andererseits so hoch wie möglich aufzurichten, als ob die Himmelskräfte mich an meinen Haaren zu sich ziehen wollten.

Für unseren Zweck reicht eine grobe Bestimmung: Leben in der Vertikalachse des Daseins heißt,

- auf einer zeitlichen Dimension in der Schnittmenge von Zukunft und Gegenwart in genau diesem Moment des Hier und Jetzt gegenwärtig zu sein (und den Schrecken vor dem Nichts auszuhalten, der untrennbar damit verbunden ist);
- auf einer räumlichen Dimension in der Schnittmenge von Verwurzelung (gedacht als Verbundenheit mit der Innenwelt) und Transzendenz (gedacht als Verbundenheit mit der Außenwelt) gegenwärtig zu sein.

Abbildung 4.3 veranschaulicht, wie resonantes Sein als Verschiebung deines Quellpunkts auf der Zeitachse gedacht wird, welche dir kraft deiner Verbindung nach innen und außen gleichermaßen Bodenhaftung gibt wie Flügel verleiht (▶ Abb. 4.3).

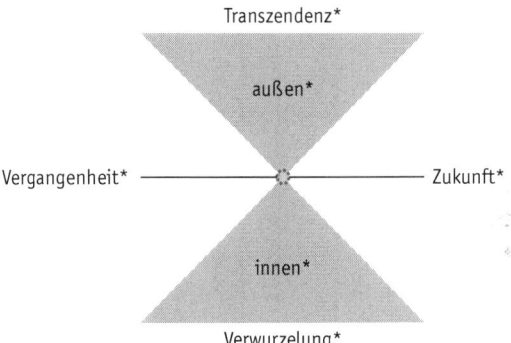

Abb. 4.3: Verschiebung des Quellpunkts auf der Zeitachse (Theunert & Waldner 2014, S. 79)

Auch hier gilt: Das lässt sich üben, aber nur bedingt »bewerkstelligen«. Peter Schellenbaum schreibt: »Der Weg in die eigene Mitte ist kein Gang, der aus einzelnen messbaren Schritten besteht, sondern ein plötzliches Sich-Vorfinden in der Vertikalachse des Daseins« (Schellenbaum 1992, S. 65). In Anlehnung an Peter Handke spricht er auch anschaulich vom »Ruck in die eigene Mitte« (vgl. Haage 1993).

4.2 Vertrauen – Leben in der Horizontalachse des Daseins

In diesem Buch schlage ich einen Kompass in Form eines Dreiecks vor (s. Einleitung dieses Kapitels). Ich bitte dich nun, dir dieses Dreieck als zweidimensionale Figur in einem dreidimensionalen Raum vorzustellen. Das Dreieck liegt sozusagen auf dem Boden. Du kannst draufstehen und drüber gehen. Vielleicht ist es leichter, dir so etwas wie einen dreieckigen fliegenden Teppich – oder eine Art Surfbrett – vorzustellen, auf dem du balancierst und dessen Flugrichtung und -geschwindigkeit du mit dem Verlagern deines Gewichts beeinflussen kannst.

In Kapitel 4.1 habe ich dir einen *Daseinsmodus* namens Resonanz vorgeschlagen, der gewährleistet, dass du in der Vertikalachse des Daseins – also in präsenter Verbindung zwischen Erde und Himmel, zwischen Innen und Außen, zwischen Vergangenheit und Zukunft – lebst. Das ist der Gegenentwurf zum traditionellen Daseinsmodus von Männern, die stets etwas zeitverzögert leben, weil sie alle Lebensimpulse zuerst daraufhin überprüfen müssen, ob sie »männlich« genug sind. In diesem Kapitel 4.2 geht es nun um die horizontale Dimension: um deine Bewegung in Raum und Zeit. Es stellt drei Fragen: Wo ist vorne? Woran erkenne ich »meinen Weg«? Und wie merke ich, ob das Tempo passt?

Wo vorne ist, entscheidet grundsätzlich der, der vorangeht. Also du. Das Dreieck ist ein Erkundungsraum, in dem du dich frei bewegen kannst. Wenn du dich noch wenig mit Geschlechtertheorie und Männeremanzipation beschäftigt hast, wirst du zu Beginn vor allem den Aspekt des Dir-Beistehens bearbeiten und herauszufinden versuchen, welche Männlichkeitsimperative dir heute im Weg stehen. Dann ist die linke untere Ecke im Dreieck »vorne«. Andere Männer werden sich eher auf den Aspekt des Grenzensetzens stürzen, da die hier geforderte Auseinandersetzung mit Privilegien und vermeintliche Selbstverständlichkeiten wahrscheinlich am heftigsten provoziert, mit Bestimmtheit aber bislang am meisten Widerstände ausgelöst hat. Dann ist die rechte untere Ecke im Dreieck »vorne«. Wenn du dich schon intensiv mit Männlichkeitskritik, aber noch weniger mit Männerarbeit und persönlichem Wachstum beschäftigt hast, dürfte der Aspekt des Zulassens besonders anziehungsstark sein. Dann ist die Ecke oben »vorne«.

Die Frage drängt sich auf: Ist das jetzt eine Reihenfolge? Ist der erste Schritt Grundlage und Voraussetzung für den zweiten und dieser für den dritten? So gestellt ist die Frage leicht zu beantworten: Nein, diese Reihenfolge gibt es nicht. Und doch haben die drei Aspekte des Dreiecks resp. die damit verbundenen Fertigkeiten eine innere Ordnung.

4.2 Vertrauen – Leben in der Horizontalachse des Daseins

Mein Verständnis des Entwicklungswegs ist folgendes:
Es gibt und braucht eine Erkundungsphase, während der du nach Gutdünken einzelne Aspekte des Dreiecks heller beleuchtest oder tiefer erforschst als andere. Ziel ist es, die drei Kompetenzen – sich beistehen, Grenzen setzen und zulassen lernen – vergleichbar weit zu entwickeln. Du kannst dir das vorstellen wie beim Erlernen einer neuen Sportart, einer Sprache oder sonst einer Fertigkeit. Beim Schwimmenlernen übst du zuerst die Bein- und Armbewegungen isoliert ein, bevor du sie zu einem Bewegungsablauf zusammensetzt und dich damit ins Wasser wagst. Beim Autofahrenlernen rufst du dir am Anfang jede einzelne Sequenz – Kupplung drücken, Gaspedal leicht bewegen, schalten, mehr Gas geben etc. – angestrengt in Erinnerung, bevor sich der Ablauf dank Übung immer mehr automatisiert. Wenn du die drei Aspekte des Dreiecks ähnlich tief ausgelotet hast und die drei Grundkompetenzen etwa vergleichbar beherrscht, endet die Erkundungsphase. Nun bist du bereit für die *Masterclass*. Jetzt geht es ans Integrieren und Automatisieren.

In dieser zweiten Phase ist deine Normalposition der Schwerpunkt des Dreiecks. Du versuchst, im konkreten Lebensvollzug allen drei Aspekten und Qualitäten des Dreiecks gleichzeitig gleichwertig Beachtung zu schenken. Das ist die Leitlinie zur Klärung der großen Lebensfragen und ebenso das Instrument zur Entscheidung banaler Alltäglichkeiten. Beispiele für große Fragen sind: Soll ich meinen Beruf wechseln? Will ich (noch) ein Kind? Muss ich mich trennen? Entscheidungen von solcher Tragweite solltest du lieber nicht impulsiv treffen, indem du klärst, was du jetzt gerade brauchst. Aus dieser Perspektive »unten links« wirst du favorisieren, was dir kurzfristig Druck abnimmt oder Erfüllung verspricht. Das ist natürlich durchaus ein relevantes Element deiner Entscheidungskette. Aber eben nur eins unter anderen. Es braucht die Verbindung zur weisen Weitsicht, welche die Qualität des Begrenzens kennzeichnet, und zum wohlwollenden Mut, der die Qualität des Zulassens kennzeichnet, um zu einer stabil abgestützten Entscheidung zu gelangen. Nach dem gleichen Prinzip funktioniert die Klärung im Alltag. Beispielsweise fühlst du dich innerlich leer und fragst dich, was du jetzt machen sollst. Wenn du nun dem nächstgelegenen Impuls folgst und dir eine Handvoll Nüsse aus dem Knabberschrank holst, dann hast du zwar etwas zu tun, aber höchstwahrscheinlich dein eigentliches Bedürfnis nicht erfüllt. Die unbefriedigten Anteile werden leise grummeln. Du wirst merken: Jetzt hast du zwar eine Handvoll Nüsse im Bauch, aber trotzdem kein rundes, warmes Gefühl. Deine Herausforderung ist, nicht dem ersten Impuls zu folgen, sondern auf das Vermittler-Ich zu hören, also kurz innezuhalten und alle drei Fragen sorgfältig zu klären: Was brauche ich? Was muss ich? Was will ich? In der Summe der drei Antworten wirst du wissen, was zu tun ist.

Mit etwas Übung wirst du die Antworten auf deine drei Fragen immer schneller und geschmeidiger zu einem nachhaltigen Handlungsimpuls bündeln können. Und wenn's nicht auf Anhieb klappt, dann braucht es einfach mehr Zeit, um den drei Aspekten mehr Aufmerksamkeit zu widmen. Auch in diesem Fall stehst du aber nicht wie der Esel vor dem Berg (oder baust irgendeinen Scheiß, damit du das Nicht-Wissen nicht länger aushalten musst). Dann bist du eben vielmehr gefordert, deinen Kompass neu zu justieren.

Ich selber nutze das Dreieck bildlich, räumlich. Ich nehme grundsätzlich die Position in der Mitte des Dreiecks ein, von der aus ich zur Ecke des Zulassens blicke. Dort ist für mich »vorne«. Immer mehr Zulassenlernen ist mein Horizont, mein Weg. Ihm strebe ich entgegen – und bleibe im Vorwärtsgehen trotzdem immer in der Mitte des Dreiecks. Das Dreieck bewegt sich einfach mit. Denn der Horizont ist nur mein Orientierungspunkt, nicht das Ziel. Er muss unerreichbar bleiben. Wenn ich sozusagen das Dreieck zu überholen oder davonzurennen versuche, verliere ich die Bodenhaftung.

Das ist wichtig: Es geht nicht darum, so schnell wie möglich so weit wie möglich »vorwärts« zukommen. Es geht auch nicht darum, so sehr zu beschleunigen, dass man dem Horizont des Zulassens entgegenschweben könnte. Das mag nach Erleuchtung klingen, dürfte sich aber eher als spiritueller Egotrip erweisen – als

4.2 Vertrauen – Leben in der Horizontalachse des Daseins

sehr »männlicher«, aber zum Scheitern verurteilter Versuch, in der Entgrenzung sein Glück zu finden. Statt deine Zeit in die Suche nach dem »Paradies« zu investieren, empfehle ich dir, im Einklang und im Einverständnis mit all den Möglichkeiten und Begrenzungen leben zu lernen, die deine Wirklichkeit dir bietet. Dich selbst wirst du dabei nicht los. Bloß lernst du, besser mit dir auszukommen, weniger zu nörgeln und zu mäkeln. Das ist das Menschenmögliche. Letztlich besteht deine Herausforderung darin, mit allen Verhaftungen im Irdischen, Alltäglichen, Mühseligen einen für dich passenden Rhythmus für die Ultralangstrecke zu finden. Dabei kannst du in deinem Lebenslauf durchaus auch mal einen Sprint einlegen oder ganz aussetzen. Die meiste Zeit wirst du gemächlich gehen. Schritt für Schritt für Schritt. Es ist wie auf einer langen Wanderung: Wenn sich die einzelnen Schritte eher vollziehen, als dass du sie bewusst setzen müsstest, ist das ein gutes Zeichen. Flow, du weißt schon.

Wenn dir das gelingt, hast du eine weitere Kompetenz erworben: eine Ambivalenzbewältigungskompetenz. Sie ist die vielleicht wichtigste Kompetenz in einer Welt, die immer komplexer, arbeitsteiliger, vernetzter und schneller wird. Sie ist auch jene Kompetenz, die vielleicht am deutlichsten mit den gängigen Männlichkeitsanforderungen bricht, die von Männern in jeder Lebenslage Klarheit, Übersicht und Zielstrebigkeit einfordern. Sie ist vielleicht auch jene Kompetenz, die wir zum Schutz der demokratischen Idee am dringendsten benötigen.

Der entsprechende Fachbegriff heißt »Ambiguitätstoleranz«. Er wurde von der Psychologin Else Frenkel-Brunswik in einem 1949 erschienenen Fachartikel eingeführt. Frenkel-Brunswik war 1908 in Österreich geboren worden, emigrierte 1938 in die USA und forschte in Berkeley zur Frage, weshalb autoritäre Diktaturen auf so viele Menschen eine so hohe Anziehungskraft ausüben. Ihre Antwort: aus einem Mangel an Ambiguitätstoleranz. Der Begriff versucht die (Un-)Fähigkeit zu erfassen, mit widersprüchlichen Fakten, Anliegen und Meinungen umzugehen. Menschen mit hoher Ambiguitätstoleranz sind in der Lage, Gewichtungen und Relativierungen vorzunehmen, indem sie sich in andere Personen hineinversetzen, Kontextfaktoren oder Veränderungen über die Zeit einbeziehen. Menschen mit geringer Ambiguitätstoleranz brauchen widerspruchsfreie Klarheiten und sind bereit, im Dienst der Komplexitätsreduktion die Wirklichkeit zu beugen, bis sie diese wieder ertragen können. Frenkel-Brunswik vermochte empirisch den Zusammenhang zwischen mangelnder Ambiguitätstoleranz, Autoritarismus, Fremdenfeindlichkeit und Ethnozentrismus zu belegen (Frenkel-Brunswick 1949).

Populist:innen jeglicher Couleur nutzen die Schwierigkeit aus, die viele Menschen mit dem Aushalten von Spannungen und Widersprüchen haben. Sie bieten ihnen Antworten an, die zwar der Komplexität der Problematik nicht gerecht werden, aber dafür das gute Gefühl vermitteln, da hätte jemand den Durchblick und das passende Patentrezept. Gerade jene Männer, die sich zusehends als Emanzipationsverlierer wahrnehmen, sind empfänglich für solche Botschaften (vgl. Theunert et al. 2022). Die plumpe Erklärungsfolie, dass *der* Feminismus schlechthin an ihrer Entwertung schuld sei, ist ein Beispiel, wie der Mangel an Ambiguitätstoleranz politisch instrumentalisiert wird.

Ich habe den Begriff Ambiguitätstoleranz etwas abgewandelt und spreche von einer »Ambivalenzbewältigungskompetenz«. Gern gebe ich zu: Weniger sperrig ist meine Wortschöpfung nicht. Dafür hat sie zwei Vorteile:

- Eine Kompetenz ist (im Gegensatz zu einer Toleranz) nichts, das man hat oder nicht, sondern etwas, das man sich erwerben kann. Der Kompetenzbegriff zeigt also eine Lernperspektive auf und lädt zur Frage ein, was es braucht, um diese Kompetenz zu entwickeln.
- Die Nennung des Bewältigungsaspekts macht deutlich: Es braucht eine Anstrengung, um Widersprüche auszuhalten – und entsprechende zeitliche, kognitive und emotionale Ressourcen. Damit hilft der Bewältigungsbegriff, die Anstrengungen wertschätzend sichtbar zu machen, welche all jene leisten, die Wi-

4.2 Vertrauen – Leben in der Horizontalachse des Daseins

dersprüchlichkeit aushalten. Gleichzeitig wirft er die Frage auf, was die anderen Menschen bräuchten, damit auch ihnen das besser gelingt.

In der Mitte des Dreiecks brauchst und entwickelst du Ambivalenzbewältigungskompetenz. Wie das Beispiel »Umgang mit Genügen« in der Einleitung zu diesem Kapitel gezeigt hat: Die Mitte des Dreiecks ist per Definition ein Spannungsfeld. Unterschiedliche Perspektiven, Strömungen, Anliegen, Interessen, Notwendigkeiten etc. sichtbar zu machen, ist ja gerade sein Wert. Auch das ist eine Frage der Übung. Wir sollten aufhören, Eindeutigkeit erzwingen zu wollen. Viel entwicklungsdienlicher ist das Vertrauen, dass im Annehmen von Widersprüchlichkeit genügend Eindeutigkeit wächst, um handlungsfähig zu bleiben. Ganz praktisch gelingt das, indem du in widersprüchlichen Situationen nicht fragst, ob A *oder* B gilt, sondern mit der Annahme startest, dass A *und* B gelten. Auch diese Empfehlung ist nicht neu. Aber trotzdem hilfreich. Denn sie lässt sich auf alle Fragen anwenden, denen du im Gestalten deines Mannseins jenseits aller Männlichkeitskorsette begegnen wirst.

Oder wie Rainer Maria Rilke in seinem »Brief an einen jungen Dichter« 1903 schrieb: »Ich möchte Sie, so gut ich es kann, bitten, lieber Herr, Geduld zu haben gegen alles Ungelöste in Ihrem Herzen und zu versuchen, die Fragen selbst liebzuhaben wie verschlossene Stuben und wie Bücher, die in einer sehr fremden Sprache geschrieben sind. Forschen Sie jetzt nicht nach den Antworten, die Ihnen nicht gegeben werden können, weil Sie sie nicht leben könnten. Und es handelt sich darum, alles zu leben. Leben Sie jetzt die Fragen. Vielleicht leben Sie dann allmählich, ohne es zu merken, eines fernen Tages in die Antwort hinein.«

Outro: Für unsere Zukunft

Ja, es ist anspruchsvoll, Mann zu sein – und erst recht schwierig, fair und gern Mann zu sein. Es braucht Kraft, Männlichkeitskorsette zu sprengen, sich zu emanzipieren, seinen Weg zu finden und zu gehen.

Aber ganz ehrlich: Ist das wirklich anstrengender, als mit all den Entbehrungen und Entfremdungen umzugehen, die traditionelle Männlichkeitsnormen einfordern? Ist das wirklich anstrengender, als mit Digitalisierung, Beschleunigung und all den anderen Zumutungen der Moderne umgehen zu lernen?

Klar, nachhaltiges Mannsein zu lernen, ist eine Lebensaufgabe. Aber auch ausbeuterisch, egoistisch oder hart Mann zu sein, ist eine Aufgabe, die dein ganzes Leben erfasst und prägt. Mannsein ist nun mal eine existenzielle Kiste. Wenn du sie bewusst angehst, hast du immerhin einen Plan, eine Chance und eine Perspektive. Du wirst schnelle Erfolgserlebnisse feiern können, das schon. Aber du wirst Jahre und Jahrzehnte brauchen bis zur Kunstfertigkeit. Doch hey, Menschen investieren Jahrzehnte ihres Lebens in ihre Hobbies, ihren Beruf, ihre Leidenschaft. Weshalb sollte es abwegig sein, vergleichbar viel Zeit und Energie darin zu investieren, um gut leben zu lernen? Wir sind eben komplizierte Wesen. Da dauert es seine Zeit, bis wir uns selbst (so halbwegs) verstehen. Wir sind auch störrische Wesen. Da dauert es seine Zeit, bis wir uns selbst (so halbwegs) führen können. Wir sind zudem traumatisierte Wesen. Da dauert es seine Zeit, bis wir die Verbindung ins Innere (so halbwegs) wiederhergestellt haben.

Das will ich vorangestellt haben, bevor ich dir einen großen Teil der Last auch wieder abnehmen möchte. Denn auch für meinen Geschmack hat es in diesem Buch letztlich viel zu viele Imperative und viel zu viele Forderungen an dich und mich und jeden einzelnen Mann drin. Damit übertragen wir uns die ganze Verantwortung für eine Veränderung, bei der uns zumindest ein Teil der

Verantwortung abgenommen werden müsste. Ich will es nochmals ganz deutlich sagen: Männliche Identität fällt nicht vom Himmel. Sie konstruiert sich in einem gesellschaftlichen, wirtschaftlichen und politischen Rahmen. Fast alles, worunter wir leiden, ist eine Folge von Entscheidungen, die von mehr oder weniger kompetenten Menschen vor mehr oder weniger langer Zeit in mehr oder weniger guter Absicht gefällt wurden. Die zerstörerischen Auswirkungen von Geschlechternormen und Männlichkeitsimperativen treffen jede:n von uns, obwohl nur die wenigsten von uns an ihrer Entstehung beteiligt waren – und obwohl keine:r von uns je gefragt wurde, ob er oder sie sich diesem Normengefüge unterwerfen will.

Klar, dass wenige für alle entscheiden, ist das wesentliche Charakteristikum der parlamentarischen Demokratie. Solange alle gesellschaftlichen Gruppierungen die gleichen Chancen auf politische Beteiligung haben, ist das auch kein Problem. Bloß ist diese Gleichwertigkeit der Zugänge keineswegs gegeben. Glücklicherweise haben wir Fortschritte gemacht, den Frauenanteil erhöht und die kulturelle Vielfalt in unseren Parlamenten verbessert. Trotzdem sind wir noch weit von echter Repräsentativität entfernt. Das gilt auch und ganz besonders für jene Männer, die mit männlichen Machttechniken brechen: die sich *nicht* mit ausgefahrenen Ellenbogen vorwärtsboxen wollen, die sich *nicht* in den Vordergrund drängen, die sich *nicht* zu Höherem berufen wähnen, die *nicht* nach dem Platz ganz oben gieren. Sie sind politisch sträflich untervertreten, da der politische Selektionsprozess nach wie vor auf traditionell männlicher Wettbewerbslogik beruht – und all jene Männer systematisch aussortiert, die lieber auf Empfang als auf Sendung sind. Entsprechend wenige Fürsprecher finden sich im politischen Raum für die Förderung nachhaltiger Männlichkeiten.

Nun gut, immerhin hat es einer zum deutschen Vizekanzler gebracht, der ein anderes Mannsein verkörpert und 2008 sogar ein Buch über Männer und Väter veröffentlichte. Darin schrieb Robert Habeck: »Selbstverwirklichung und Emanzipation auf Kosten der

Partner ist eine traurige Geschichte. Gut wäre, wenn es gelingen könnte, beide zu ihrem Recht kommen zu lassen, kein Gegeneinander, sondern ein Miteinander zu erstreiten. Dafür müssen die Sackgassen des Feminismus klar benannt werden, ohne dass man in eine patriarchale Reaktion verfällt. Die Frauen müssen sich entscheiden, ob sie wie Männer werden wollen, oder ob beide Geschlechter gemeinsam ein auf geteiltem Lebensglück basierendes Gesellschaftsmodell entwerfen und verwirklichen wollen. Denn um nichts Geringeres geht es letztlich« (Habeck 2008, S. 11).

Ob Habeck sich heute noch zutrauen würde, so forsch »Sackgassen des Feminismus« zu benennen, wage ich zu bezweifeln. Dass wir ein Gesellschaftsmodell brauchen, in denen Menschen unabhängig ihres Geschlechts glücklich werden, bleibt jedoch eine zweifellos gültige Feststellung. Ob sich Habeck im politischen Alltag daran erinnern wird, was er vor 15 Jahren gefordert hatte, jetzt, da er selbst an den Hebeln der Macht sitzt, mit denen er genau diese Entwicklung stützen könnte? Eins ist ihm schon jetzt zuzugestehen: Indem er nicht Eindeutigkeiten verkündet, sondern Widersprüche und Spannungsfelder aufzeigt, innerhalb derer politische Schritte zu gehen sind, prägt Habeck eine neue Form politischer Kommunikation. Sie bricht ganz substanziell mit der Alles-im-Griff-und-alle-mir-nach-Inszenierung, die mächtige Männer so gern an den Tag legen. Immerhin das.

Trotzdem sollten wir uns nichts vormachen: Gerade weil so wenige Politiker männlichen Geschlechts Partei ergreifen für Gleichstellung und Männeremanzipation, ist der politische Raum bislang weder Labor zur Erkundung nachhaltiger Männlichkeiten noch Motor für ihre gesellschaftliche Verbreitung und Normalisierung. Das hat System. Denn Geschlechterpolitik basiert letztlich auf einem faulen Deal: Frauenanliegen werden gefördert, solange sie die patriarchale Herrschaftslogik nicht grundsätzlich infrage stellen (ausführlich dazu: Theunert 2013).

Diese Sackgasse ist im Gleichstellungsansatz selbst angelegt (vgl. Theunert 2016). Denn Gleich-Stellung setzt per Definition die männliche Norm als Anker und Maßstab. *Weiße* heterosexuelle Cis-Männer bilden sozusagen den Nullpunkt, von dem aus Benachteiligungen von Frauen (und anderen gesellschaftlichen »Minderheiten«) ermessen werden können. Legitimation für Gleichstellungsarbeit gibt es in dieser Optik überall dort, wo Frauen weniger erhalten als Männer. In der Folge muss Gleichstellungsarbeit ihren Fokus auf Umverteilung setzen. Damit wird Gleichstellung als Verteilkampf um Macht und Geld angelegt, in dem Männern wegzunehmen ist, was Frauen zu wenig haben. Das ist zwar legitim, hat aber einen hohen Preis. Denn es ist kaum verwunderlich, dass Männer mit Widerstand reagieren, wenn die einzige Perspektive ihrer Beteiligung im Abgeben, Teilen und Verzichten besteht. (Für alternative Perspektiven für Jungen, Männer und Väter unter dem Dach einer partnerschaftlichen Gleichstellungspolitik: siehe BMFSFJ 2020).

Diese Verteilkampflogik macht Gleichstellungspolitik für Männer nicht nur bedrohlich (was ja durchaus fruchtbar sein könnte). Das eigentliche Problem liegt darin, dass die Verteilkampflogik verhindert, das eigentliche Ziel in den Blick zu nehmen: die Überwindung des Patriarchats zwecks fundamentaler Neugestaltung der Geschlechterverhältnisse.

Dass ausgerechnet jener Politikbereich, der das männlich geprägte Herrschaftssystem in Frage stellen sollte, genau dieses als Referenzpunkt nimmt, macht argwöhnisch. Es drängt sich der Verdacht auf, dass sich der politische Auftraggeber durch diese Engführung des Auftrags davor schützt, selbst zum Gegenstand kritischer Betrachtung zu werden. So kommt es oberflächlich zu Korrekturen: Feminismus wird *Lifestyle*, fleißige Frauen machen Karriere und einzelne Politikerinnen schaffen es sogar bis ganz nach oben. Im Kern aber bleiben die patriarchalen Machttechniken unhinterfragt und die männliche Norm unangetastet. Die feministische Philosophin Nancy Fraser hat bereits 2009 konstatiert: »Die kulturellen Veränderungen, die die Neue Frauenbewegung in Gang setzen konnte, dienten, so heilsam sie an sich sind, zugleich der Legitimation eines strukturellen Umbaus der kapitalistischen Gesellschaft, welcher feministischen Visionen einer gerechten Gesellschaft diametral zuwiderläuft« (Fraser 2009).

Wenn Gleichstellungspolitik dies nicht anprangert oder zumindest sichtbar machen hilft, muss sie sich vorwerfen lassen, an der Zementierung ungleicher Verhältnisse mitzuwirken. Denn sie verschafft dem Patriarchat frische Legitimation, indem sie dafür sorgt, die Schicht der Mächtigen und Privilegierten ein bisschen weiblicher und ein bisschen vielfältiger zu machen, ohne dass das System als Ganzes lebensfreundlicher, respektvoller, nachhaltiger werden müsste. Letztlich befördert Gleichstellungspolitik so keine Gleichstellung, sondern den Egoismus der bestausgebildeten (weißen heterosexuellen cis) Männer und Frauen. (Zur Frage, ob der heutige Mainstreamfeminismus radikal und *intersektional genug sei, gibt es rege innerfeministische Debatten, ursprünglich ausgelöst durch Crenshaw (1989).)

Das sind sensible Punkte. Ich möchte nicht missverstanden werden: Es braucht mehr Frauen in den Schaltzentralen der Politik und in den Vorstandsetagen der Konzerne. Ich mag es auch jeder einzelnen Frau, die es dorthin schafft, von Herzen gönnen. Denn auf einer individuellen Ebene ist es nur fair, wenn Frauen gleich viel haben, können und dürfen wie Männer. Aber: Es stellt nun mal wirklich keinen gesellschaftlichen Fortschritt dar, wenn sich Frauen künftig einfach in gleicher Weise selbst- und fremdausbeuterisch verhalten dürfen und/oder müssen, wie dies bislang Männern vorbehalten war. Es ist aus progressiver Männersicht auch nicht wirklich eine wünschbare Vision, wenn sich gleich viele Frauen wie Männer schnelle Autos, zehrende Topjobs oder käuflichen Sex leisten ...

Deshalb sollten wir in der politischen Perspektive aufhören,»die Männer« als pauschale Profiteure »den Frauen« als pauschale Benachteiligte gegenüber zu stellen. Wir brauchen Gleichstellungs- und Geschlechterpolitiken, die sich trauen, die strukturellen Mechanismen in den Blick zu nehmen, die das Patriarchat am Leben erhalten und das Prinzip Ausbeutung zur Normalität erklären. Bloß: Damit würde der politische Auftraggeber in seiner Legitimation, Zusammensetzung und Handlungslogik grundsätzlich in Frage gestellt. Genau deswegen rennt man mit dieser Forderung gegen

Mauern, solange die mächtigen Männer in der Politik sich vor der Auseinandersetzung mit Männlichkeit und ihrer eigenen Emanzipation drücken (können). Genau deswegen knausern die politischen Entscheidungsträger:innen auch mit den finanziellen Mitteln, um flächendeckend Unterstützungsangebote für Jungen, Männer und Väter zu ermöglichen.

Eigentlich ist es ja schon verrückt: Es ist wasserdicht belegt, wie viel Leid und Kosten geltende Männlichkeitsnormen verursachen. Es ist ein unbestrittenes Ziel, die Gleichstellung der Geschlechter zu verwirklichen. Und es ist kraft der Logik klar, dass es keine gerechten Geschlechterverhältnisse geben kann, solange zerstörerische Männlichkeitsanforderungen die Norm sind. Also wäre es in dieser Situation das Naheliegendste, massiv in Jungenpädagogik, Männerbildung und Väterarbeit zu investieren. Doch davon kann keine Rede sein. Natürlich gibt es immer wieder wertvolle Entwicklungen und ermöglichende Politiken. Aber wir sind weit davon entfernt, psychosoziale Bildungs- und Beratungsangebote auch für Jungen, Männer und Väter als selbstverständlichen Infrastrukturstandard zu betrachten. Wir sind so weit davon entfernt, dass das nicht mal auffällt. Und genau das ist kein Versehen, sondern der geniale Plan des Patriarchats.

Du verstehst, was ich sagen will: Eigentlich müssten sich die Verhältnisse ändern, damit es uns leichter gemacht wird, unser Verhalten zu verändern. Es ist die alte Frage: Sollten wir es als unsere Eigenverantwortung betrachten, im Februar willensstark auf den Kauf von Erdbeeren zu verzichten, weil deren Produktion viel zu viel Wasser und Strom kostet? Oder sollte der Gesetzgeber verhindern, dass wir im Februar die Gelegenheit haben, Erdbeeren zu kaufen, weil zu dieser Jahreszeit einfach noch keine nachhaltige Produktion möglich sein kann?

Ich würde mir Letzteres wünschen. Weil das nicht passiert, bleibt als Handlungsalternative nur, kraft unseres mikrosozialen Engagements die politischen Verhältnisse vorwärts zu schieben – und im Dienst unserer Emanzipation das zu tun, was im Rahmen unserer begrenzten Möglichkeiten machbar ist. Das ist frustrierend. Aber nicht wirkungslos. Denn mit jedem Moment, in dem wir an uns arbeiten, in dem wir spüren und fühlen lernen, in dem wir über unser kleines starres Männlichkeits-Ich hinauswachsen, machen wir männliche Emanzipation ein Stück mehr zur Normalität, werden Rollenmodell, schaffen eine neue gesellschaftliche Selbstverständlichkeit – und wirken transformativ in die Gesellschaft hinein. Ich fürchte, das ist unsere einzige Chance. Wir dürfen nicht warten, bis uns jemand die Erlaubnis zur Emanzipation gibt. Denn darauf können wir lange warten. Als privilegiertes Geschlecht wird sich bloß der Druck zur Veränderung erhöhen. Unsere Aufgabe ist es, den Druck in Drang zu verwandeln, um mehr Mann und ganz Mensch zu werden. Jeder für sich und alle gemeinsam wachsen wir aus unseren patriarchalen Korsetten heraus. Für uns. Für unsere Kinder. Für unsere Liebsten. Für unseren Planeten.

Jungs, wir schaffen das.

Dank

Die Entstehung dieses Buches haben drei *critical friends* fachlich unterstützt. Christoph Walser, Reinhard Winter und Björn Süfke gebührt dafür ein ganz besonderer Dank. Auch den Teilnehmern und Dozenten des dritten Lehrgangszyklus »Geschlechterreflektiert mit Jungen, Männern und Vätern arbeiten«[25] möchte ich für ihr Engagement, ihre Inspiration und ihre kritische Begleitung von Herzen Danke sagen, ebenso Jean-Daniel-Strub, Markus Gygli und dem ganzen männer.ch-Team. Besonders hervorheben möchte ich zudem die Impulse von Matthias Luterbach. Die Zusammenarbeit mit ihm hat nicht nur den Orientierungsrahmen (Theunert & Luterbach 2021) hervorgebracht, der die fachliche Grundlage dieses Buchs darstellt, sondern auch mein geschlechtertheoretisches Verständnis substanziell erweitert und vertieft.

In dieses Buch sind Anregungen, Auseinandersetzungen und Begegnungen mit unzähligen Menschen eingeflossen. Danken möchte ich deshalb auch allen Impulsgeber:innen, Mutmacher:innen und Wegbegleiter:innen, die meine fachliche, berufliche und persönliche Entwicklung in den letzten Jahrzehnten mitgeprägt haben, namentlich (in alphabetischer Folge): Sophie Achermann, Daniel Ammann, Christoph Arn, Myshelle Baeriswyl, Monique Bär, Diana Baumgarten, Matthias Becker, Leandra Bias, Peter Bienwald, Lynn Blattmann, Kathrin Bertschy, Thomas Beyeler, Andreas Borter, Jonni Brem, Gilles Crettenand, Lu Decurtins, Peter de Haan, Nathali Delhaes, Martin Dinges, Simone Eggler, Beate Elsässer, Franz Eidenbenz, Thomas Feldmann, Tamara Funicello, Caroline Fux, Thomas Gesterkamp, Andreas Goosses, Maya Graf, Dominique Grisard, Ursula Hänny, Ron Halbright, Eckart Hammer, Diego Hättenschwiler, Andreas Heilmann, Simone-Dominique Hefty, Corinna Hess, Stefanie Hetjens, Stephan Höyng, Oliver Hunziker, Artan Islamaj,

---

25 www.maenner.ch/lehrgang-maennerarbeit

Dank

Rüdiger Jähne, Rainer Kamber, Özcan Karadeniz, Michael Kaufman, Andreas Kaup, Reto Kessler, Valentin Kilchmann, Flavia Kleiner, Dominik Kling, Ivo Knill, Markus Kraxberger, Alfred Künzler, Hans-Joachim Lenz, Gaudenz Löhnert, Frank Luck, Felix Luterbacher, Andrea Maihofer, Frank Margulies, Inés Mateos, Christoph May, Michael Meuser, Sascha Möckel, Samuel Mühlemann, Gunter Neubauer, Thomas Neumeyer, Nils Pickert, Patricia Purtschert, Peter Oertle und Andrea Froelich Oertle, Beat Ramseier, Beat Ringger, Kornel Rödiger, Wolfgang Rosenthal, Sasha Rosenstein, Hannes Rudolph, Remo Ryser, Jean-Félix Savary, Thomas Scheskat, Franziska Schutzbach, Adrian Soller, Steve Stiehler, Toni Tholen, Martin Thomann, Jens van Tricht, Björn Vedder, Henning von Bargen, Katharina Waldner, Bruno Wermuth, Natascha Wey, Nicolas Zogg

sowie

Thomas Altgeld, Martin Rosowski, Stephan Buttgereit, Michael Tunç, Dag Schölper, Karsten Kassner, Klaus Schwerma, Marc Gärtner und allen Engagierten im Bundesforum Männer; Erich Lehner, Eberhard Siegl, Elli Scambor, Romeo Bissuti, Christian Scambor, Philipp Leeb, Teresa Schweiger und allen Engagierten im Dachverband Männerarbeit Österreich; Francis Spautz, Jean Wagener und dem ganzen Team von info'mann Luxemburg; Hansjörg Frick und seinen Mitstreitern vom Verein Männerfragen Liechtenstein; Gary Barker und allen Aktivist:innen und Fachleuten im globalen MenEngage- und MenCare-Netzwerk sowie unzähligen Fachfrauen (und den wenigen Fachmännern) in den staatlichen Gleichstellungsinstitutionen, die aus widersprüchlichen Aufträgen und prekären Ressourcen das Beste zu machen versuchen.

Glossar

Andrologie ist das medizinische Fachgebiet der Männerheilkunde. In einem erweiterten Sinn beschreibt der Begriff den (sich historisch immer wieder verändernden) wissenschaftlichen und kulturellen Blick auf Männer.

Antifeminismus Weltanschaulich-ideologische Strömung, die sich in der empirisch unhaltbaren These verankert, das Staatswesen sei von männerverachtenden Feministinnen unterwandert, die es darauf anlegen, mittels Umerziehung, Propaganda und Stigmatisierung »Andersdenkender« eine widernatürliche (egalitäre) Geschlechterordnung zu implementieren.

Binäre Geschlechterordnung bezeichnet die kulturell verwurzelte, aber wissenschaftlich widerlegte Annahme, dass alle Menschen eindeutig einer der beiden Kategorien Frau oder Mann zugehören (müssen). Geschlechtliche Vielfalt hat in einer zweigeschlechtlichen Perspektive weder Platz noch Berechtigung.

Bromance Wortschöpfung aus den englischen Wörtern *Bro* (Kurzform von *Brother*, also Bruder) und *Romance* (also Romantik oder romantische Beziehung). Eine *Bromance* beschreibt demnach eine Männerfreundschaft, die besonders intensiv, aber nicht sexueller Natur ist.

Cancel Culture ist ein Kampfbegriff der neuen Rechten, die damit öffentliche Empörung gegenüber diskriminierenden (z. B. rassistischen oder sexistischen) Aussagen und Haltungen zu delegitimieren versucht. Der Begriff unterstellt, dass »Andersdenkenden« – gemeint sind v. a. Rechtspopulisten und Rechtsextreme – der Zugang zu öffentlichen Plattformen entzogen wird, »nur« weil sie sagen, was sie denken. Das Einfordern von Toleranz für Hass und

Glossar

Hetze dient dem Ziel, die Grenzen des öffentlich Sagbaren zu verschieben.

Care-Arbeit ist der in der Fachliteratur gängige Begriff für Sorgearbeit. Er wird je nach Kontext unterschiedlich genutzt: als Sammelbegriff für Tätigkeiten, in deren Zentrum der Mensch steht, oder als Oberbegriff für sämtliche unbezahlten Arbeiten (Kinderbetreuung, Angehörigenpflege, Hausarbeit, Ehrenamt etc.). In dieser zweiten Perspektive ist Care-Arbeit das Gegenteil von Erwerbsarbeit. Die Care-Ökonomie ist eine Fachdisziplin, die sich mit den wirtschaftlichen und monetären Aspekten der Care-Arbeit und ihrer gesellschaftlichen Ungleichverteilung befasst.

Cis Lateinisch für »diesseits«, bezeichnet Menschen, bei denen Geschlechtsidentität und Geschlechtskörper übereinstimmen. Cis ist das Gegenteil von trans.

Degrowth ist die Gegenbewegung zu Growth (deutsch: Wachstum) und wird als Sammelbegriff für wirtschaftliche und gesellschaftliche Organisationsformen (sowie die Suche danach) genutzt, die sich paradigmatisch vom Wachstumszwang der kapitalistischen Marktlogik abgrenzen und fragen, wie Wohlstand und Wohlergehen aller in einer Weise gesichert werden können, die für Mensch und Natur gleichermaßen nachhaltig ist.

Doing Gender bezeichnet den Prozess, wie wir alle Geschlecht im Alltag fortlaufend herstellen, indem wir uns so verhalten, wie es kulturell von einer Person unseres Geschlechts erwartet wird und wir selbst es als passend zu unserer subjektiven Geschlechtsidentität erleben. Geschlecht ist in dieser Perspektive kein Bündel an Eigenschaften, sondern eine fortlaufende Konstruktion. Durch diese Betrachtungsweise entstehen Freiheitsgrade, Geschlecht anders als bisher zu konstruieren resp. zum Ausdruck zu bringen.

Dragqueen Männliche Person, die Weiblichkeit performativ darstellt (z. B. im Rahmen einer Show). Dragqueens sind oft cis Männer, haben also eine männliche Geschlechtsidentität und dürfen deshalb nicht mit trans Frauen verwechselt werden.

Emanzipation Der Begriff stammt vom lateinischen Wort *emancipatio* ab, das die Entlassung des Sohnes aus der väterlichen Obhut umschreibt. In der Neuzeit wird Emanzipation als politisch-gesellschaftliche Befreiungsbewegung verstanden und in unterschiedlichen Kontexten verwendet (z. B. in der Anti-Sklaverei-Bewegung des 19. Jahrhunderts). In diesem Buch bezeichnet Emanzipation das Bestreben, sich aus herrschenden Geschlechternormen und -ordnungen zu befreien. Wissenschaftlich wird kritisiert, dass »Emanzipation so wenig Gegenstand der Reflexion und theoretischen Ausarbeitung ist« (Demirovic et al. 2019).

Gayropa Wortschöpfung aus *gay* (schwul) und Europa. Der Propagandabegriff hat sich In der russischen Sprache etabliert und bringt die Abneigung gegenüber den liberalen, gleichstellungs- und vielfaltsfreundlichen Werten westlicher Demokratien in eine ebenso prägnante wie abwertende Formel.

Gender Englischer Ausdruck für die soziale Dimension des Geschlechtlichen resp. das soziale Geschlecht. Es wird in Abgrenzung zum Begriff *Sex* verwendet, der das biologische Geschlecht bezeichnet. Die deutsche Sprache kennt keine vergleichbare Unterscheidung. Deshalb hat sich der Begriff *Gender* als Leihbegriff auch in der deutschen Sprache etabliert.

Gender Studies Bezeichnet die wissenschaftliche Disziplin der Geschlechterforschung und Geschlechtertheorie. Kritische Männlichkeitsforschung und -theorie sind ein Bestandteil der Gender Studies; in der Fachliteratur hat sich für Letztere die Abkürzung CSMM (*Critical Studies on Men and Masculinities*) eingebürgert.

Hater (deutsch: Hasser) Sammelbegriff für Personen, die Unbehagen, Wut und Hass mit derb-abwertenden Aussagen über Personen des öffentlichen Lebens (überzufällig oft Frauen) in den sozialen Medien zum Ausdruck bringen.

Hegemoniale Männlichkeit ist ein Konzept der kritischen Männlichkeitsforschung, das von der australischen Soziologin Raewyn Connell eingeführt wurde (Connell 1999) und das Fachgebiet stark geprägt hat. Hegemoniale Männlichkeit ist weniger kulturelles Leitbild von Männlichkeit als eine dynamische Organisationsform männlicher Herrschaft. Es geht Connell also weniger um die Beschreibung, welche Männlichkeitsattribute dominieren als vielmehr um eine machttheoretische Betrachtung von Männlichkeit.

Heteronormativität bezeichnet die gesellschaftliche Normalitätserwartung, dass Männer Frauen und Frauen Männer begehren. Alle anderen Formen des Begehrens erscheinen in dieser Optik als Abweichung.

Homophobie bezeichnet das Abwehren und Abwerten von Homosexualität (gleichgeschlechtlichem Begehren).

Homosozialität Neigung, sich (aus nicht-sexuellen Motiven) mit Personen des gleichen Geschlechts zu umgeben. In der Regel wird der Begriff als Adjektiv benutzt: Wenn in der Männlichkeitsforschung beispielsweise von »homosozialem Druck« die Rede ist, bezeichnet dies den Umstand, dass Männer gegenseitig die Einhaltung von Männlichkeitsnormen überwachen und einfordern.

Incel Abkürzung für *Involuntary Celibate* (deutsch: *unfreiwillig Alleinstehende* oder *unfreiwillig Sexlose*). Diesen Begriff nutzt ein bestimmtes Milieu von (jungen) Männern zur Selbstbeschreibung, das Rückweisungen durch Frauen mit einer kruden geschlechterpolitischen Ideologie zu erklären versucht (vgl. Kracher 2020). Das Phänomen ist primär im virtuellen Raum (*Manosphere*) verankert, führt aber zu ganz realen Gewalttaten.

Intersektionalität Das Wort *Intersection* bezeichnet im Englischen eine (Straßen-)Kreuzung. In der Geschlechterforschung ist mit der Forderung nach Intersektionalität das Anliegen verbunden, Mehrfachbenachteiligungen sichtbar zu machen und zu differenzieren, da Diskriminierung – wie an einer Kreuzung – in mehrere Richtungen verlaufen kann. So kann beispielsweise die Diskriminierung einer Schwarzen Frau sowohl sexistisch wie auch rassistisch motiviert sein (vgl. Crenshaw 1989).

LGBTQI+ ist ein dem Englischen entnommenes Akronym für *Lesbian, Gay, Bisexual, Transgender, Queer* und *Intersexual* (zu den einzelnen Begriffen: siehe Gender-ABC in ▶ Kap. 1). Es dient als Sammelbegriff für all jene, die nicht der Norm des *weißen*, heterosexuellen Mannes entsprechen.

Manosphere Sammelbegriff für den virtuellen Diskursraum jener Männer, die sich selbst als Emanzipationsverlierer wahrnehmen (*Incels*, Männerrechtler, Antifeministen etc.).

Männerarbeit wird in diesem Buch als Sammelbegriff für jene fachliche Praxis verwendet, in der Fachleute mit Jungen, Männern und Vätern geschlechterreflektiert an Identitäts- und Entwicklungsfragen arbeiten. (vgl. Definition in Theunert & Luterbach 2021: »Geschlechterreflektierte Männerarbeit bezeichnet die fachliche Begleitung von Jungen, Männern, Vätern, älteren Männern und Großvätern zur Stärkung ihrer Beziehungs- und Lebenskompetenzen mit dem indirekten Ziel, ihre konstruktive Beteiligung bei der Schaffung gerechter Geschlechterverhältnisse zu ermöglichen.«)

Männlichkeit bezeichnet die sozialen und kulturellen Anforderungen und Normen, die ein Mann erfüllen muss, um als »männlich«

zu gelten. Mannsein bezeichnet demgegenüber den konkreten Lebensentwurf einzelner Männer. Die Begriffe Männlichkeitsanforderungen, Männlichkeitsnormen, Männlichkeitsideologie, Männlichkeitsimperative, Männlichkeitskorsette, und Männlichkeitsvorgaben werden in diesem Buch synonym verwendet. Den Begriff toxische Männlichkeit nutze ich nur in Bezug auf den entsprechenden öffentlichen Diskurs (vgl. die Ausführungen zu *toxische Männlichkeit* in diesem Glossar).

Maskulismus oder **Maskulinismus** (für Personen: Maskulisten/ Maskulinisten oder Männerrechtler) Weltanschaulich-ideologische Strömung, die (*weiße* heterosexuelle cis) Männer als betrogenes Geschlecht und Verlierer der weiblichen Emanzipationsbewegung betrachtet. Männerrechtler nehmen für sich in Anspruch, für die Gleichstellung der Geschlechter einzutreten und sehen es dabei als ihre Aufgabe, (vermeintliche) Benachteiligungen von Männern anzuprangern. Dieser Anspruch setzt einen einseitig quantitativen, ahistorischen und sehr selektiv angewendeten Gleichstellungsbegriff voraus.

Mental Load Englisch für »gedankliche Beanspruchung« oder »mentale Belastung«. Der Begriff macht sichtbar, dass die Organisation des Familien- und Privatlebens mehr umfasst und stärker belastet als das Ausführen einzelner Tätigkeiten. Gleichstellungspolitisch relevant ist der Begriff, weil Männer/Väter kontinuierlich mehr Zeit in Haushalt und Familie investieren, die Übernahme der Planungsverantwortung – und damit der *Mental Load* – aber nicht proportional wächst.

MGTOW ist die Abkürzung für *Men Go Their Own Way* und dient als Selbstbeschreibung von Männern, die Beziehungslosigkeit und insbesondere die damit assoziierte sexuelle und emotionale Unabhängigkeit von Frauen nicht beklagen, sondern zur Qualität erheben.

Sozialisation Bezeichnet einen Prozess, in dessen Verlauf Menschen im Austausch und in Wechselwirkung mit der sozialen und materiellen Umgebung relativ dauerhafte Wahrnehmungs-, Bewertungs- und Handlungsmuster entwickeln, die ihnen Orientierung darüber geben, was als normal und angemessen gilt (vgl. Hurrelmann et al. 2008).

Toxische Männlichkeit ist ein Begriff, der die dominierende gesellschaftliche Vorstellung von Männlichkeit problematisiert, welche »Aggressivität zur Präsentation der eigenen Männlichkeit nahelegt und eine Unterordnung von Frauen befürwortet« (Baier et al. 2019, S. 465). Der Begriff ist unscharf definiert und wird im wissenschaftlichen Diskurs kaum verwendet. Auch dieses Buch nimmt auf das Konzept toxischer Männlichkeit nur in Verbindung mit dem damit verbundenen öffentlichen Diskurs Bezug. Ansonsten wird – beschreibend statt wertend – von Männlichkeitsanforderungen, -normen, -imperativen etc. gesprochen (vgl. *Männlichkeit* in diesem Glossar)

Trans Lateinisch für »jenseits«, bezeichnet Menschen, bei denen Geschlechtsidentität und Geschlechtskörper nicht übereinstimmen. Trans ist das Gegenteil von cis und ist die Kurzform für *transgender*. Die Nicht-Übereinstimmung mit dem biologischen Geschlechtskörper ist ein stabiles und zeitlich überdauerndes Identitätsmerkmal. Dadurch unterscheiden sich trans Menschen von Personen, die fallweise gern auch für das je andere Geschlecht typische Kleidung und Ausdrucksmittel nutzen (*Transvestitismus*).

Transition heißt eigentlich einfach »Übergang«. Im Zusammenhang mit Geschlechterfragen meint Transition den Prozess, in dem eine Person auf sozialer, körperlicher und/oder juristischer Ebene ihren Geschlechtsausdruck verändert, um der passende Geschlechtsidentität Gestalt zu verleihen (zit. nach www.queer-lexikon.de).

Glossar

Woke ist ein dem Englischen entlehnter Begriff, der sich vom Verb *to wake* (aufwachen) ableitet und wörtlich übersetzt »erwacht« meint. Im übertragenen Sinn bezeichnet *woke* – es wird als Adjektiv verwendet –ungleichheitssensible resp. privilegienreflektierte Denk- und Verhaltensweisen. Der Begriff wird jedoch primär ironisch, abwertend und/oder skandalisierend von rechtspopulistischen und rechtsextremen Kreisen genutzt.

Service

Deutschland

Das Bundesforum Männer ist der Interessenverband für Jungen, Männer und Väter in Deutschland (www.bundesforum-maenner. de):

- Regionale Unterstützungsangebote finden sich dank der Beratungslandkarte des Bundesforums unter maennerberatungsnetz. de\beratung
- Den Newsletter des Bundesforums können alle Interessierten unabhängig ihres Wohnorts kostenlos abonnieren via www.bun desforum-maenner.de/#newsletter
- Gewaltbetroffene Männer in Deutschland können sich an das Männerhilfetelefon wenden: Tel. 0800 123 99 00 oder www. maennerhilfetelefon.de

Österreich

Der DMÖ ist der Dachverband für Männer-, Burschen- und Väterarbeit in Österreich (www.dmoe-info.at):

- Regionale Unterstützungsangebote finden sich unter www. dmoe-info.at/ueber_uns/organisationen-karte.
- Den Newsletter des DMÖ können alle Interessierten unabhängig ihres Wohnorts kostenlos abonnieren unter www.dmoe-info.at \newsletter

Schweiz

männer.ch ist der Dachverband progressiver Schweizer Männer- und Väterorganisationen (www.maenner.ch):

Glossar

- Regionale Unterstützungsangebote finden sich dank der Beratungslandkarte von männer.ch unter www.maenner.ch\mencare\landkarte\
- Ratsuchenden Männern und Vätern aus der Schweiz bietet männer.ch zudem eine kostenlose Erstberatung (per Telefon oder Zoom) an. Termine können online gebucht werden unter www.maenner.ch/erstberatung/.
- Den Newsletter von männer.ch können alle Interessierten unabhängig ihres Wohnorts kostenlos abonnieren: www.maenner.ch\newsletter-3\
- Speziell für (werdende) Väter betreibt männer.ch die Plattformen www.niudad.ch (für Private) und www.vaeternetzwerk.ch (für Unternehmen).

In *Luxemburg* ist die Beratungsstelle info'mann (www.infomann.lu) die erste Anlaufstelle für Männeranliegen, in *Liechtenstein* der Verein Männerfragen (www.maennerfragen.li

Hinweis für Fachleute

Informationen zum Lehrgang für die geschlechterreflektierte Arbeit mit Jungen, Männern und Vätern finden sich unter www.maenner.ch\lehrgang-maennerarbeit.

Literatur

American Psychological Association, Boys and Men Guidelines Group (2018). APA guidelines for psychological practice with boys and men. Washington: APA.
Aunkofer, Stefanie; Meuser, Michael; Neumann, Benjamin (2018). Couples and Companies: Negotiating Father's Participation in Parental Leave in Germany. In: Revista Española de Sociologia 27, 2018, 3, 65–81.
Ax, Detlef (2000). Verwundete Männer. Zu vaterloser Kultur und männlichen Identität in den westlichen Industriestaaten. Stuttgart: ibidem.
Bahnerth, Michael (2019). Die Stellung des Mannes im Universum. Weltwoche, 7/2019, 16–18.
Baier, Dirk; Kamenowski, Maria; Manzoni, Patrik; Haymoz, Sandrine (2019). »Toxische Männlichkeit«: die Folgen gewaltlegitimierender Männlichkeitsnormen für Einstellungen und Verhaltensweisen. Kriminalistik 73(7): 465–471.
Bambey, Andrea & Gumbinger, Hans-Walter (2017). Neue Väter? Rollenmodelle zwischen Anspruch und Wirklichkeit. Frankfurt a. M.: Campus.
Bandle, Rico (2021). Religion, Gender, Ernährung: Weshalb Extrempositionen sich oft durchsetzen. Tages-Anzeiger vom 17. Juli 2021. https://tinyurl.com/yk9a8r7u (Zugriff 19.04.2022).
Baumgarten, Diana & Borter, Andreas (2016). Vaterland Schweiz. MenCare Schweiz-Report Vol.1. Burgdorf/Zürich: SIMG/männer.ch.
Bode, Susanne (2013). Kriegsenkel. Die Erben der vergessenen Generation. Stuttgart: Klett-Cotta.
Bola, J.J. (2020). Sei kein Mann. Warum Männlichkeit ein Albtraum für Jungs ist. München: hanserblau
Böhnisch, Lothar & Winter, Reinhard (1993). Männliche Sozialisation. Bewältigungsprobleme männlicher Geschlechtsidentität im Lebenslauf. Weinheim/München: Juventa.
Bourdieu, Pierre (1997). Die männliche Herrschaft. In: Dölling, Irene & Krais, Beate (Hg.). Ein alltägliches Spiel. Geschlechterkonstruktion in der sozialen Praxis, 153–217. Frankfurt a. M.: Suhrkamp.
Bourdieu, Pierre (2005). Die männliche Herrschaft. Frankfurt a. M.: Suhrkamp.
Brandes, Holger (2001). Der männliche Habitus. Band 1: Männer unter sich. Männergruppen und männliche Identitäten. Opladen: Leske und Budrich.
Broder, Sven (2011). Papa steht seinen Mann: Von der Kunst Vater zu sein und Mannsbild zu bleiben. Zürich: Beobachter-Edition.

Literatur

Bruckner, Pascal (2021). Der weiße Mann ist wie eine dunkle Wolke: Beide tragen Übles in sich. Neue Zürcher Zeitung vom 22. März 2021. https://tinyurl.com/yfhuemmn (Zugriff 19.04.2022).

Bruderer Enzler, Heidi; Diekmann, Andreas; Liebe, Ulf (2019). Do environmental concern and future orientation predict metered household electricity use? Journal of Environmental Psychology 2019, 62, 22–29.

Bundesministerium für Familien, Senioren, Frauen und Jugend BMFSFJ (2017). Männer-Perspektiven – Auf dem Weg zu mehr Gleichstellung? Berlin: BMFSFJ.

Bundesministerium für Familien, Senioren, Frauen und Jugend BMFSFJ (2020). Gleichstellungspolitik für Jungen und Männer. Ein Dossier zur partnerschaftlichen Gleichstellungspolitik. Berlin: BMFSFJ.

Carrigan, Tim; Connell, Bob; Lee, John (1985). Toward a new sociology of masculinity. Theory and Society, vol. 14, 551–604.

Connell, Raewyn (1999). Der gemachte Mann. Konstruktion und Krise von Männlichkeiten. Wiesbaden: Springer VS.

Connell, Raewyn (2013). Gender. Wiesbaden: Springer VS.

Crenshaw, Kimberle (1989). Demarginalizing the Intersection of Race and Sex: A Black Feminist Critique of Antidiscrimination Doctrine, Feminist Theory and Antiracist Politics. University of Chicago Legal Forum, Vol. 1989, Issue 1, Article 8.

De Blasi, Luca (2013). Der weiße Mann – ein Anti-Manifest. Bielefeld: transcript.

Decurtins, Lu (2016). Zwischen Teddybär und Superman. Was Eltern über Jungen wissen müssen. München: Ernst Reinhardt.

Demirovic, Alex; Lettow, Susanne; Maihofer, Andrea; Bromberg, Svenja (2019). Emanzipation. Zur Geschichte und Aktualität eines politischen Begriffs. Münster: Westfälisches Dampfboot/Assoziation für kritische Gesellschaftsforschung.

Dinges, Martin (2020). Die Bedeutung der Kategorie Gender für Gesundheitschancen. In: Robert Jütte (Hrsg.). Medizin, Gesellschaft und Geschichte. Jahrbuch des Instituts für Geschichte der Medizin der Robert Bosch Stiftung, Band 38, 43–66. Stuttgart: Franz Steiner.Dorsch (2021a). Psychologisches Wörterbuch: Emotionen. https://dorsch.hogrefe.com/stichwort/emotionen-primaere (Zugriff 28.04.2022).

Dorsch (2021b). Psychologisches Wörterbuch: Empfindung. https://tinyurl.com/2p9azvxx (Zugriff 28.04.2022).

Ehrmann, Wilfried (2016). Kohärentes Atmen. Bielefeld: tao/Kamphausen Mediengruppe.

Engelniederhammer, Stefan (1998). Männerbünde. In: Heinrich, Peter & zur Wiesch, Jochen Schulz (Hrsg.). Wörterbuch der Mikropolitik, 167–168. Wiesbaden: VS Verlag für Sozialwissenschaften.

Endler, Rebekka (2021). Das Patriarchat der Dinge. Warum die Welt Frauen nicht passt. Köln: Dumont.

Eversberg, Dennis & Schmelzer, Matthias (2019). Degrowth und Männlichkeiten. Zur Geschlechtlichkeit des relationalen Postwachstumssubjekts. In: Sylka Scholz & Andreas Heilmann (Hg.). Caring Masculinities? Männlichkeiten in der Transformation kapitalistischer Wachstumsgesellschaften, 173–184. München: Oekom

Federn, Paul (1919). Zur Psychologie der Revolution: Die vaterlose Gesellschaft. Leipzig, Wien: Anzengruber.

Fraser, Nancy (2009). Feminismus, Kapitalismus und die List der Geschichte. Blätter für deutsche und internationale Politik, Ausgabe 8/09.

Frenkel-Brunswik, Else (1949). Intolerance of Ambiguity as an Emotional and Perceptual Personality Variable. In: Journal of Personality 18, 108–143.

Frey, Regina (2020). Geschlecht und Gewalt im digitalen Raum. Eine qualitative Analyse der Erscheinungsformen, Betroffenheiten und Handlungsmöglichkeiten unter Berücksichtigung intersektionaler Aspekte. Expertise für den Dritten Gleichstellungsbericht der Bundesregierung. www.dritter-glei chstellungsbericht.de. Abgerufen unter: www.dritter-gleichstellungsbericht .de/kontext/controllers/document.php/115.9/9/339224.pdf (Zugriff 15.01. 2023).

Frölich Oertle, Andrea & Oertle, Peter (2019). Drei Schritte zum Paradies – Frieden finden zu zweit. Winterthur: Edition Spuren.

Gebhardt, Miriam (2019). Als die Soldaten kamen. Die Vergewaltigung deutscher Frauen am Ende des Zweiten Weltkriefs. München: Pantheon.

Geena Davis Institute on Gender in Media, Oak Foundation & Promundo (2021). The Double-Edged Sword of Online Gaming. An Analysis of Masculinity in Video Games and the Gaming Community. Los Angeles: Geena Davis Institute.

Ginsburg, Tobias (2021). Die letzten Männer des Westens. Hamburg: Rowohlt Polaris.

Goffman, Erving (2001). Das Arrangement der Geschlechter. In: Goffman, Erving & Knoblauch, Hubert (Hg.). Interaktion und Geschlecht, 105-158. Frankfurt a. M.: Campus.

Gogol, Simone (2006). Dokumentation zum Berliner Fachtag »Jungenarbeit jetzt!« vom 11. Oktober 2006. Berlin.

Gottman, John & Silver, Nan (2014). Die Vermessung der Liebe: Vertrauen und Betrug in Paarbeziehungen. Stuttgart: Klett-Cotta.

Gräfen, Svenja (2021). Radikale Selbstfürsorge. Eine feministische Perspektive. Berlin: Eden Books.

Haage, Sybille (1993). Der Ruck in die eigene Mitte. Institut für Psychoenergetik (Orselina): unveröffentlichte Diplomarbeit.

Habeck, Robert (2008). Verwirrte Väter. Oder: Wann ist ein Mann ein Mann? Gütersloh/München: Gütersloher Verlagshaus.

Haberl, Tobias (2022). Der gekränkte Mann. Verteidigung eines Auslaufsmodells. München: Piper.

Hammer, Eckart (2012). Schlaglichter auf eine Politik für alte(rnde) Männer. In: Markus Theunert (Hg.). Männerpolitik, 187–212. Wiesbaden: Springer VS.

Heilmann, Andreas (2015). Männlichkeit im Reproduktionsdilemma? Sozial- und zeitdiagnostische Perspektiven von Krisenanalysen. In: Heilmann, Andreas; Jähnert, Gabriele; Schnicke, Falko; Schönwetter, Charlott; Vollhardt, Mascha (Hg.). Männlichkeit und Reproduktion. Zum gesellschaftlichen Ort historischer und aktueller Männlichkeitsproduktionen, 99–116. Wiesbaden: Springer VS.

Heilmann, Andreas & Scholz, Sylka (2017). Caring Masculinities – gesellschaftliche Transformationspotenziale fürsorglicher Männlichkeiten? In: Feministische Studien, 35(2), 345–353.

Heinrich-Böll-Stiftung (2021). Fleischatlas 2021. Berlin: Heinrich-Böll-Stiftung.

Hermann, Michael; Craviolini, Julie; Wenger, Virginia; Bütikofer, Sarah; Bühler, Gordon (2021). Geschlechtergerechter. Studie #1: Geschlecht und Identität. Zürich.

Hesse, Hermann (1925/1974). Demian. Die Geschichte von Emil Sinclairs Jugend. Frankfurt a. M.: Suhrkamp.

hooks, bell (2004). The Will to Change. Men, Masculinity and Love. New York: Washington Square Press.

Huber, Johannes (2019). Vater, wo bist du? Eine interdisziplinäre Spurensuche zum relationalen Phänomen väterlicher An- und Abwesenheit. Weinheim: Beltz Juventa.

Hurrelmann, Klaus; Bauer, Ullrich; Grundmann, Matthias; Walper, Sabine (2008). Handbuch Sozialisationsforschung. Weinheim: Beltz Juventa.

Hultman, Martin & Anshelm, Jonas (2017). Masculinities of global climate change: Exploring ecomodern, industrial and ecological masculinity. In: Griffin Cohen, Marjorie (Ed.). Climate Change and Gender in Rich Countries. Work. Public Policy and Action, 19–34. New York: Routledge.

Hultman, Martin & Pulé, Paul M. (2019). Ecological Masculinities. Theoretical Foundations and Practical Guidance. New York: Routledge.

Jantz, Olaf & Grote, Christoph (2003). Perspektiven der Jungenarbeit. Konzepte und Impulse aus der Praxis. Reihe Quersichten, Band 3. Opladen: Leske und Budrich.

Johnson, Katharine; Caskey, Melinda; Rand, Katherine; Tucker, Richard & Vohr, Betty (2014). Gender Differences in Adult-Infant Communication in the First Months of Life. Pediatrics. 134 (6). e1603–10.

Jugend Information Medien JIM (2021). Basisuntersuchung zum Medienumgang 12- bis 19-Jähriger in Deutschland. Stuttgart: Medienpädagogischer Forschungsverbund Südwest.

Kaiser, Susanne (2020). Politische Männlichkeit – Wie Incels, Fundamentalisten und Autoritäre für das Patriarchat mobilmachen. Berlin: Suhrkamp.

Kastein, Mara (2019a). Gleichstellungsorientierte Männerpolitik als Politik der Deprivilegierung. In: Scholz, Sylka & Heilmann, Andreas (Hg.). Caring Masculinities? Männlichkeiten in der Transformation kapitalistischer Wachstumsgesellschaften, 159–172. München: Oekom.

Kastein, Mara (2019b). Gleichstellungsorientierte Männerpolitik unter Legitimationsdruck. Eine wissenssoziologische Diskursanalyse in Deutschland, Österreich und der Schweiz. Opladen: Barbara Budrich.

Karadeniz, Özcan & Sabel, Anna (2021). Die Erfindung des muslimischen Anderen. Münster: Unrast.

Kaufman, Scott Barry (2021). The Science of Spiritual Narcissism. Scientific American vom 11. Januar 2021. https://www.scientificamerican.com/article/the-science-of-spiritual-narcissism/ (Zugriff 19.04.2022).

Kaufmann, Jean-Claude (2005). Schmutzige Wäsche: Ein ungewöhnlicher Blick auf gewöhnliche Paarbeziehungen. Konstanz: UVK.

Kemper, Andreas (2012). Die Maskulisten –Organisierter Antifeminismus im deutschen Sprachraum. Münster: Unrast.

Kieser, Werner (2018). Der Mensch wächst am Widerstand. Düsseldorf: Patmos.

Kimmel, Michael (2013). Angry White Men. New York: Bold Type Books.

Kopp, Daniel (2021). The gender biased part-time penalty in hiring. Evidence from recruiter behavior on an online recruitment platform. Unveröffentlichtes Manuskript. https://tinyurl.com/24hzvuwm (Zugriff 28.04.2022).

Köppel, Roger (2022). Feindbilder: Kleine Psychologie der Putin-Kritik. Weltwoche vom 24. Februar 2022.

Kracher, Veronika (2020). Incels – Geschichte, Sprache und Ideologie eines Online-Kults. Mainz: Verlag testcard zwergobst.

Kucklick, Christoph (2008). Das unmoralische Geschlecht. Zur Geburt der Negativen Andrologie. Frankfurt a. M.: Suhrkamp.

Kühne, Thomas (1996). Kameradschaft: »Das Beste im Leben des Mannes«. Die deutschen Soldaten des Zweiten Weltkriegs in erfahrungs- und geschlechtergeschichtlicher Perspektive. Geschichte und Gesellschaft, 22. Jahrgang, H. 4, Militärgeschichte Heute, 504–529.

Langehennig, Manfred (2012). Genderkonstruierte Angehörigenpflege: Wenn Männer »männlich« pflegen. In: Informationsdienst Altersfragen 39 (4), 2012, 5–11.

Lao Tse (1985). Tao-Te-King. Stuttgart: Reclam.

Levant, Ronald F. & Richmond, Katherine (2008). A review of research on masculinity ideologies using the Male Role Norms Inventory. The Journal of Men's Studies, 15(2), 130–146.

Lynch, Kathleen; Baker, John; Lyons, Maureen; Walsh, Judy; Teeley, Maggie; Hanlon, Niall; O'Brien, Maeve (2009). Affective Equality. Love, Care and Injustice. London: Palgrave Macmillan.

Machin, Anna (2020). Papa werden. Die Entstehung des modernen Vaters. München: Verlag Antje Kunstmann.

Maihofer, Andrea (1995). Geschlecht als Existenzweise. Macht, Moral, Recht und Geschlechterdifferenz. Aktuelle Frauenforschung. Frankfurt a. M.: Helmer.

Maihofer, Andrea (2019). Wandel und Persistenz hegemonialer Männlichkeit und die Grenzen des Konzepts von Caring Masculinities. In: Scholz, Sylka & Heilmann, Andreas (Hg.). Caring Masculinities? Männlichkeiten in der Transformation kapitalistischer Wachstumsgesellschaften, 63–78. München: Oekom.

Martschukat, Jürgen & Stieglitz, Olaf (2008). Geschichte der Männlichkeiten. Frankfurt a. M.: Campus.

Matzner, Michael (2020). Vaterschaft heute. Klischees und soziale Wirklichkeit. Frankfurt a. M.: Campus.

Mecheril, Paul (2003). Prekäre Verhältnisse. Über natio-ethno-kulturelle (Mehrfach-) Zugehörigkeit. Münster/München: Waxmann.

Messner, Michael (1997). Politics of Masculinities. Men in Movements. Thousand Oaks/London/New Delhi: Sage.

Meuser, Michael (2007). Herausforderungen. Männlichkeit im Wandel der Geschlechterverhältnisse. Siegener Beiträge zur Soziologie Bd. 9. Köln: Köppe.

Meuser, Michael (2008). Ernste Spiele: zur Konstruktion von Männlichkeit im Wettbewerb der Männer. In Rehberg, Karl-Siegbert (Hrsg.). Die Natur der Gesellschaft: Verhandlungen des 33. Kongresses der Deutschen Gesellschaft für Soziologie in Kassel 2006, 5171–5176. Frankfurt a. M.: Campus.

Mineo. Liz (2017). Good genes are nice, but joy is better. The Harvard Gazette, 11. April 2017.

Mitscherlich, Alexander (2003). Auf dem Weg zur vaterlosen Gesellschaft: Ideen zur Sozialpsychologie. Neuauflage (Original 1963). Weinheim: Beltz.

Moeller, Michael Lukas (2010). Die Wahrheit beginnt zu zweit: Das Paar im Gespräch. Hamburg: Rowohlt.

Moorstedt, Tobias (2022). Wir guten schlechten Väter. Köln: Dumont.

Nida-Rümelin, Julian (2022). Von Marxismus bis Wokeism – Eine kleine Geschichte linker Denkfehler. Die Welt vom 21. April 2022.

Nobis, Claudie & Kuhnimhof, Tobias (2018). Mobilität in Deutschland. Ergebnisbericht. Studie im Auftrag des Ministeriums für Verkehr und digitale Infrastruktur. Bonn/Berlin.

Page, Roman (2011). Frauenlöhne, Männerlöhne. Vollzeitlöhne, Teilzeitlöhne. Lohnentwicklungen in der Zürcher Privatwirtschaft 2002 bis 2008. Statistisches Amt des Kantons Zürich: Im Auftrag der Fachstelle für Gleichstellung von Frau und Mann des Kantons Zürich.

Pickert, Nils (2020). Prinzessinnenjungs. Wie wir unsere Söhne aus der Geschlechterfalle befreien. Weinheim: Beltz.

Pickert, Nils (2022). Lebenskompliz*innen. Liebe auf Augenhöhe. Weinheim: Beltz.

Pirkis, Jane; Spittal, Matthew J.; Keogh, Louise; Mousaferiadis, Tass; Currier, Dianne (2017). Masculinity and suicidal thinking. Social Psychiatry and Psychiatric Epidemiology, 52:319–327.

Petri, Horst (2009). Das Drama der Vaterentbehrung. München: Ernst Reinhardt.

Prommer, Elizabeth & Linke, Christine (2017). Audiovisuelle Diversität? Geschlechterdarstellungen in Film und Fernsehen in Deutschland. Universität Rostock: Institut für Medienforschung.

Prüfer, Tillmann (2022). Vatersein. Hamburg: Kindler Verlag.

Pulé, Paul M. & Hultman, Martin (2021). Men, Masculinities, and Earth: Contending with the (m)Anthropocene. Springer Nature.

Ribeiro, Manoel Horta; Blackburn, Jeremy; Bradlyn, Barry; De Cristofaro, Emiliano; Stringhini, Gianluca; Long, Summer; Greenberg, Stephanie; Zannetou, Savvas (2020). The evolution of the manosphere across the web. Paper presented at the 15th International Conference on Web and Social Media.

Richardson, Daniel C.; Devlin, Joseph; Hogan, John S. & Thompson, Chuck (2023). Small Penises and Fast Cars: Evidence for a Psychological Link. Preprint (https://doi.org/10.31234/osf.io/uy7ph).

Rosa, Hartmut (2012). Weltbeziehungen im Zeitalter der Beschleunigung. Frankfurt a. M.: Suhrkamp.

Rosa, Hartmut (2019). Resonanz. Eine Soziologie der Weltbeziehung. Frankfurt a. M.: Suhrkamp.

Literatur

Rosenfeld, Daniel L. & Tomiyama A. Janet (2021). Gender differences in meat consumption and openness to vegetarianism. Appetite, 166:105475

Rosenthal, Wolfgang (2010). Mitmännlichkeit als grundlegende Haltung. 10 Jahre Männer-Wohn-Hilfe Oldenburg. Switchboard. Zeitschrift für Männer und Jungenarbeit, 191, 10–12.

Roser, Max & Ritchie, Hannah (2021). Burden of Disease. Published online at OurWorldInData.org. https://ourworldindata.org/burden-of-disease (Zugriff 28.04.2022).

Ruland, Tobias (2015). Die Psychologie der Intimität. Stuttgart: Klett-Cotta.

Russ, Barbara (2022). Wann ist ein Mann ein Mann? Männer über ihre Rollenbilder. Frankfurter Allgemeine Zeitung, 9. April 2022. https://tinyurl.com/5n92bj49 (Zugriff 24.04.2022).

Ryser, Remo (2021). Hallo Väter: Väterberatung von Mann zu Mann. Magazin »undKinder« des Marie Meierhofer-Instituts Zürich, Ausgabe 107. Zürich: MMI.

Samtleben, Claire (2019). Auch an erwerbsfreien Tagen erledigen Frauen einen Großteil der Hausarbeit und Kinderbetreuung. DIW Wochenbericht 10/2019. Berlin: DIW.

Scheele, Sebastian (2012). Die Illusion vom grossen »Wir«. Männlichkeit in öffentlichen Debatten. Switchboard Ausgabe 200, Herbst 2012.

Schellenbaum, Peter (1984). Das Nein in der Liebe. München: dtv.

Schellenbaum, Peter (1987). Abschied von der Selbstzerstörung. München: dtv.

Schellenbaum, Peter (1988). Die Wunde der Ungeliebten. München: dtv.

Schellenbaum, Peter (1992). Nimm deine Couch und geh! Heilung mit Spontanritualen. München: Kösel.

Schellenbaum, Peter (1994). Aggression zwischen Liebenden. München: dtv.

Scheskat, Thomas (1994). Der innenverbundene Mann. Männliche Selbstwahrnehmung und Körperorientierte Therapie. Göttingen: Männerbüroverlag.

Scheskat, Thomas (2020). Aggression als Ressource. Eine verkannte Kraft neu erleben. Gießen: Psychosozial.

Schnack, Dieter & Neutzling, Rainer (1990). Kleine Helden in Not. Hamburg: Rowohlt.

Schneider, Liane & Wenzel-Bürger, Eva (2013). Conni ist krank. Lese-Maus Band 87. Hamburg: Carlsen.

Scholz, Sylka & Heilmann, Andreas (2019). Caring Masculinities? Männlichkeiten in der Transformation kapitalistischer Wachstumsgesellschaften. München: Oekom.

Schutzbach, Franziska (2018). Dominante Männlichkeit und neoreaktionäre Weltanschauungen in der Pick-Up-Artist-Szene. Feministische Studien, Vol. 36, 2, 305–321.

Schutzbach, Franziska (2021). Die Erschöpfung der Frauen. Wider die weibliche Verfügbarkeit. München: Droemer.
Sigusch, Volker (2013). Sexualitäten. Eine kritische Theorie in 99 Fragmenten. Frankfurt/New York: Campus.
Stuve, Olaf & Debus, Katharina (2012). Männlichkeitsanforderungen. Impulse kritischer Männlichkeitstheorie für eine geschlechterreflektierte Pädagogik mit Jungen. Berlin: Dissens e.V.
Süfke, Björn (2010). Männerseelen. Ein psychologischer Reiseführer. München: Goldmann.
Süfke, Björn (2018). Männer. Was es heute heisst, ein Mann zu sein. München: Goldmann.
Simonson, Julia; Kelle, Nadiya; Kausmann, Corinna; Tesch-Römer, Clemens (2021). Freiwilliges Engagement in Deutschland. Der Deutsche Freiwilligensurvey 2019. Wiesbaden: Springer VS.
Spivak, Gayatri C. (1999). A Critique of Postcolonial Reason: Towards a History of the Vanishing Present. Calcutta/New Delhi: Seagull.
Springer, Kristen W. & Mouzon, Dawne M. (2011). »Macho men« and preventive health care: implications for older men in different social classes. Journal of Health and Social Behavior, 52(2), 212–27.
Stachowiak, Daniel (2020). Wer sind die »neuen« Väter? Der Wandel der Vaterrolle in Familie und Familienpolitik. Socialplus.
Statistisches Bundesamt (2021). Rechtspflege. Strafverfolgung 2020. Fachserie 10 Reihe 3. Berlin: Statistisches Bundesamt.
Statistisches Bundesamt (2020a). Verkehrsunfälle. Unfälle von Frauen und Männern im Straßenverkehr 2019. Berlin: Statistisches Bundesamt.
Statistisches Bundesamt (2020b). Todesursachen/Suizide. Onlinebericht https://tinyurl.com/bddjpu3d (Zugriff 28.04.2022). Berlin: Statistisches Bundesamt.
Stephanides, Thomas (2001). Resonanz im KlangSpiel. Wien: Empirie.
Stokowski, Margarete (2019). Männlichkeit am Limit. SPIEGEL online vom 22. Januar 2019 (Zugriff 14.01.2023).
Theunert, Markus (2013). Co-Feminismus. Wie Männer Emanzipation sabotieren –und was Frauen davon haben. Bern: Hans Huber.
Theunert, Markus & Waldner, Katharina (2014). Alles Neue beginnt im Kleinen. Psychoenergetik nach Peter Schellenbaum. Düren: Shaker.Theunert, Markus (2016). Die andere Geschlechterpolitik. In: Aigner, J. (Hg.). Der andere Mann, 165–188. Gießen: Psychosozial Verlag.
Theunert, Markus & Luterbach, Matthias (2021). Mann-Sein...?! Ein fachlicher Orientierungsrahmen für die geschlechterreflektierte Arbeit mit Jungen, Männern und Vätern. Weinheim: Beltz Juventa.

Theunert, Markus; Siegl, Eberhard; Schwerma; Klaus; Schölper, Dag (2022). Demokratieförderung, Radikalisierungsprävention und die Perspektiven geschlechterreflektierter Männerarbeit (Discussion Paper). Bern/Wien/Berlin.

Theunert, Markus (2022). Die Schweizer Gleichstellungspolitik fördert Privilegierte statt sozial Schwache. In: Caritas Sozialalmanach 2022 »Frauenarmut«, 179–192. Luzern: Caritas.

Theweleit, Klaus (2020). Männerphantasien. Berlin: Matthes und Seitz.

Theweleit, Klaus (2021).»Männer sind schuld am Bösen in der Welt«. Gespräch in der Reihe SWR2 Zeitgenossen. https://tinyurl.com/2p87bk5w (Zugriff 18.04.2022).

Thiel, Thomas (2021). Die neue Lust am Büßen. Der weiße Mann als Feindbild. Frankfurter Allgemeine Zeitung vom 17. Oktober 2021.

Tholen, Toni (2015). Zum Wandel von Väterlichkeit und Care / Sorge in der Literatur. In: Heilmann, Andreas et al. (Hrsg.). Männlichkeit und Reproduktion, 117–134. Wiesbaden: Springer VS.

Thompson, Edward H. & Pleck, Joseph (1995). Masculinity ideologies: A review of research instrumentation on men and masculinities. In Levant, R.F. & Pollack, W.S. (Eds.). A new psychology of men, 129–163. New York: Basic Books.

Urwin, Jack (2017). Boys don't cry. Identität, Gefühl und Männlichkeit. Hamburg: Nautilus Flugschrift.

Van der Heyden, Katrien (2021). MenEngage Ubuntu Symposium summaries: Men, masculinities, and climate justice. A MenEngage Alliance discussion paper. https://tinyurl.com/2p9d93df (Zugriff 19.04.2022)

Van Tricht, Jens (2020). Warum Feminismus gut für Männer ist. Berlin: Christoph Links.

Vedder, Björn (2020a). Väter der Zukunft. Ein philosophischer Essay. Marburg: Büchner.

Vedder, Björn (2020b). »Von der Mutter lernen wir zu leben, vom Vater zu sterben«. Interview von Paula Schneider mit Björn Vedder. Focus Online vom 21. Mai 2020. https://tinyurl.com/2f35xu83 (Zugriff 18.04.2022).

Vogel Campanella, Margot (2021). »Zur Krise des Mannes«: Männlichkeit in rechtsorientierten Gruppierungen. In: AG Transformation von Männlichkeiten (Hrsg.). Zeitdiagnose Männlichkeiten Schweiz, 107-128. Zürich: Seismo.

Vogel, Claudia; Wettstein, Markus; Tesch-Römer, Clemens (2019). Frauen und Männer in der zweiten Lebenshälfte. Älterwerden im sozialen Wandel. Wiesbaden: Springer VS.

Von Heesen, Boris (2022). Was Männer kosten. München: Heyne.

Vonnoh, Carsten (2021). Up to dad. Kinder entspannt begleiten und den eigenen Weg gehen. Weinheim: Beltz.

Waldinger, Robert (2016). What makes a good life? Lessons from the longest study on happiness. TED-Talk, 25. Januar 2016. Transkript: https://tinyurl.com/2p97zd6e

Walser, Christoph & Wild, Peter (2002). Men's Spirit. Freiburg i. B.: Herder.

Walser, Christoph (2003). Wenn Männer zu hoch fliegen. Über den Pfad zwischen Grandiosität und Generativität. Schweizer Männerzeitung 3/2003, 7-10. https://tinyurl.com/2p9yudwa (Zugriff 19.04.2022).

Walser, Christoph (2020). Männer bewusst beraten. Unveröffentlichtes Skript für den Lehrtag »Männerberatung« im Rahmen des Lehrgangs »Geschlechterreflektiert mit Jungen, Männern und Vätern arbeiten«.

Winter, Reinhard & Neubauer, Gunter (2001). Dies und Das. Das Variablenmodell balanciertes Junge- und Mannsein als Grundlage für die pädagogische Arbeit mit Jungen und Männern. Tübingen: Neuling.

Winter, Reinhard (2011). Jungen – eine Gebrauchsanweisung. Jungen verstehen und unterstützen. Weinheim: Beltz.

Winter, Reinhard (2016). Der werdende Mann. Jungen und ihre Problemlagen heute. In: Josef Christian Aigner (Hrsg.): Der andere Mann. Ein alternativer Blick auf Entwicklung, Lebenslagen und Probleme von Männern heute, 37-58. Gießen: Psychosozial.Winter, Sebastian (2018). »Sie wollen Vater sein und Mann bleiben.« Sozialpsychologische Überlegungen zu aktuellen Vaterideologien zwischen Liberalisierung und Rechtspopulismus.

Wirtschafts- und Sozialwissenschaftliches Institut WSI (2019). Vertikale Segregation des Arbeitsmarkts 2019. https://www.wsi.de/data/wsi_gdp_2020-09-14_EA-Segregation-02.pdf (Zugriff 26.04.2022)

Wong, Joel Y.; Ringo Ho, Moon-Ho; Wang, Shu-Yi; Miller, I. S. Keino (2016). Meta-analyses of the relationship between conformity to masculine norms and mental health-related outcomes. Journal of Counseling Psychology, 64 (1), 80–93.

Wüstel, Jens-Michael (2017). Traumakinder. Warum der Krieg immer noch in unseren Seelen wirkt. Köln: Bastei Lübbe.

Yousaf, Omar; Popat, Aneka; Hunter, Myra S. (2015). An investigation of masculinity attitudes, gender, and attitudes toward psychological help-seeking. Psychology of Men and Masculinity, 16(2), 234–237.

Zeh, Juli (2018). Neujahr. München: btb.

Zhao, Yajie et al. (2022). Detection and characterization of male sex chromosome abnormalities in the UK Biobank study. Genetics in Medicine, 24(9), September 2022, 1909–1919.